KB071767

다산의
마지막
공부

한 그루의 나무가 모여 푸른 숲을 이루듯이
청림의 책들은 삶을 풍요롭게 합니다.

다산의
마지막
공부

마음을 지켜낸다는 것

조윤제 지음

청림출판

어둠을 맞으며 집으로 돌아갈 때면
하루를 해냈다는 기분보다는
하루를 해버렸다는 허탈함을 느낀다.

오늘도 나는
수없이 마음에 휘둘리며 한없이 비겁해졌다.
오늘을 살기 위해선 어쩔 수 없었다.

하루를 살아내면
미처 정리되지 못한 삶의 미련들이
내 안에 쌓여 독이 된다.

내 것이지만
내 마음대로 할 수 없는 독,
마음.

'감히 나의 마음을 이해받을 수 있을까?'

세상에 지친 정약용도
문득 이런 의문을 떠올렸다.
그리고 그 순간부터
자신을 위한 마지막 공부를 시작했다.

다산이 마주했던
마지막
삶의 주제

바로
마음이다.

다산은《심경》으로 마음을 다스렸다

"나는 일생동안 육경六經과 사서四書로 나의 몸을 닦아왔다. 그리고《경세유
표》와《목민심서》,《흠흠신서》의 일표와 이서를 지어 천하국가를 다스리
는 데 도움이 되고자 했다. 이로써 나는 학문의 본말을 갖췄다고 생각한다.
그러나 알아주는 이는 적고 나무라는 이는 많다. 만약 하늘이 인정해주지
않는다면, 저 횃불로 내 모든 책들을 모조리 태워버려도 좋다."

짐작하겠지만 이 글은 다산 정약용의 고백이다. 조선 최고의 실학자,
500여 권에 달하는 여유당전서의 저자, 유교의 학문과 사상을 공부했지
만 무조건 중국의 학문을 따르지 않은 뚜렷한 주관을 지닌 학자로서의 자
긍심이 분명히 드러나는 글이다. 이 글은 오랜 귀양생활 후 회갑을 맞아

스스로 쓴 묘비명墓碑銘에 실려 있다.

　다산은 정조임금과 함께 조선 후기 개혁을 이끌었지만, 정조 사후 무려 18년 간의 유배생활을 겪어야 했다. 비록 "어릴 때는 학문에 뜻을 두었으나, 20년 동안 세속의 길에 빠져 다시 선왕의 훌륭한 정치가 있는 줄 알지 못했는데 이제야 여가를 얻게 되었다"라며 마음을 다스렸지만, 억울한 유배생활이 결코 쉽지는 않았을 것이다. 셋째형 정약종은 처형을 당했고 둘째형 정약전은 정약용과 함께 유배를 떠나 온 집안이 몰락한 상황을 겪어야 했다. 심지어 유배 초기에는 받아주는 데가 없어서 가난한 떡장수 노파의 비좁은 집에서 뒷방생활을 했다고 한다. 바로 이러한 고난의 시기에 다산은 《소학》과 《심경》에 심취했다. 이 두 책에 자신의 생각을 담아낸 《소학지언小學枝言》과 《심경밀험心經密驗》은 모두 유배지에서 쓴 책이다.

　다산은 《심경밀험》의 머리글에서 이렇게 썼다.

나는 궁핍하게 일 없이 살면서 육경과 사서를 벌써 여러 해 동안 탐구했는데, 한 가지라도 얻은 것이 있으면 설명을 달고 기록하여 간직해두었다. 이제 독실하게 실천할 방법을 찾아보니, 오직 《소학》과 《심경》이 여러 경전들 가운데 특출하게 빼어났다. 진실로 이 두 책에 침잠하여 힘써 행하되, 《소학》으로 외면을 다스리고, 《심경》으로 내면을 다스린다면 거의 현인의 길에 이르지 않을까.

돌아보건대 나의 삶은 잘못되었으니 노년의 보답으로 갚아야 할 일이다. 《소학지언小學枝言》은 옛 주석을 보충한 것이고, 《심경밀험心經密驗》은 몸으로 체험하여 스스로 경계하는 것이다. 이제로부터 죽는 날까지 마음을 다스리는 일에 힘을 다하고자 하여, 경전을 공부하는 일을 《심경》으로 맺고자 한다. 아! 능히 실천할 수 있을까!

　국왕 정조의 가장 총애받는 신하였지만, 폐족이 되어 유배생활을 감내하던 고난의 시기에 다산은 《심경》, 즉 마음의 경전을 펼쳤다. 또한 평생을 두고 궁구했던 학문의 끝을 《심경》으로 매듭을 짓고자 했다. 그리고 앞으로의 남은 삶 역시 마음을 다스리는 일에 힘을 다하고자 했다. 마음을 다스리는 일이 고난을 이겨내는 힘이며, 학문의 끝이자 결론이라고 노학자는 말하고 있는 것이다.

스스로를 다스리며 완성하는
마음공부

《근사록》에는 "가난과 고난과 근심 걱정은 그대를 옥처럼 완성한다"라고 실려 있다. "역경과 곤궁은 호걸을 단련하는 도가니와 망치다"는 《채근담》에 실려 있는 글이다. 맹자는 더욱 상세하게 설명하고 있다.

　"하늘이 장차 그 사람에게 큰 사명을 내리려 할 때는, 먼저 그의 심지를 괴롭게 하고, 뼈와 힘줄을 힘들게 하며, 육체를 굶주리게 하고, 그에게 아무것도 없게 하여 그가 행하고자 하는 바와 어긋나게 한다. 마음을 격동시켜 성질을 참게 함으로써 그가 할 수 없었던 일을 더 많이 할 수 있게 하기 위함이다."

　이 글들은 모두 고난이 사람의 삶에서 어떤 유익을 가져다줄 수 있는지를 말해주고 있다. 하지만 고난을 겪는다고 해서 모든 사람이 좋은 결과를 얻지는 않는다. 어떤 이는 고난을 통해 놀라운 일을 만들어내기도 하지만 어떤 사람들은 고난에 치여 무너지기도 하는 것이다. 그 차이는 바로 고난을 어떤 마음으로 어떻게 받아들이느냐에 달려 있다. 그것을 다산이 말해주고 있다.

먼저, 고난을 이겨내고 큰일을 이루기 위해서는 반드시 고난을 받아들이는 긍정적인 마음이 있어야 한다. 다산은 중년에 닥친 고난을 '세속의 길에서 벗어나 진정한 학문을 할 수 있는 여가'로 생각했다. 그랬기에 험난한 귀양지에서 여유당전서라는 찬란한 학문적 결실을 만들어낼 수 있었다.

또 한 가지는 고난이 삶에서 어떤 의미가 있는지를 잠잠히 생각해볼 수 있어야 한다. 공자가 "곤궁에는 운명이 있음을 알고, 형통에는 때가 있음을 알고, 큰 어려움에 처해도 두려워하지 않는 것이 성인의 용기다"라고 말했듯이, 자신이 겪는 고난에도 반드시 그 의미가 있음을 알고 조용히 때를 기다리는 지혜가 있어야 하는 것이다.

그 전제는 평온하고 안정적인 마음을 유지하는 것이다. 다산은 마음을 다스릴 수 있었기에 혹독한 시기를 잠잠히 버티면서 때를 기다릴 수 있었다. 자신뿐 아니라 아들들에게도 "폐족에서 벗어날 수 있는 길은 독서밖에 없다"라고 이르며 미래를 대비하도록 했다. 그 힘이 된 것이 바로 '마음의 경전', 《심경》이었다. 다산은 《심경》을 읽고 연구하며 자신의 생각과 마음을 다스렸다.

제왕학의 근본,
마음공부

《심경》은 주자朱子의 제자였던 송나라 학자 진덕수眞德秀가 편찬한 책이다. 사서삼경 등 유학의 경전을 비롯하여 주돈이周敦頤, 정이程頤, 범준范俊, 주희朱熹 등 송대 학자들의 마음수양법도 포함되어 있다. 이후 명대의 성리학자인 정민정程敏政이 여러 학설을 인용하고 자신의 생각을 덧붙여《심경부주》를 편찬했다. 하지만 중국에서는 더 이상《심경》에 대한 연구는 이어지지 않았다. 오히려 조선의 선비들이《심경》과《심경부주》를 철저히 연구하고 토론하고 학술적으로 논쟁도 하면서 많은 저술들을 남겼다. 앞에서 언급했던 다산의《심경밀험》역시 그중 하나다. 또한 조선의 국왕들 역시《심경》을 통해 군주로서의 마음가짐을 바로잡았고, 신하들과 함께 연구하며 귀감으로 삼았다.《정조실록》에는 정조가 신하들에게《심경》에 대해 이렇게 말했던 것이 실려 있다.

대저 이 편篇은 마음에 대해 말한 글들을 모아서 하나의 책을 만든 것으로 천고에 마음을 다스리는 요법要法인 것이다. 진서산(진덕수)이 임금을 사랑하는 정성과 뒷사람들에게 은혜를 베푼 공이 진실로 크다. … 경전의 큰 가르침과 성현의 중요한 공부가 모두 이 한 편의 글에 들어 있음을 뚜렷이 고증할 수 있으니, 말세의 어둠을 밝혀주고 말학의 본보기가 되는 전칙典則임은 물론 위로 황왕皇王에서부터 아래로 필서匹庶에 이르기까지 그 전체全體와 대용大用에 대한 공부를 함에 있어 이 책을 버리고 무엇을 택하겠는가? 선정이 이른바,《근사록》에 못지않다고

다산의 마지막 공부

한 것은 참으로 절실한 말인 것이다. 내가 매번 이 책을 높이고 믿으면서도 평소 공부가 없었던 것을 부끄럽게 여겼는데, 이제 경들과 함께 한두 가지를 강론해도 되겠는가?

정조는 다산과 함께 조선 후기의 개혁정치를 이끌어내었던 위대한 임금이다. 학문도 깊어서 신하들을 오히려 가르치고 이끌며 문화적 황금기를 이룰 수 있었다. 앞의 글은 정조가 신하들과 함께《심경》을 논했던 것이다. 정조 역시《심경》은 '경전의 가르침과 성현의 공부를 한 편에 집대성했다'고 평가하고 있다. 나라를 이끄는 군주로서 가장 먼저 마음을 다스릴 수 있어야 나라를 제대로 다스릴 수 있다는 깨우침이라고 할 수 있다.《대학》에는 잘 알려진 '수신제가치국평천하修身齊家治國平天下'가 실려 있다. 나라와 천하를 잘 다스리기 위해서는 가장 먼저 자기 몸을 가다듬고 마음을 바로 세워야 한다는 뜻이다. 그 전체를 보면 이렇다. "사물의 이치를 연구한 후에야 앎을 얻을 수 있고, 앎이 지극해진 후에야 뜻이 성실해진다. 생각이 성실해지면 마음이 바르게 되고, 마음이 바르게 된 후에야 자신을 닦을 수 있다. 자신을 닦은 후에야 집안이 바로 잡히고, 집안이 바로 잡힌 후에야 나라가 다스려지고, 나라가 다스려진 후에야 천하가 평안해진다."

천하를 통치하려고 하는 사람은 가장 먼저 학문을 닦아서 지식을 쌓아야 하고, 바르게 뜻을 세우고 마음을 바르게(심정心正) 해야 한다. 정조는 바로 이것을 말하며 국왕으로서 나라의 올바른 통치를 위해《심경》을 공부하겠다고 선언하고 있다.

공부는 결국
잃어버린 마음을 찾는 과정이다

《맹자》〈고자장구 상告子章句 上〉에는 이렇게 실려 있다.

> 사람들은 닭이나 개를 잃어버리면 곧 찾을 줄 알지만, 잃어버린 마음은 찾을 줄
> 모른다. 학문이란 다른 것이 아니라 잃어버린 마음을 찾는 데 있다(학문지도무타
> 구기방심이이의學問之道無他求其放心而已矣).

맹자는 성공과 명예, 물질과 권세를 탐하면서 정작 소중한 마음을 잃고
도 찾지 않는 사람들을 질책하고 있다. 그리고 학문과 수양이란 다른 것이
아니라 마음을 지키는 것이고, 만약 마음을 잃었다면 그 마음을 찾아오는
것이라고 가르치고 있다. 맹자의 이 가르침은 오늘날에도 절실하다.

현대인들은 마치 마음을 어딘가에 잃어버리고도, 잃어버린 줄도 모르
고 살아가고 있는지도 모른다. 마음을 잃어버렸다는 것은 곧 자아를 상실
한 것과 같다. 마음은 곧 자기 자신이기 때문이다. 이런 극단적인 경우는
아니더라도 많은 사람들이 마음으로 인해 많은 어려움을 겪고 있는 것은
사실이다. 상처받을 말, 상처받을 일이 세상에는 가득 차 있다고 해도 과
언이 아니다. 오늘을 살아가는 우리는 그 누구도 상처받지 않고는 살아갈
수 없을지도 모른다.

마음을 잃고 상처를 받았기에 사람들은 작은 일에도 분노한다. 그리고
분노를 절제하지 못한다. 또한 끊임없이 무엇인가를 찾고 있지만 가져도,

다산의 마지막 공부

갖지 못해도 만족하지 못한다. 갖지 못한 사람들은 불투명한 미래 때문에 불안하다. 사회의 불평등과 공정하지 못함에 분노한다. 가진 자들 역시 아무리 채워도 채워지지 않는 욕심 때문에 허무하다. 아무리 많은 것을 가져도 마음이 공허한 것은 가진 것들이 진정한 가치를 지닌 것이 아니기 때문이다. 또한 온전한 자신의 모습을 바라보는 것이 아니라 다른 사람과 비교된 자신을 바라보기 때문이다. 무엇보다도 힘이 드는 것은 결코 채워지지 않는 마음의 결핍이다. 외로운 것이다.

　이제 이런 문제는 개인적인 차원을 넘어 사회현상이 되었고, 국가적 과제가 되었다고 해도 과언이 아니다. 고독사회, 분노사회, 사회적 우울증 등이 바로 그런 문제를 나타내는 용어들이다. 앞서 정조는, 위로는 임금에서부터 아래로는 평범한 백성에 이르기까지 모든 사람들이 마음공부를 해야 한다고 말했다. 《대학》에도 '수신제가치국평천하'의 가르침 다음에 '천자로부터 백성에 이르기까지 모두 몸과 마음을 닦는 것을 근본으로 삼아야 한다'고 실려 있다. 마음공부는 신분과 귀천에 관계없이 모두가 해야 한다는 것이다. 한 나라의 임금과 유교의 경전이 '마음공부를 하라'는 것은 그 당시 관례에서는 백성들에게 삶의 지침을 주는 것이다. 개개인의 마음의 다스림이 없이는 평안한 나라, 제대로 된 통치가 될 수 없다는 것을 깨달았기 때문이다. 오늘날도 마찬가지다. 얼마 전 영국에서는 '외로움 장관Minister for Loneliness'이라는 새로운 직책이 생겼다고 한다. 잃어버린 마음을 찾는 일이 개인의 차원을 넘어 국가적 과제가 되었다는 것을 여실히 말해주고 있는 사례다.

마음, 붙잡으면
보존되고 놓으면 잃는 것

이러한 때 나는, 정약용이 최악의 고난에 처했을 때 마음을 다스렸다는 《심경》에 주목했다. 퇴계와 율곡을 비롯한 조선 최고의 학자들이 학문과 수양을 위해 치열하게 공부하고 논쟁했던 책, 정조를 비롯한 많은 조선의 왕들이 지도자로서의 마음가짐을 바로잡기 위해 읽었던 책들에는 무엇이 담겨 있을까 알고 싶었다. 그리고 마음을 잃어버린 시대에 정말 마음을 채워야 할 것이 무엇인지 궁금했다.

책에는 옛 선비들이 몸을 닦고 마음을 다스리는 마음공부의 경구 37편이 담겨 있었다. 하지만 책에는 번거롭고 힘든 현실에서 지친 마음에 휴식을 주는 '힐링'도, 현실에 집착하는 마음에서 벗어나려는 '욜로 라이프'도, 스스로의 가치를 찾고 자기 존중감을 높이려는 '자존감 수업'도 없었다. 종교에서 얻을 수 있는 마음의 치유도 없었다. 달콤한 위로도, 스스로가 안타까워서 우는 자기연민도 없었다.

다만 책에는 조금의 타협도 없는 치열한 선비들의 수양과 정진의 길이 담겨 있었다. 맹자가 말했던 잃어버린 마음을 찾는 방법이 담겨 있었다. 욕망과 이익을 탐하는 마음 대신 우리 마음에 진정으로 채워야 할 것이 무엇인지 알려주는 가르침이 있었다. 2,500년을 이어온 동양철학의 지혜도 함께 담겨 있었다. 이 가르침을 함께 나누고 싶어 이 책을 썼다.

지금도 제대로 밝히지 못한 마음의 본체와 그 다스림의 요체를 밝힌 옛 경전의 정수精髓가 결코 쉬울 리가 없었다. 한 치의 빈틈도, 한 순간의 방심도 허용치 않는 옛 선비들의 마음공부 경지는 감히 넘볼 수도 없을 것 같았다. 이러한 경지를 오늘을 살아가는 평범한 우리의 삶에 어떻게 적용하고 실천할 수 있을까, 많은 고민이 된 것도 사실이다.

그때 내 마음을 붙잡는 한 가지 통찰이 있었다. 공자가 마음을 두고 말했던 '붙잡으면 보존되고 놓으면 잃는다(조즉존 사즉망操則存 舍則亡)'이다. 마음은 그 누구의 것도 아닌 바로 나, 우리의 것이다. 그 마음을 붙잡는 것도 나 자신이며 잃어버리는 것도 바로 나인 것이다. 잃어버리기는 쉽지만 설사 잃었다고 해도 다시 찾아오면 된다. 옛 선비들이 했듯이 치열한 공부와 수양은 할 수 없을지도 모른다. 단지 마음을 두드리는 글을 읽으며 작은 깨우침을 하루하루 쌓아간다면, 잃어버린 줄도 모르고 있었던 마음이 나도 모르게 되돌아올 것이다. 그 시간은 생명이 되살아나는 시간, 평단지기 平旦之氣의 새벽시간이면 더할 나위가 없겠다.

책을 쓰며 《국역 심경주해총람》과 《심경부주》(이한우 옮김)에 많은 도움을 받았다. 감사드린다.

조윤제

돌아보니 나의 생은 헛돈 게 아닌가 하니,

만년의 보답으로 힘써야 할 일이 도리어 여기에 있지 않겠는가?

《소학지언》은 옛 주석을 보충한 것이고,

《심경밀험》은 몸에서 체험해 스스로 경계한 것이다.

지금부터 마지막 순간까지 마음을 다스리는 데 온 힘을 다함으로써,

그간의 공부를《심경》으로 매듭짓는다.

아! 능히 실천할 수 있을까!

顧余一生放倒

桑楡之報 顧不在是乎

小學枝言 所以補舊注也

心經密驗者 所以驗之於身以自警也

從今於死之日 意慾致力於治心之術 所以窮經之業

結之以心經也

嗟乎 能踐不乎

_정약용

2장 ═══════════════════════════════════════

거피취차 去彼取此

: 이상에 취하지 말고 일상에 몰두하라

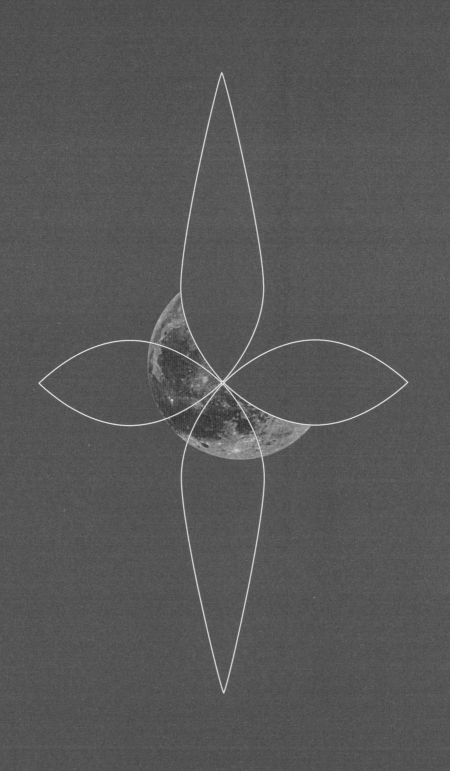

1장

약동섭천

若冬涉川

....

당당함은 삼가고
반추하는 데에서 나온다

구속받지 않는 사람에게는 중심이 있다

帝曰 人心惟危 道心惟微 惟精惟一 允執厥中
제왈 인심유위 도심유미 유정유일 윤집궐중

순임금이 말했다. "사람의 마음은 늘 위태롭고, 도의 마음은 잘 드러나지 않는다.
오직 정밀하게 살피고 한결같이 지켜 그 중심을 붙잡아야 한다."

_《서경書經》〈우서虞書》 '대우모大禹謨'

《논어》〈요왈〉에는 중국의 전설적인 임금 요堯가 보위를 순舜에게 이양하며
했던 말이 실려 있다. "요임금이 말씀하셨다. '그대 순이여! 하늘에 정해진
뜻이 바로 그대에게 있으니, 진실로 그 중심을 잡도록 하라. 천하가 곤궁해
지면 하늘이 내려주신 보위도 영원히 끊어질 것이다.' 순임금도 우임금에
게 이양하며 같은 말씀을 했다."

순이 우에게 했다는 이 말은 사서삼경 가운데 하나로 중국의 가장 오랜
역사서인《서경》에 실려 있다.《서경》은 공자가 이상적인 시대로 꼽았던,
고대 중국의 전설적인 임금인 요순부터 주의 문왕과 무왕까지의 역사를
기록했던 책으로 공자가 편찬했다고 전해진다. 전설 속의 군주이기는 하
지만 요순의 시대에서 특이한 점은 임금들이 자신의 혈육이 아니라 천하

의 탁월한 인물, 즉 가장 능력 있고 도덕적인 인물을 후계로 삼았다는 점이다. 그리고 군주와 신하 등 모든 지도자는 백성을 위하고 두려워하고 공경하는 것을 최고의 덕목으로 삼았다. 세습이 당연한 것으로 여겨지고, 권력을 얻기 위해 수단방법을 가리지 않는 오늘날 세태에서 보면 요순시대가 태평성대로 일컬어지는 이유를 알 수 있다.

요임금은 순임금을 다양한 시험을 거쳐 후계자로 세웠고, 순임금은 두 명의 탁월한 신하 우禹와 고요皐陶와 함께 나라를 잘 다스렸다. 고요는 백성을 덕으로 다스려 명망이 있었고, 우는 치수에 능력이 있었다. 순임금은 땅과 물을 잘 다스렸던 우에게 하늘의 뜻이 있다고 하며 후계자로 지명했다. 그리고 많은 당부의 말을 해주었는데, 그중에 앞의 인용문이 실려 있는 단락의 전문은 다음과 같다.

> 천하에는 그대와 재능을 다툴 자가 없으나 그대는 교만하지 않고, 천하에 그대와 공을 겨눌 자가 없으나 그대는 자랑하지 않는다. 나는 그대의 공이 큰 것을 알고 있고, 그대의 공적을 가상히 여기고 있다. 하늘의 운수가 그대에게 있으니 그대는 임금이 될 것이다. 사람의 마음은 늘 위태롭고, 도의 마음은 잘 드러나지 않는다. 오로지 정밀하게 살피고 한결같이 지켜 그 중심을 붙잡아야 한다. 근거 없는 말은 듣지도 말고, 의논하지 않은 계책을 써서는 안 된다.

전설 속의 인물이기는 하지만 최고의 황제가 후계자에게 전해준 말로 지도자들이 반드시 새겨야 할 경구라고 할 수 있다. 순임금은 후계자인 우의 재능과 공적이 높지만 그럼에도 교만하지 않고 겸손한 자세를 칭찬하며, 이미 하늘의 운수가 기울어 다른 어떤 신하보다 후계자로서 적임자라는 것을 선포하고 있다. 또한 앞으로 근거 없이 떠도는 말이나 함부로 하는 말은 잘 분간해 듣지 않도록 하며, 어떤 계책이든 독단적으로 하지 말고 충분히 논의를 거친 다음 실행해야 한다고 가르친다.

앞의 글에서 가장 요체는 지도자로서 그 무엇보다도 마음을 잘 다스려야 한다는 것이다. 지금도 마찬가지지만 한 나라의 지도자는 나라에서 가장 큰 권력을 쥐고 있는 사람이다. 이런 사람이 자신의 마음을 다스리지 못하고 감정이나 욕망에 휘둘린다면 신하들은 물론 나라의 모든 백성들이 핍박을 받게 되고, 심하면 나라가 망하는 결과가 초래되기도 한다. 그래서 요임금은 "천하가 곤궁해지면 하늘이 내려준 보위도 영원히 끊어질 것이다"라고 말했던 것이다.

욕심은 버리는 것이 아니라 다스리는 것이다

《심경》의 저자 진덕수가 직접 쓴 〈심경찬心經贊〉에서는 앞의 구절 "사람의 마음은 늘 위태롭고, 도의 마음은 잘 드러나지 않는다. 오로지 정밀하게 살피고 한결같이 지켜 그 중심을 붙잡아야 한다人心惟危 道心惟微 惟精惟一 允執厥中"의 원문 열여섯 글자를 마음공부의 근원이라고 말하고 있다. 그리고 구절의 핵심이 되는 인심과 도심을 아래와 같이 설명하고 있다.

"인심은 무엇인가? 형체와 기운에서 생겨나는 것이니 좋음과 즐거움,

다산의 마지막 공부

분노와 원망이 있다. 오직 욕망에 흐르기 쉬워서 이것을 위태롭다고 하는 바, 잠시라도 방심하면 온갖 사특함이 그것을 따른다. 도심은 무엇인가? 하늘이 준 천명에 뿌리를 두고 있는 바 의로움(의義), 인자함(인仁), 치우치지 않음(중中), 바름(정正)이라 한다. 이런 이치는 형체가 없어서 잘 드러나지 않으니, 털끝만치라도 잃어버린다면 그것을 보존하기 힘들다. 인심과 도심 둘 사이에는 틈새를 용납한 적이 없으니 반드시 정밀하게 살펴서 흑백을 가리듯이 해야 한다. 지혜로 미치고 인으로 지키는 것이 처음과 끝이 되니, 오직 정밀하기 때문에 한결같고, 한결같기 때문에 중심을 붙잡을 수 있다.”

여기서 인심은 사람의 감정과 욕망을 말한다. 《예기》에서는 사람이 가지고 있는 일곱 가지 감정을 희로애구애오욕喜怒哀懼愛惡欲이라고 했다. 기쁨, 노여움, 슬픔, 두려움, 사랑, 미움, 욕구의 일곱 가지다. 그리고 도심은 맹자가 말했던 선한 천성, 즉 사람들로 하여금 인의예지仁義禮智를 실천하게 하는 네 가지 실마리(사단四端)다. 맹자는 인의 단서를 측은지심惻隱之心, 의를 수오지심羞惡之心, 예를 사양지심辭讓之心, 지를 시비지심是非之心이라고 표현했다. 맹자는 이 사단이 없으면 사람이라고 할 수 없다고까지 했다.

진덕수는 이 두 가지를 흑백을 가리듯이 지키라고 했지만, 인간의 마음에서 둘이 반드시 완전히 구분되는 것은 아니다. 사람인 이상 감정과 욕망이 없을 수 없고, 동시에 쉽게 드러나지는 않지만 하늘의 이치를 따르고자 하는 선한 본성도 당연히 가지고 있다. 또한 인심이라고 해서 반드시 나쁘지만은 않은 것이, 감정과 욕구가 있기에 바로 인간이기 때문이다. 아무리 뛰어난 사람이라고 해도 인간의 경지를 벗어나 온전히 하늘의 이치만을 따를 수는 없는 법이다.

사람의 욕망이나 감정은 옳고 그름을 따질 수 있는 성질이 아니다. 감정은 철저히 가치중립적이다. 기뻐하고 화내고 슬퍼하고 무서워한다고 해서 그 자체가 옳고 그른 것이라고 할 수는 없다. 단지 그것을 절제하지 못하거나, 빠져서 헤어나지 못하거나, 억제하지 못하거나, 다른 사람에게 피해를 주거나, 악한 목적으로 쓴다면 그것은 욕망을 무절제하게 따르는 마음, 즉 바르지 못한 마음이 되는 것이다. 따라서 도심이란 인심을 쓰지 않는 것이 아니라 바르게 쓰는 것을 가리킨다. 당연히 기뻐할 것을 기뻐하고, 분노해야 할 것에 분노한다고 해서 도심에서 벗어난 것은 아니다.

그래서 공자는 견리사의見利思義를 말했다. 사람은 누구나 자신에게 이익이 되는 것을 좇기 마련이다. 따라서 욕심을 가지는 자체는 자연스러운 일이다. 하지만 자신의 이익을 위해 수단방법을 가리지 않거나, 다른 사람에게 피해를 주든 말든 무조건 자신의 유익만을 추구한다면 그것은 욕망에 따라잡힌 인욕이 된다. 반대로 이익을 좇더라도 의義의 관점에서 판단하고 올바른 것을 따른다면 천리를 따르는 것, 즉 도심이 되는 것이다.

인간에게는 중심이 있어야 한다

'정밀하게 살피고 오직 한결같이 지켜 그 중심을 붙잡아라'는 말은 위태로운 인심을 누르고 도심을 따르기 위한 가르침이다. 정밀하게 살피고 한결

같이 지키기 위해서는 반드시 학문과 수양이 겸비되어야 한다. 지식이 없으면 제대로 살필 수 없고, 수양이 없으면 한결같을 수가 없기 때문이다.

'중심을 잡으라'는 말이 선뜻 잡히지 않을 수 있지만《중용中庸》을 통해 그 의미를 짐작해볼 수 있다.《중용》에 실려 있는 '중'은, '희로애락喜怒哀樂의 감정이 아직 생겨나지 않은 것'으로 '천하의 근본'을 가리킨다. 즉 그 무엇에도 침해받지 않은 고요하고 평온한 마음으로 세상의 근본 도리를 지키는 것이다. 세상의 근본 도리는 '지나침도 미치지 않음도 없고, 넘치지도 모자라지도 않은 가장 적절하고 조화로운 상태'를 말한다. 곧 '중용'이 뜻하는 바다.

고전에서 현자들은 자기 성찰과 수양을 통해 철저하게 도심을 지켜나가야 한다고 말하고 있다. 현대를 살고 있는 우리로서는 당연히 엄두가 나지 않는다. 복잡한 현대사회를 살아가면서 각종 억압과 스트레스에 시달리는 마음을 평안하게 다스리기란 쉽지 않다. 아무리 스스로를 다스리려고 해도 속세가 나를 휘감은 한 세상과 사람들이 가만두지 않는다. 한껏 욕심에 달아오르지 않더라도 끊임없는 유혹과 자극이 감정을 불러일으키고 욕망을 들끓게 만든다.

그러나 감정과 욕망은 의지로 억누른다고 해서 제어되는 것이 아니다. 우리는 역사에 이름을 남긴 현자도 아니다. 단지 세상에 시달리며 지금 당장에 급급한 평범한 처지라고 해도 감정과 욕망이 들끓을 때 잠깐 성찰하는 시간, 자신에게서 한 걸음 물러나 관조하는 시간을 가지는 것 정도는 가능할 것이다. 한 걸음 물러선다는 것은 자신과 자신의 감정을 잠깐 분리하는 것이다. 어떤 상황을 맞았을 때 자신을 자신의 감정과 동일시하는 것이 아니라, 한 걸음 물러서서 남의 일을 관찰하듯 스스로를 객관적이며 합리적으로 볼 수 있다면 감정에 지배받지 않게 될 것이다.

《도덕경》에는 "만족할 줄 알면 욕됨이 없고, 멈출 줄 알면 위태롭지 않아서 오래 갈 수 있다(지족불욕, 지지불태, 가이장구知足不辱, 知止不殆, 可以長久)"라고 실려 있다. 만족할 줄 안다는 것은 스스로의 환경과 처지를 인정하고 받아들일 줄 아는 겸손을 기반으로 한다. 멈출 줄 아는 것은 감정이나 욕망이 과잉이라고 판단되면 더 이상 휩쓸리지 말고 잠깐 멈추고 스스로를 돌이켜보는 용기다. 화가 솟아오를 때는 한 번 호흡을 가다듬고, 슬픔에 무너질 때는 무심하게 주위를 둘러보고, 쾌락에 이끌릴 때는 잠깐 멈춰 선다. 이렇게 상황과 그 상황 속에서의 자신을 객관적으로 바라보라는 작은 신호를 스스로에게 주는 것이다.

매몰되지 않도록 한 걸음 물러섰을 때 자신의 모습을 가감 없이 분명하게 볼 수 있다. 바로 볼 수 있다면 자신의 행동이 바른 도리에 근거하고 있는지를 따질 수 있다. 스스로에게 부끄럽다면 그 일에서 떠나야 한다. 부끄럽지 않다면 과감하게 계속하면 된다. 성인이나 현자가 아닐지라도 일상에서 휘둘리지 않는 연습을 차근차근 실천한다면 적어도 어제보다 나은 사람은 될 수 있을 것이다.

...

**바르지 않은 길 앞에서
멈출 줄 아는 사람이 바른 길을 갈 수 있다.**

다산의 마지막 공부

어른이라면 자신의 마음을
하나로 모을 수 있어야 한다

詩曰 上帝臨汝 無貳爾心, 又曰 無貳無虞 上帝臨汝
시왈 상제임여 무이이심 우왈 무이무우 상제임여

《시경》에 이르기를 "상제께서 너에게 임하고 있으니 두 마음을 품지 마라"고 하고,
또 이르기를 "두 마음을 품지 말고 근심하지 마라, 상제께서 임하여 계신다"라고 했다.
_《시경》〈대아大雅〉'대명大明', 〈노송魯頌〉'비궁閟宮'

은(상)의 마지막 군주 주왕紂王의 폭정이 계속되었다. 이에 주周 무왕이 천하
의 인재들을 모았고, 그 대표적인 인물인 강태공의 도움으로 반란을 일으
켜 주왕을 공격한다. 두 나라가 서로 대치하고 있을 때 주왕의 군대는 목야
牧野에 진을 쳤는데 그 군대가 많아서 마치 숲과 같았다. 그 압도적인 군사
력 앞에서 누구라도 두려워할 수밖에 없었지만 주 무왕은 담대하게 맞섰
다. 《시경》〈대아〉'대명'에서는 그 상황을 노래하고 있다. 앞 구절, '상제
께서 너에게 임하고 있으니 두 마음을 품지 마라'는 주 무왕이 휘하의 군사
들에게 하늘의 뜻이 우리에게 있으니 담대해지라 격려하는 말이다. 두 마
음을 품지 말라는 것은 의심하지도 망설이지도 말고 결단하라는 뜻이다.
시의 앞뒤 구절을 살펴보면 그 맥락을 알 수 있다.

하늘이 무왕을 보우하며 은나라를 치라 명하셨다.

은나라의 군사들이 숲의 나무처럼 모였는데

목야에서 무왕이 담대하게 외쳤다.

"내가 일어섰다.

하늘의 뜻이 우리에게 있으니 두 마음을 품지 마라."

뒤의 구절은 《시경》 〈노송〉 '비궁'의 한 구절로 역시 주 무왕과 은 주왕의 전쟁인 같은 상황을 노래하고 있다. 단지 문장의 앞뒤가 바뀌었고 근심하지 말라는 말이 추가되어 있는 점이 다를 뿐이다. 두 시는 모두 주나라 건국의 정당성과 당위성을 말하고 있는데, 은나라의 폭정을 심판하기 위해 주나라가 그 역할을 맡은 것이 모두 하늘의 뜻이라는 주나라 건국의 서사시라고 할 수 있다.

시에서 상제는 절대자를 말한다. 종교적인 관점은 물론 무신론자들에게도 '하늘의 뜻', 즉 천명天命은 가장 큰 권위를 지닌다. 만약 하늘의 뜻이 자신에게 있다면 그 누구라도 담대함과 확신을 가질 수 있다. 망설일 필요도 없고 두려워할 것도 없다. 주자가 "천명은 반드시 되어야 할 바를 알아서 그 결단을 도와준다는 말이다"라고 말했던 것처럼 하늘의 뜻은 반드시 이루어진다. 하지만 하늘의 뜻은 운이 좋다고 해서 누구에게나, 무조건 주어지는 것은 아니다. "하늘은 스스로 돕는 자를 돕는다"라는 말이 있듯이 하늘의 뜻을 얻기 위해서는 반드시 그에 합당한 노력을 기울여야 한다. 단지 하늘만 쳐다보면서 두 손을 놓고 있는 사람에게는 하늘의 뜻이 오지 않는다. 《삼국지》에 실려 있는 '수인사대천명修人事待天命'이 그것을 가르쳐주는 성어다. 우리가 익히 알고 있는 '진인사대천명盡人事待天命'의 원문이다.

《삼국지》에서 제갈량은 조조를 풀어준 관우를 용서하면서, '조조가 죽지 않을 운명임을 알고 조조에게 은덕을 입었던 관우를 보내서 마음의 빚을 갚고 후환을 없애려고 했다'면서 '수인사대천명'이라는 표현을 썼다. 설사 하늘의 뜻을 얻을 수 없다 할지라도 사람으로서 해야 할 최선의 노력을 기울여야 한다는 것이다. 또한 스스로 최선을 다했다고 해도 반드시 하늘의 뜻이 있는 것은 아니라는 의미이기도 하다.

누군가를 믿기 위해서는
자신부터 믿을 수 있어야 한다

하늘의 뜻을 얻기 위해 가져야 할 또 한 가지는 이루고자 하는 일이 반드시 의義에 기반을 두고 있어야 한다는 것이다.《맹자》에는 "스스로 옳다고 생각하지 못하면 부랑자도 무섭지만, 돌아본 스스로가 옳다면 천만 명에도 맞설 수 있다"고 실려 있다. 증자가 스승인 공자에게 들은 이야기를 제자 자양에게 전해준 말로, 맹자는 용기를 설명하면서 이 말을 인용했다. 스스로 의로운 일을 한다는 확신이 어려움을 이겨낼 힘이 된다는 것이다. 당연히 하늘의 뜻이 자기에게 있다는 확신도 가질 수 있다. 만약 스스로 하는 일이 의롭다는 확신이 없다면 당연히 그 마음은 흔들릴 수밖에 없다. 한 사람의 부랑자도 무서울 수밖에 없고, 마음도 이리저리 흔들려 두 마음이 아니라 세 마음, 네 마음이 되고 만다.

앞의 고사에서 주 무왕이 군사력에서 압도적인 주왕의 군대에 맞설 수 있었던 힘은 바로 의로움이 주는 확신을 기반으로 한다. 백성을 핍박하는 폭군 주왕을 몰아내야 한다는 확고한 사명감이 하늘의 뜻이 자신에게 있다는 믿음을 가져다줬고, 담대한 용기가 되어 천만 대군에 맞서 이길 수 있는 힘이 되었다.

고전에서 '두 마음을 품지 말라(무이이심無貳爾心)'는 말은 군주의 신하에 대한 믿음과 신하의 흔들리지 않는 충성심을 강조하기 위해 많이 쓰인다. 《관자》에 실려 있는 "군주를 모시는 데 두 마음을 품지 마라(사군자무이심事君者無二心)"는 누군가를 믿을 때 오락가락하지 말고 진심을 다하라는 말이다. 한편 《서경》에는 "현명한 신하에게 일을 맡겼으면 두 마음을 품지 마라(임현물이任賢勿貳)"라고 실려 있다. 애초에 믿을 수 있는 사람을 찾아서 일을 맡기고, 한 번 맡겼다면 상황의 변화나 주위의 이런저런 이야기에 흔들리지 말고 확실하게 신임을 주라는 말이다. 여기서 우리는 '두 마음을 품지 마라'는 상대적인 의미임을 알 수 있다. 믿음과 신뢰를 가지고 사람을 대하는 것은 윗사람이든 아랫사람이든, 어떤 자리에 있든지 반드시 지켜야 할 덕목이다.

또한 두 마음을 품지 말라는 말은 마음속에 의심을 품지 말라는 의미를 갖고 있다. 의심이 있는 사람은 스스로에 대해서도 확신을 갖지 못한다. 《명심보감》에는 "스스로를 의심하는 사람은 남을 믿지 못하고, 스스로를 믿는 사람은 남을 의심하지 않는다"라고 나와 있다. 지도자는 먼저 자신에 대한 믿음을 확고히 할 수 있어야 한다. 그래야 담대하게 사람들을 이끌고 일을 이룰 수 있다.

비범한 힘은
평범한 일상에서 축적된다

《심경》의 저자 진덕수는 앞에서 소개한 구절을 이렇게 해설했다. "시의 뜻은 주의 정벌을 주로 말했지만, 배우는 사람이 일상에서 그 문장을 외우며 상제가 자신의 위에 임해 있는 것처럼 두렵고 삼가는 마음으로 지낸다면 사사로움을 막고 진실함을 지키는 데 크게 도움이 될 것이다. 의를 보고도 반드시 행하고자 하는 용기가 없거나, 이해득실에 따라 마음을 바꾸는 사람도 마땅히 이 말을 음미해 스스로 결단해야 한다."

압도적인 적을 상대하는 전쟁과 같이 특수한 상황에서만이 아니라, 일상생활에서도 삶을 올바르게 살아가기 위해 위의 구절을 음미하며 새기라는 가르침이다. 흔히 큰일을 하는 사람은 작은 일에 연연해서는 안 된다고 말한다. 하지만 일상을 소홀히 하면서 큰일을 이루는 사람은 없다. 진정한 위대함은 작은 일에 대한 따뜻한 관심, 소소한 일상에서의 충실함에서 비롯된다.

하늘이 함께한다는 마음가짐은 급박한 때는 물론 평상시의 생활에서도 큰 힘이 된다. 결단의 순간에 망설이지 않게 되고 위기의 순간에도 담대할 수 있다. 평소 생활에서도 하고자 하는 일을 자신 있게 해낼 수 있게 되고, 또 결과에 대해서도 자신감을 가질 수 있다. 하지만 한편으로 생각하면 큰 부담이 되기도 한다는 것을 부인할 수는 없다. 하늘이 나와 함께한다는 것은 하늘이 언제나 나를 주시하고 있다는 것이다.

하늘은 반드시 지켜야 할 선한 본성을 인간에게 주었고, 그에 따라 행동하라고 요구한다. 하지만 그 선한 본성은 쉽게 드러나지 않을 뿐더러 따르기도 어렵다. 무엇보다도 눈앞의 이익을 좇고 싶은 마음과 정욕을 이겨내기가 쉽지 않다. 선하게 살고자 결심하고 노력한다고 해도 한번쯤은 눈 감고 싶은 유혹이 거세게 몰려 올 때가 있다. 설사 마음을 추스르고 선한 길로 간다고 결심해도 마음이 흔들리는 것, 즉 두 마음이 되는 것은 평범한 우리의 한계일 것이다.

살아가며 이러한 순간과 맞닥뜨릴 때마다 이 말을 되새기면 좋겠다. 의로운 일에 앞서서 두려울 때, 사소한 이익 앞에서 흔들릴 때, 옳은 일이지만 눈 감고 싶을 때, 수용할 수 있을 정도의 거짓으로 곤란에서 벗어나고 싶을 때, 이 말을 음미하며 마음을 확고히 붙잡는다면 지나고 나서 후회할 일은 줄어들 것이다.

...

우리가 두려워해야 할 것은
오직 하늘뿐이다.

다산의 마지막 공부

당당함은 스스로에 대한 엄격함에서 나온다

相在爾室 尚不愧于屋漏 無曰不顯 莫予云覯 神之格思 不可度思 矧可射思
상재이실 상불괴우옥루 무왈불현 막여운구 신지격사 불가탁사 신가사사

그대가 방에 홀로 있을 때 살펴야 하니 이때는 방구석에도 부끄러움이 없어야 한다.
드러나지 않는 곳이라 하여 보는 이가 없다고 하지 마라.
신이 이르는 것은 헤아릴 수 없으니, 어찌 게을리할 수 있겠는가?
_《시경》〈대아大雅〉 '억抑'

공자는 "《시경》에 있는 시 삼백 수를 한 마디로 정리하자면 '생각에 거짓됨이 없다(사무사思無邪)'"라고 말했다. 또한《사기》의 저자 사마천은 "시 삼백 편은 거의가 옛 성인과 현인들의 한에서 비롯된 것이다"라고 했다. 고대 중국 춘추전국시대에 시란 단순한 문학작품이 아니라 그 시대의 사상과 지혜를 모아놓은 철학서와 같았다. 그래서 공자는 시를 모아놓은 책을 스스로 편찬하고《시경》, 즉 경전經典이라고 이름을 붙였다. 그리고《서경》,《역경》과 함께 삼경의 하나로, 제자들은 물론 아들에게도 빠짐없이 깊은 공부를 권했다. 한 예로《논어》〈양화〉에서 "얘들아, 왜 시를 공부하지 않느냐? 시를 배우면 감흥을 불러일으킬 수 있고, 사물을 잘 볼 수 있으며, 사람들과 잘 어울릴 수 있고, 원망을 해도 사리에 어긋나지 않을 수 있다. 가

까이는 어버이를 섬기고, 멀리는 임금을 섬기며, 새와 짐승과 풀과 나무의 이름도 많이 알게 된다"라고 말했던 것을 꼽을 수 있다. 공자는 시를 자신의 도道와 학문을 완성하는 소중한 도구로 삼았을 뿐 아니라 일상적인 삶을 살아갈 때도 반드시 도움이 되는 공부라고 가르쳤다.

《시경》의 해설서《모시서毛詩書》에 따르면 '억抑'은 위나라 무공이 스스로를 경계하기 위해 지어 올리라고 명했던 시다.《국어》에 실려 있는, "위 무공은 95세의 나이에 의궤儀軌를 지어 자신을 경계토록 했다"는 말에서 의궤 역시 이 시를 가리킨다고 추정된다. 절대권력을 가졌던 군주가 국가 통치에서 깊은 경륜을 쌓은 다음 자신을 가다듬기 위해 지었던 문장인 만큼 억에는 리더로서 지켜야 할 귀한 글들이 많이 담겨 있다. 오늘날의 지도자들에게도 소중한 경계가 될 터인데 그중에서 새겼으면 하는 글들을 몇 가지 소개하고자 한다.

지도자는 입이 아닌 등으로 말한다

흰 옥구슬의 흠은 갈아 없앨 수 있지만, 말의 흠은 없앨 수 없다(백규지점 상가마 야 사언지점 불가위야白圭之玷 尚可磨也 斯言之玷 不可爲也). 가볍게 말하지 말고 함부로 지껄 이지 마라. 내 혀는 아무도 잡아주지 못하니 해버린 말 쫓아가 잡을 수 없도다.

먼저 말의 신중함이 있다. 귀중한 옥에서조차 흠은 갈아서 고칠 수 있

다산의 마지막 공부

지만 한번 입 밖에 나온 말은 결코 되돌릴 수 없다. 그래서 공자는 "인한 사람은 말을 신중하게 한다(인자 기언야인仁者 其言也訒)"라고 하며 지도자의 덕목으로 말의 신중함을 들었다. 시에서는 신중하지 못한 말이 가져올 파장을 신랄하게 보여주고 있다.

또 한 가지는 윗사람이 솔선수범해 먼저 덕을 베풀어야 한다는 구절이다. "내게 복숭아를 던져주면 오얏으로 보답한다(투아이도 보지이리投我以桃 報之以李)." 윗사람이 먼저 베풀지도 않고 스스로 실천하는 모습을 보여주지도 않으면서 아랫사람에게 결과만을 요구한다면 어느 누구도 진심으로 따르기 어려운 법이다. 이 구절은 중국 현대 지도자들의 정신적 지주이자 국학 대사로 불리는 지셴린季羨林이 선정한 고전 148구절에도 포함되어 있다. 지셴린은 이 148구절을 '읽기만 해도 격이 달라진다'고 하며 사람들에게 읽고 스스로 성찰하라고 권했다.

신독, 스스로에게
부끄럽지 않기 위한 간절함

이러한 구절들과 함께 시에서는 지도자의 마음을 다스리는 법으로 앞에 소개한 구절을 말해준다. 지도자에게는 가장 요긴한 가르침이라고 할 수 있을 정도로 중요한 말이다. 지도자가 스스로를 다스리지 못하고 권력에 취해 감정과 욕망을 절제하지 못한다면 자신은 물론 따르는 사람들과 조직까지 무너지기 때문이다.

먼저 지도자는 사람을 대할 때 온유하게 해야 하며, 무엇보다도 모든 행동을 예를 갖춰 허물이 없도록 해야 한다. 삶의 모든 순간에 상대방을 배려하고 존중하는 정신을 잊지 말라는 가르침이다. '혹 허물을 짓지 않을까 삼가다(불하유건不遐有愆)'는 군자를 대할 때 허물을 짓지 않도록 조심하고 삼가는 모습을 나타낸다.

그다음은 혼자 있을 때 삼갈 수 있는 사람이 되라는 것이다. 보는 눈이 있을 때는 예의를 차리지만 아무도 보지 않으면 저질스럽고 천박한 밑천이 드러나는 사람은 결코 존경받을 만한 인물이 되지 못한다. 사람들 앞에서의 행동이 가식이나 겉치레에 불과하기 때문이다. 위의 시에서는 '신이 언제 이를지 모르니 삼가라'고 했지만, 여러 고전에는 스스로를 속이지 않고 성찰하기 위해 '혼자 있을 때 더욱 삼간다'는 뜻의 '신독愼獨'이라는 말이 거듭해서 실려 있다. 《대학大學》에 나오는 "성의誠意는 스스로를 속이지 않는 것이다. 악취를 싫어하고 미인을 좋아하듯 하는 것이니, 이를 스스로 만족한다고 한다. 그러므로 군자는 반드시 홀로 있는 데서 삼간다"는 말과, 《중용中庸》에 실린 "감춘 것보다 잘 보이는 것이 없고, 작은 것보다 잘 드러나는 것이 없다. 그러므로 군자는 홀로 있는 데서 삼간다"는 말이 대표적인 구절이다.

남송南宋 시기 유학자 주희朱熹는 신독의 '독獨'을 자기 혼자만이 아는 곳, 또 여러 사람과 함께 있더라도 남이 모르는 자신의 마음속을 가리킨다고 해석했다. 그래서 '소인은 혼자 있을 때나, 혹은 함께 있더라도 그 마음속으로 못할 일이 없다'고 말했다.

나산의 마지막 공부

부끄러움, 고요히 스스로를 점검할 때
느끼는 어른의 감정

조선시대에서 손꼽히는 학자인 정약용은 말년에 마음을 다스리기 위한 오직 한 권의 책으로 《심경》을 꼽았다. 그리고 《심경》을 해설한 《심경밀험》에서 이 구절에 대해 이렇게 의견을 달았다.

신독이라는 것은 자기 홀로 아는 일에서 신중을 다해 삼간다는 것이지, 단순히 혼자 있는 곳에서 행동을 삼간다는 것을 말하는 것이 아니다. 사람이 방에 홀로 앉아서 자신이 했던 일을 묵묵히 되짚어보면 양심이 드러난다. 어두운 곳에서 스스로를 반추했을 때 부끄러움이 드러난다는 것이지, 어두워 보이지 않는 곳에서도 감히 악을 행해서는 안 된다는 뜻이 아니다. 사람의 악은 늘 사람과 함께하는 곳에 있다.

다산은 홀로 있을 때 신중히 하라는 것을 단순한 장소의 개념으로 생각하지 않았다. 혼자 있을 때 단정히 하는 것은 마음공부를 하는 사람으로서 당연한 것이고, 오히려 사람들과 교제하면서 다른 사람이 모른다고 해서 해를 끼치고 악을 행했던 일은 없는지 혼자 있을 때 돌이켜 생각해보라는 것이다. 그리고 다음 글을 덧붙였다.

"요즘 사람들이 '신독' 두 글자를 인식하는 것이 분명하지 않기 때문에, 어두운 방에 있으며 옷깃을 바르게 하고 단정히 앉아 있을 수 있을지언정 다른 사람과 교제하는 곳에서는 비루한 거짓과 모함을 행한다. 그러면서도 '사람들이 모르고 하늘이 듣지 못한다'고 말하니 어찌 '신독'이 그와 같겠는가?"

다산은 진정한 신독이란 자신만이 알 수 있는 스스로의 마음을 깨끗이 하고 신중하게 다듬는 것이라고 말한다. 특히 다른 사람과의 관계에서 속이고 피해를 주는 행동을 하면서 겉으로는 깨끗한 척하는 가식을 경계했다. 흔히 사람들은 다른 사람이 볼 때는 체면과 평판을 생각하지만, 보는 눈이 없을 때는 양심을 저버리는 행동에 눈을 감을 때가 많다. 하지만 "숨은 것보다 더 잘 드러나는 것이 없으며, 미세한 것보다 더 잘 나타나는 것은 없다(막현호은, 막현호미莫見乎隱, 莫顯乎微)"는 《중용》의 가르침처럼 언젠가는 결국 드러나고 만다. 그리고 다산은 그 차원마저 넘어서라고 말한다. 남이 보는 것을 부끄러워하는 정도가 아니라, 더 엄격한 잣대로 나를 다스릴 때가 바로 진정한 신독이라는 것이다.

누구나 마찬가지겠지만 신독을 일상에서 실천하는 것은 쉽지 않을 것이다. '마음공부를 하자더니 도저히 감당하지 못할 기준을 세워놓고 오히려 마음을 더 괴롭게 만든다'고 여길지도 모르겠다. 평범한 우리로서는 당연한 생각이다. 성인으로 일컬어지는 공자도 '잘못을 고치지 못하는 것이 걱정이다'라고 솔직하게 말하지 않았는가. 게다가 자신을 경계하고 다짐하는 말과 글들이 많이 전해졌다는 것은 그만큼 마음을 다스리는 일이 옛 선비들에게조차 쉽지 않았기 때문일 것이다.

삶의 순간순간 마음을 다스리지 못하고 쉽게 흔들리는 것을 자책할 필요는 없다. 오히려 그렇게 휘청대는 것이 당연하다. 단지 하루를 마무리하는 조용한 시간, 차분히 혼자만의 시간을 갖고 스스로를 돌이켜보는 시

다산의 마지막 공부

간을 가지면 어떨까. 반성은 스스로에게 솔직해지는 것을 전제로 삼는다. 솔직하고 겸손한 사람만이 다른 사람과의 관계에서, 혹은 혼자만의 시간에 자신을 돌아보고 성찰할 수 있다. 남의 탓, 환경의 탓이 아닌 스스로를 돌아봄으로써 잘못을 고치고 조금씩 성장해갈 수 있는 것이다. 이렇게 보자면 신독은 멀고 먼 경지만은 아닐 것이다.

...

신독이란 보이지 않는 곳에서
단정함을 유지하는 태도가 아니다.
어제보다 오늘, 조금 더 단단해진 나를
만들어 가려는 간절함이다.

우리는 스스로에게 부끄럽지 않은 삶을 살고 싶지만,
시대가 나를 휘감고 내가 시대에 살고 있는 한
삶에서 비겁해질 수밖에 없다.
어른이 된다는 것은 생의 비겁함을 인정하고 화해하는 것이다.

_《정약용의 고해》 중에서

비범함은 무수한 평범함이
쌓인 결과다

易乾之九二 子曰 庸言之信 庸行之謹 閑邪存其誠
역건지구이 자왈 용언지신 용행지근 한사존기성

《주역》건괘 구이에서 공자가 말했다.
"평상시 말할 때는 믿음을 주고 평상시 행동할 때도 근신해
사특함을 막아 그 성실함을 보존해야 한다."

_《주역周易》〈문언전文言傳〉

《사기》〈공자세가〉에는 '위편삼절韋編三絶', '책을 묶고 있는 가죽 끈이 세 번 끊어진다'라는 뜻의 성어가 실려 있다. 공자가 얼마나 학문에 열정적이었는지를 보여주는 예로 많이 인용되는데, 그것이 가리키는 책이 바로《주역》이다.

학문에 있어서 최고의 경지에 오른 공자가 책의 끈이 세 번씩이나 끊어질 정도로 읽었다는《주역》에는 도대체 무슨 내용이 담겨 있을까? 공자가 평생을 두고 추구했던 도와 학문과는 동떨어진 것 같은 그 책에서 공자는 무엇을 얻으려고 했을까? 그 해답은《논어》에 실려 있는 다음의 구절이 말해주고 있다.

"나에게 몇 년의 시간이 더 있어서 쉰 살까지《주역》을 공부할 수 있다

　　　　　　　　　　　　　　　　　　다산의 마지막 공부

면 세상을 살아가는 데 큰 허물은 없었을 것이다.”

《주역》은 ‘주나라의 역’이라는 뜻으로 줄여서 ‘역’이라고 부르기도 한다. ‘역易’의 뜻이 ‘바뀌다’라는 것에서도 알 수 있듯이 끊임없이 변화하는 세상을 어떻게 살아야 할지에 대해 알려주는 책이다. 그래서 영미권에서는 주역을 ‘변화의 고전The Classic of Change’이라고 변역했다.

흔히 《주역》을 점을 치는 책, 미신 정도로만 알고 있다. 하지만 미래를 가늠해 현재를 살피고자 하는 지혜를 욕심으로 왜곡해 행운만을 취하고 불운을 피해가고자 하는 점술로만 이해돼왔기 때문에 고전이 미신으로 오해받은 것이다. 《주역》에는 하늘의 뜻을 피해가려는 요령이 나와 있지 않다. 하늘의 뜻에 순응해 받아들이되 자기 주도적으로 해결해가는 방법이 담겨 있다.

64괘, 384개의 효로 구분되는 인생의 경로를 알고, 좋든 나쁘든 스스로의 운명을 받아들이고, 그 상황에서 취할 수 있는 최선을 찾도록 하는 것이 바로 《주역》이 알려주는 길이다. 그 길은 인생의 고비마다 필요한 ‘인생의 지혜’라고 할 수 있을 것인데, 자기주도적인 삶을 살 수 있는 동력이 바로 변화다.

하지만 《주역》의 괘와 효에는 모든 글들이 상징적으로 적혀 있어 보통 사람으로서는 알기 어렵다. 공자는 이 《주역》의 괘 각각에 보편타당한 지혜, 철학적 함의를 밝혀 사람들이 알고 취할 수 있도록 했는데, 그것을 십익十翼이라고 한다. 앞의 구절은 괘로서는 건괘이며 효로서는 구이九二로 십익 가운데 〈문언전〉에 실려 있다.

성실, 어떤 상황에서도
흔들리지 않는 견고함

건괘는 64괘의 첫째로 하늘을 상징한다. 두 번째 괘인 곤(땅)과 함께 천지 만물의 근원이자 생명 창조를 뜻하므로 가장 중요하다고 할 수 있다. 하늘을 상징하는 괘인 만큼 하늘을 나는 용으로 비유하고 있는데, 건괘의 효사는 이러하다.

초구, 물에 잠겨 있는 용이니 아직 나서선 안 된다(잠룡 물용潛龍 勿用). 큰 인물이기는 하지만 아직 세상에 드러낼 정도가 아니므로 섣불리 나서서는 안 된다. 흔히 잠재적인 대선주자를 뜻하는 잠룡이 여기서 유래한다.

구이, 용이 들판에 나타났으니 현자를 찾아라(현룡·재전, 이견대인見龍在田, 利見大人). 용이 들판에 출현했으니 세상에 이로운 일을 하려는 단계다. 하지만 아직 그 역량이 완성되지 못했기에 현명한 사람을 찾아 도움을 받아야 한다.

구삼, 군자가 종일토록 힘써서 노력하고 밤에도 조심하니 위험은 있으나 큰 허물은 없다(군자종일건건, 석척약, 려, 무구君子終日乾乾, 夕惕若, 厲, 无咎). 용은 사람으로 치면 군자를 말한다. 군자가 역량을 발휘하고 이름을 드러내게 되면 사람들로부터 추앙을 받게 되는데 이때 특히 조심해야 한다. 낮과 밤이 없이 열심히 노력하고 행동거지를 조심하면 큰 허물이 없을 것이다.

구사, 용이 연못 위로 뛰어오르기도 하고 잠복하기도 한다. 허물이 없다(혹약재연, 무구或躍在淵, 无咎). 용이 뛰어난 역량으로 큰일을 하려고 할 때도 아직은 완전한 기회가 아니므로 환경과 상황에 따라 지혜롭게 처신해야 한다. 좋은 기회가 왔다면 뛰어올라 일을 해야 하지만 상황이 여의치 않으면 연못 안에서 신중하게 때를 기다려야 한다.

구오, 용이 하늘 위로 날아오른다. 현인을 찾아보는 것이 좋다(비룡재천, 이견대인飛龍在天, 利見大人). 용이 드디어 기회를 얻어 큰일을 할 때가 왔다. 사람으로 치면 지도자의 자리에 도달한 것이다. 하지만 이때도 혼자 힘으로는 안 된다. 반드시 지혜로운 사람을 찾아 도움을 받아야 한다.

상구, 용이 너무 높이 날았으니 후회할 일이 생긴다(항룡 유회亢龍 有悔). 용이 너무 높이 날아올라 땅에서 멀어지면 재앙이 온다. 지도자 역시 가장 높은 자리에 올라 독선과 오만에 사로잡히면 결국 패망하게 되고, 그때는 후회해도 소용없다.

용구, 용들이 머리를 감추고 있으니 길하다(견군룡무수 길見群龍無首 吉). 용들이 남들보다 높아지고자 하는 우두머리 의식을 버리고 겸손과 온유함으로 사람들에게 다가갈 때 길할 수 있다. 그래야 후회하는 일이 생기지 않는다.

효사를 보면 잠룡, 비룡재천, 항룡유회 등 평상시에 낯익은 구절들이 많이 보인다. 그만큼 세상사에 밀접하고 현실적으로 적용하고 지혜를 얻어야 할 구절들이 많다. 공자는 각 구절마다 용이 은유하는 지도자의 모습, 혹은 그 지도자가 마땅히 행하고 걸어야 할 길을 풀이해서 십익에 실었다. 풀이들이 반드시 그에 해당하는 사람이나 상황에만 적용되는 것은 아니다. 스스로를 수양하고 성장하기 원하는 누구라도 배울 수 있는 보편타당한 지혜인 것이다. 앞 인용문의 구절은 구이 효사를 풀이해서 〈문언전〉에 실은 글이다. 전문은 다음과 같다.

용의 덕을 올바르게, 그 중심을 실행한다. 평상시 말할 때는 믿음을 주고 평상시 행동할 때도 근신해 사특함을 막아 그 성실함을 보존해야 한다. 세상에 나서서 옳은 일을 하지만 공을 자랑하지 않으며 덕을 널리 행하여 사람들을 감화시킨다 (용덕이정중자야 용언지신 용행지근 한사존기성 선세이불벌 덕박이화龍德而正中者也 庸言之信 庸行之謹 閑邪存其誠 先世而不伐 德博而化).

공자는 구이의 효사에 있는 용처럼 잠룡으로 있다가 세상에 처음 모습을 드러낸 군자가 취해야 할 올바른 행실을 구체적으로 알려주고 있다. 먼저 공자는 이 사람이 평범한 사람이 아니라 탁월한 인물임을 '용의 덕'이라는 말로 나타내며, 그것을 올바르고 정확하게 실행할 수 있어야 한다고 말한다. 그가 평상시 보여주어야 할 구체적인 행동의 지침이 바로 그다음 구절이다.

"평상시 말할 때는 믿음을 주고 평상시 행동할 때도 근신하여 사특함을 막아 그 성실함을 보존해야 한다."

평상시에 말의 신실함과 행동의 신중함을 지키는 자세는 바로 겉으로 드러나는 행동을 조심스럽게 하는 태도다. 평상시의 행동뿐 아니라 마음이 조급할 때나, 감정이 격동했을 때나, 좋을 때나 싫을 때, 유혹 앞에서 흔들릴 때를 모두 망라한다. 바로 마음속에 사특함과 간사함이 가장 깃들기 쉬울 때다. 사특함을 막아 성실함을 보존한다는 것은 내적인 수양을 통해 사특한 마음이 틈타지 않도록 속을 견고하게 한다는 뜻이다. 즉 외면과 내면의 수양을 말하고 있는데, 실상은 이 둘이 다른 것은 아니다. 내면이 견고하지 못하고 사특함이 있는 사람은 설사 자신의 행동을 신실하게 꾸민

다산의 마지막 공부

다고 해도 그 본모습이 드러나게 된다. 말과 행동에서 자연스럽게 믿음과 진실함을 갖추려고 노력하는 사람은 당연히 그 내면에도 성실함이 보존된다(존기성^{存其誠}).

선비, 평범한 일상을 정성스럽게 쌓아나가는 사람

'성실함이 보존된다'에서 성^誠이란《중용》의 가장 핵심적인 개념이다.

"성은 하늘의 도요, 성하고자 하는 것은 사람의 도다(성자 천지도야 성지자 인지도야^{誠者 天之道也 誠之者 人之道也}). 성한 자는 힘쓰지 않아도 중심에 맞고, 생각하지 않아도 얻으며, 자연스럽게 도에 부합되니 성인^{聖人}이다. 성하고자 하는 자는 선을 가려 그것을 굳게 붙잡는 자다."《중용》〈20장〉의 구절로 성이 하늘의 도리이자 사람이 추구해야 할 도리라는 것을 말해준다. 노력하지 않아도 중용을 지킬 수 있고 자연스럽게 도에 부합하는 것은 하늘의 도리를 터득한 것으로 성인의 경지다.

성을 이루고자 했던 또 하나의 이유는 삼재^{三才}가 될 수 있기 때문이다. 삼재는 하늘과 땅, 그리고 사람을 말하는 것으로 천지를 이루는 세 구성요소다. 성한 사람은 자신의 본성을 남김없이 드러내고, 만물의 본성을 남김없이 드러냄으로써 하늘과 땅의 변화와 성장을 도울 수 있는 존재가 될 수 있다. 또한 성한 사람은 다른 사람을 교화시킬 수 있고, 심지어 성이 지극해지면 신의 경지에 이를 수 있다고《중용》은 말한다. 이런 경지에 도달하기 위해 선비들은 성을 이루고, 성을 보존하기 위해 끊임없이 정진하고 공부했다.

하지만 그 위대함의 시작은 바로 평상시의 삶이다. 겉으로는 근신함으로, 속으로는 진실함으로 평상시의 삶에서 자신을 지킬 수 있을 때 하늘의 도인 성誠을 이루고 보존할 수 있다.《채근담》에는 "작은 일을 소홀히 하지 않고, 보이지 않는 곳에서도 속이거나 숨기지 않고, 실패했을 때도 포기하지 않으면, 이것이 진정한 영웅이다(소처불삼루 암중불기은, 말로불태황 재시 개진정정영웅小處不滲漏, 暗中不欺隱, 末路不怠荒, 纔是個眞正英雄)"라고 실려 있다. 우리는 스스로가 언젠가 큰일을 맡을 수 있는 사람이기를 바란다. 이러한 특별한 영웅은 특별하지 않은 곳에서 빚어지는 존재다.

…

용은 갑자기 나타나지 않는다.
일상을 돌아보며 노력했던
소소한 과정이 쌓인 끝에 태어나는 것이다.

사자는 갈기가
없더라도 사자다

易坤之六二曰 君子敬以直內 義以方外 敬義立而德不孤
直方大不習無不利 則不疑其所行也
역곤지육이왈 군자경이직내 의이방외 경의립이덕불고
직방대불습무불리 즉불의기소행야

《주역》곤괘 육이에서 공자가 말했다. "군자는 삼감으로써 안을 곧게 하고
의로움으로써 밖을 반듯하게 한다. 삼감과 의로움이 반듯이 서면 덕은 외롭지 않다.
'곧고 반듯하고 위대해서 익히지 않아도 이롭지 않음이 없다'는 것은
곧 그 행하는 바를 의심하지 않는 것이다."

_《주역》〈문언전〉

곤괘는 주역의 두 번째 괘로 땅을 상징하는데, 하늘을 뜻하는 건괘와 함께 동양의 음양론적 사고를 근본으로 한다. 공자는 〈설괘전〉에서 "건은 하늘로서 만물의 아버지요, 곤은 땅으로서 만물의 어머니다"라고 정리했다. 건괘가 하늘을 나는 용으로 상징했다면, 곤괘는 땅을 달리는 암말로 상징한다. 사람으로 치면 건괘는 아버지, 곤괘는 어머니를 나타낸다. 혹은 건괘가 하늘과도 같은 최고 지도자를 나타낸다면 곤은 지도자를 돕고 사람들을 포용하는 군자의 역할을 상징한다.

이 가운데 육이는 땅의 정신을 완벽하게 함축하고 있어 곤괘의 중심이라고 할 수 있다.

"곧고 바르고 위대해서 익히지 않아도 이롭지 않음이 없다"가 그 효사

인데, 공자는 〈문언전〉에서 이 효사를 풀어서 군자의 수양하는 자세를 가르쳐주고 있다. 땅이 어떠한 대가도 바라지 않고 모든 생명의 생육을 돕듯이, 군자는 땅의 정신을 배워 '곧고 바르고 위대하게' 수양해야 한다는 것이다. 그리고 겉으로 드러나는 모습뿐만 아니라 내면까지도 올곧아야 하는데 그것을 위한 두 가지 덕으로 제시한 것이 바로 삼감(경敬)과 의로움(의義)이다.

군자는 삼감으로써 안을 곧게 한다고 했는데, 삼감을 수단으로 삼아 억지로 마음을 곧게 하는 것이 아니라 경건한 마음을 가짐으로써 자연스럽게 내면이 곧아진다는 뜻이다. 즉 경건함이란 억지로 노력해서 이뤄지는 것이 아니다.

내면이 곧아진다는 것은 마음이 올바르고 단단히 뿌리내림으로써 어떤 일에도 흔들리지 않는다는 상태를 의미한다. 의로써 겉을 반듯하게 하는 것은 밖에 있는 의를 가지고 바깥을 꾸민다는 것이 아니라, 내면에 있는 의가 밖으로 드러나 자연스럽게 외양이 바르게 표현되는 것이다. 주자는 이러한 의로움과 삼감에 대해 다음과 같이 말했다.

"경이 확립되면 안이 저절로 곧게 되고, 의가 드러나면 밖이 저절로 바르게 된다. 경을 가지고 안을 곧게 하려고 하거나, 의를 가지고 밖을 바르게 하려고 한다면 잘못이다."

경과 의는 함께 내면에서 자연스럽게 작용해 안과 밖을 만들어가는 덕목이라고 할 수 있다는 것이다.

덕, 마음대로 행해도
어그러지지 않는 상태

'덕은 외롭지 않다'는 공자가 말한 '덕은 외롭지 않으니 반드시 이웃이 있다(덕불고필유린德不孤必有隣)'라는 구절로 잘 알려져 있다. 《논어》에서는 덕이 있는 군자는 주위에 상관하지 않고 바른 길로 가기 때문에 외롭게 보이지만, 그 덕을 존중해 반드시 함께하는 사람이 있기에 결코 외롭지 않다는 뜻으로 사용했다. 하지만 앞의 구절에서 '덕은 외롭지 않다'는 말은 한 사람이 가진 덕을 가리킨다. 내면과 외면에서 각각 경과 의와 같은 훌륭한 덕을 가지게 되면 그 덕목들이 함께하기에 결코 외롭지 않으며 점점 더 커지게 된다는 의미다. 또한 다른 덕목들도 점차 모여 함께함으로써 점점 더 성인에 가깝게 되고, 자신이 노력해서 무엇을 하지 않아도 저절로 순리에 맞게 두루 통하게 되는 것이다. 앞의 구절에 나오는 '곧고 반듯하고 위대해서 익히지 않아도 이롭지 않음이 없다'가 바로 그것인데, 이런 사람은 어떤 행동을 해도 덕에 어긋나지 않음으로써 '의심스럽거나 막히는 일이 없게 된다'.

공자는 《논어》〈위정〉에서 나이에 따라 성장해나가는 모습을 이렇게 말했던 적이 있다.

"나는 열다섯에 학문에 뜻을 두었고 서른에 스스로 세상에 설 수 있었으며 마흔에는 미혹됨이 없었다. 쉰에는 하늘의 뜻을 알게 되었고, 예순에는 귀로 듣는 것마다 이해할 수 있었으며, 일흔 살에는 마음이 가는대로 행해도 법도에 어긋나지 않았다(칠십이종심소욕불유구七十而從心所欲不踰矩)."

공자는 세상의 유혹에 흔들리지 않고, 하늘의 뜻을 알고, 세상일에 도

통한 것보다 하고 싶은 일을 마음대로 해도 잘못된 것이 없는 경지를 최고
로 삼았다. 공자의 삶이 일흔셋에서 끝났기에 덕을 추구하는 사람이 맨 마
지막에 도달할 수 있는 경지가 바로 여기라고 할 수 있다. 공자가 말했던
'마음이 가는 대로 해도 법도에 어긋나지 않았다'는 앞 구절에서 얘기한
'익히지 않아도 이롭지 않음이 없다'를 뜻한다. 이런 수준에 이르게 되면
어떤 행동을 해도 그 행하는 바를 의심하지 않게 되는 것이다. 물론 공자
와 같은 위대한 성인조차 일흔이 되어서야 이루었다는 그런 경지를 보통
사람들이 쉽게 도달할 수는 없다. 하지만 공자가 했듯이 '온고이지신溫故而
知新'의 정신으로 공부하고, 스스로를 끊임없이 가다듬어간다면 최소한 허
물이 많이 드러나지는 않는 삶을 살 수 있을 것이다.

겉과 속을 같게 하기보다
어우러지게 하라

좋은 덕목들이 함께 하지 못해 '덕이 외롭게 되면' 생기는 문제를 주자는
이렇게 말했다.

"경과 의 공부는 어느 하나도 그만두어서는 안 된다. 오로지 의를 쌓는
데만 힘쓰고 경을 하지 못하는 사람은 실로 헛되고 교만해 급박해하는 병
통이 생겨나서 의도 진정한 의가 아니게 된다. 반대로 경을 위주로 말하면
일상의 삶에서 염려가 일어나고 공사公私와 의리義利를 분별하지 못하고 올
바른 결단을 하지 못해 어둡고 어리석고 혼란스럽게 된다. 경이라는 것도

다산의 마지막 공부

올바른 경이 아니게 되는 것이다."

주자는 경과 의는 반드시 함께 공부하고 평상시의 생활에서 함께 쌓아 가야 한다고 말하고 있다. 둘 가운데 어느 하나에 치우칠 경우 어느 것도 제대로 이룰 수 없게 된다. 바르고 강직함을 내세우는 사람이 마음의 수양이 없다면 성급하고 과격해져서 결국 제대로 된 의가 될 수 없다. 자신이 옳다는 생각에 다른 사람들을 함부로 정죄하는 교만에 빠질 수도 있는 것이다. 마음의 수양에 집중하면서 올바른 의를 드러내지 못한다면 우유부단하고 결단력이 없어서 곧고 바른 길을 걷지 못한다. 상황이 암울해지고 혼란에 빠져도 바로잡을 힘이 없게 된다. 결국 일상생활에서 올바르게 배어나오지 못하는 경은 진정한 경이 될 수 없고, 내면의 수양이 뒷받침되지 않는 의도 역시 제대로 된 의가 아닌 것이다.

공자는 겉과 속이 함께 어우러지지 않으면 생길 수 있는 문제에 대해 이렇게 말했다.

"바탕이 겉모습을 넘어서면 거칠어지고, 겉모습이 바탕을 넘어서면 겉치레가 된다. 겉모습과 바탕이 잘 어울린 후에야 군자답다(질승문즉야 문승질즉사 문질빈빈 연후군자質勝文則野 文勝質則史 文質彬彬 然後君子)."

공자의 이 가르침을 제자 자공은 이렇게 표현했다. 위나라의 대부 극자성棘子成이 "군자는 바탕만 잘 갖추면 되는 것이지 겉모습이나 형식은 꾸며서 뭐하겠습니까?"라고 하자, "겉모습이 곧 바탕이고, 바탕이 곧 겉모습입니다. 호랑이의 털 없는 가죽이 개의 털 없는 가죽과 다를 바가 없지 않습니까?" 겉과 속이 잘 어우러져야 진정한 가치가 드러나게 된다는 말을 언변의 달인답게 멋지게 비유했다.

무위자연無爲自然의 정신으로 엄숙한 세상사를 마음껏 비웃었던 《장자》는 재미있는 고사를 통해 풍자했다.

노의 선표라는 사람은 평생 열심히 도를 닦았지만 그의 최후는 호랑이에게 잡아먹히는 것으로 끝났다. 장이라는 사람은 열심히 인맥을 쌓았지만 병에 걸려 죽고 말았다. 이 고사를 들은 공자는 '내면으로 숨지 말고 겉으로만 드러내지 마라. 마른나무처럼 그 중앙에 서라(무입이장 무출이양 시립기중앙無入而藏 無出而陽 柴立其中央)'고 말했다. 내면만 열심히 닦은 사람은 세상 물정에 어두워서 망하고, 외면만 열심히 꾸민 사람은 올바른 도리에 무지하고 스스로 절제하지 못함으로써 결국 망하고 만다. 공자는 어느 한쪽에만 치우쳐 우스꽝스러운 사람이 되지 말고 두 가지가 모두 뒤처지지 않도록 힘쓰라고 경계했다. 사람은 내면과 외면을 균형 있게 성장시켜야 한다는 것이다. 장점을 키워야 하지만 부족한 점도 치명적인 약점이 되지 않도록 보완해야 한다. 어느 한쪽에만 치우치면 부족한 다른 문제로 인해 곤궁에 빠지게 된다.

스스로를 고립시키는 공부는
진정한 공부가 아니다

맹자가 말했던 호연지기처럼 경과 의는 모두 내면에서 길러지며 점차 쌓여간다. 하지만 내면으로만 숨지 않으려면 이 모두가 사람과의 관계에서 겉으로 드러나야 가치가 있다. 외부와 단절한 채 깊은 수양에 매진하는 것

다산의 마지막 공부

도 나름대로 의미가 있겠지만, 세상에서 살아가려면 사람과의 관계에서 조화롭게 표현될 수 있어야 한다. 맹자는 "인은 사람이 머물러야 할 편안한 집이고, 의는 사람이 걸어가야 할 바른 길이다"라고 말했다. 편안한 집과 바른 길로 비유한 것은, 인과 의는 깊은 산속에서 수양하거나 갑자기 득도해 이루는 것이 아니라 생활 속에서 실천해나가야 한다는 것이다.

열심히 노력해서 의식적으로 드러내는 것이 아니라 내면이 곧게 섬으로써 그 충실함이 자연스럽게 드러나는 사람. 크고 대단한 일을 해서가 아니라 일상의 삶에서 품격이 있는 사람. 무심한 듯, 아무렇지도 않게 행동하지만 돌이켜보면 한 치의 어긋남도 없는 사람. 바로 이런 사람이 진정한 어른이다.

...

어른이란
사소한 것에서부터
상식에 어긋나지 않게
행동하는 사람이다.

마음이 흔들렸다면
잠시 멈추고 스스로를 정리하라

損之象曰 山下有澤損 君子以懲忿窒慾
손지상왈 산하유택손 군자이징분질욕

손괘의 상 풀이에서 말했다. "산 아래에 못이 있는 것은
덜어냄이니 군자는 이것을 갖고서 화를 누르고 욕심을 막는다."

_《주역周易》〈상전象傳〉

손損괘는 《주역》의 64괘 가운데 41괘로 해解괘의 다음에 온다. 64괘의 의미
를 순서대로 풀이한 〈서괘전序卦傳〉에서는 이렇게 해설하고 있다.

"해란 느슨해진 것이다. 느슨해지면 반드시 잃는 바가 있으므로 덜어냄
을 상징하는 손괘로 받았다(해자완야 완필유소실 고수지이손解者緩也 緩必有所失 故受
之以損)." 해는 어려움에서 풀려난 것인데 풀려나게 되면 느슨해지므로 잃게
된다. 그래서 해괘 다음에 손괘가 오는 것이다.

손괘는 산을 상징하는 간艮괘가 위에 있고 연못을 상징하는 태兌괘가 아
래에 있는 형태다. 따라서 산택손山澤損이라고 부른다. 산 아래의 물이 산 위
의 나무와 풀을 이롭게 하므로 아래를 덜어서 위를 증진시킨다는 뜻이다.
사람의 경우에 적용하자면 윗사람이 아랫사람의 것을 취해 자신을 두텁

다산의 마지막 공부

게 하는 상황이다.

윗사람이 아랫사람에게 은혜를 베풀면 증진을 뜻하는 익益패가 되는데 손패는 이것과 반대다. 이 두 가지는 모두 아래를 기준으로 이름을 붙였다. 위에서 아래로 내려오면 '보탤 익'이 되고, 아래에서 위로 올라가면 '덜어낼 손'이 된다. 흙의 경우를 생각해보면 밑의 흙을 덜어서 위로 쌓으면 무너지게 되니 손실이 되는 것이다.

일반적인 관점에서 보면 보탬(익益)은 좋은 것이고, 덜어냄(손損)은 나쁜 것이다. 하지만 《주역》에서는 반드시 그렇지는 않다. 덜어냄도 이롭게 될 수 있는 것이다. 다만 여기에는 조건이 달려 있는데, 손패의 패사卦辭를 보면 잘 알 수 있다.

> 덜어냄은 믿음이 있으면 크게 길하고 허물이 없어서 올바르게 할 수 있다. 나아
> 가는 것이 이롭다. 어떻게 쓰겠는가? 두 대그릇만으로도 제사에 쓸 수 있다(손,
> 유부, 원길, 무구, 가정. 이유유왕, 갈지용, 이궤가용향損. 有孚, 元吉, 无咎. 可貞. 利有攸往, 曷之用, 二
> 簋可用享).

덜어냄은 과도한 것을 덜어내어 중도를 취하는 것이다. 덜어낼 때에는 반드시 믿음과 진실에 기반을 두고 합당한 이치를 따라야 한다. 그래야 중도를 취할 수 있고 크게 길하게 된다. 당연히 계속하는 것이 좋다. 하지만 만약 덜어내는 데 지나치거나 어긋남이 있으면 올바른 것이 아니다. 믿음이 생길 수 없기에 당연히 길할 수가 없고 멈춰야 한다.

중도, 본질에 맞게
덜어내고 보태는 것

괘사는 덜어내 중도를 취하는 것을 제사에 비유한다. 제사를 지낼 때는 당연히 격식을 지켜야 한다. 하지만 제사의 근본은 격식보다는 정성과 공경을 다하는 것이다. 《논어》에는 임방林放이 예에 대해 묻자 공자가 이렇게 대답하는 장면이 나온다. "예는 사치스럽기보다 차라리 검소한 것이 낫고, 제사는 형식을 잘 갖추기보다 진심으로 슬퍼하는 것이 낫다." 사람을 대할 때 예의를 지킨답시고 겉모양만 화려하게 꾸미는 것보다는 진실한 마음을 전달하는 것이 더 낫다는 것이다. 제사에서도 마찬가지다. 형식과 격식보다는 진심으로 기리는 마음이 훨씬 중요하다. 설사 형편이 어려워 제기가 그릇 두 개밖에 없더라도 마음이 있다면 괜찮다.

덜어냄이 이로울 수 있는 또 한 가지는 헛된 것, 지엽적인 것을 덜어내고 본질을 남기는 것이다. 세상의 잘못된 것들은 거의 모두가 본질을 두고 지엽적인 것에 매달리기 때문에 일어난다. 사람 역시 사람으로서 지켜야 할 가치와 의미가 아니라 부와 권력, 명예와 같은 헛된 것에 집중하기 때문에 진정으로 가치 있는 삶을 살지 못한다. 덜어냄은 바로 사람의 헛된 욕심을 버리고 본질로 돌아가는 것을 뜻한다.

덜어냄이 이롭기 위한 또 한 가지는 때를 잘 맞추는 데 있다. 〈단전彖傳〉에는 "두 대그릇이 마땅할 때가 있고, 강함을 덜어서 유함에 덧붙이는 데에도 때가 있다. 덜어내고 덧붙이고 채우고 비우는 것은 때에 맞게 해야 한다(이궤응유시, 손강익유유시, 손익영허, 여시해행二簋應有時, 損剛益柔有時, 損益盈虛, 與時

^{儕行})"라고 실려 있다.

제사를 지낼 때 두 대그릇만으로도 충분하다는 말은 그에 맞는 때와 상황이 있음을 의미한다. 상황이 어렵고 부득이한 사정이 있다면 비록 격식을 다 갖추지 못하더라도 진실한 마음만 있으면 충분하다. 여건이 되지 않음에도 허례허식으로 겉치레만 꾸며서는 결국 빚만 남을 뿐이다.

하지만 여건이 되는데도 검소함만을 내세우며 격식을 차리지 않는다면 인색하거나 정성을 다하지 않는 것이다. 강함을 덜어서 유함에 덧붙이는 것도 마찬가지다. 강함이 과도하거나 유함이 부족할 때 그렇게 해야 한다. 적당한 때가 아닌데도 무조건 강함에서 덜어내 유함에 붙인다면 그 또한 문제가 된다. 무조건 많은 것이 좋다는 욕심이나, 남의 것을 덜어서 내 것만 늘리려는 탐욕이라면 결코 이로울 수가 없다.

군자로서 항상 생각해야 하는 아홉 가지

앞의 인용문은 손괘에 대해 해설을 붙인 〈상전〉에 실려 있는 글이다.

높은 산 아래 연못에서 생기와 기운을 위로 올리면 산은 더 높고 윤택하게 되고 연못은 더 깊게 된다. 천하 만물을 이롭게 하는 자연의 이치다. 군자는 산과 연못의 이치를 통해서 자신에게서 덜어내야 할 것이 무엇인지를 배운다. 바로 감정을 절제하지 못하는 화와 스스로 만족하지 못하는 욕심이다. 화를 누르고(징분^{懲忿}), 욕심을 막는(질욕^{窒慾}) 가르침을 얻어 실천하는 것이다. 공자는 화와 욕심에 휘둘리는 것을 군자가 마땅히 버려야 할 가장 나쁜 폐습으로 여겼다. 이 두 가지가 감정 중에서도 가장 강력하며 벗어나기 힘들기 때문이다. 또한 벗어나지 못했을 때 자기수양에 가장 큰 폐해를 주기 때문이기도 하다.

옛 선인들 역시 가장 다스리기 어려운 감정으로 성냄을 들며 스스로 다스리기 어렵다고 토로하고 있다. 명도선생明道先生이라고 불리는 북송의 유학자 정호程顥가 장자張子에게 했던 말이다.

"사람의 감정에서 쉽게 일어나 다스리기 어려운 것 가운데 분노가 특히 심하다. 화날 때는 얼른 그 화내는 것을 잊고 사리의 옳고 그름을 살펴보면 외부의 유혹이 미워할 만한 것이 아님을 알 수 있고, 도를 향하는 마음이 이미 절반을 넘어선 것이다."

장자가 "성정을 안정시키려고 해도 이 역시 생각이 없을 수 없으니 오히려 외물外物에 얽매이게 된다"고 묻자 정호는 이렇게 답했다. 주자도 "나의 기질상 병통은 대부분 분노와 원망을 다스리지 못하는 데 있다"고 하며, 스스로 분노와 원망을 다스리기 어렵다고 토로했다.

《논어》〈계씨〉에는 공자가 말한 '군자로서 항상 생각해야 하는 것 아홉 가지(군자유구사君子有九思)'가 실려 있다.

볼 때에는 밝게 볼 것을 생각하고, 들을 때에는 똑똑하게 들을 것을 생각하며, 얼굴빛은 온화하게 할 것을 생각하고, 태도는 공손할 것을 생각하고, 말을 할 때는 진실하게 할 것을 생각하며, 일을 할 때는 공경스럽게 할 것을 생각하고, 의심이 날 때는 질문할 것을 생각하며, 화가 날 때는 어려움을 생각하고, 이득이 되는 것을 보면 그것이 의로운지를 생각한다(시사명, 청사총, 색사온, 모사공, 언사충, 사사경, 의사문, 분사난, 견득사의視思明, 聽思聰, 色思溫, 貌思恭, 言思忠, 事思敬, 疑思問, 忿思難, 見得思義).

잠시 멈추고 스스로를
고요히 하는 정돈

군자가 생각해야 할 아홉 가지 가운데 감정에 관련된 것은 여덟째와 아홉째로, 화가 날 때와 욕심이 날 때다.

여덟째, 공자는 먼저 화가 날 때는 그것으로 인해 닥칠 수 있는 어려움을 생각해야 한다고 했다. 분노를 자제하지 못했을 때 다른 사람에게 피해를 주게 되고, 그로 인해 생길 수 있는 문제들을 생각하라는 것이다. 분노는 단순히 성이 난다는 상태가 아니라 상당히 복합적인 감정이다. 미워하는 마음, 좋아하는 마음, 싫은 마음, 미안한 마음, 당황스러움, 불안함, 피곤함 등이 섞여 화로 표출되는 경우가 많다. 감정이란 대부분 사람과의 관계에서 생겨나기 때문이다. 그래서 많은 경우 사람에 대한 감정은 한 가지로 자르듯 정의하기 어렵고, 자기 스스로도 모르는 감정일 때가 많다. '내 마음 나도 몰라'인 것이다.

자기 스스로도 모르는 감정에 당황해서 곧바로 반응하게 되면 분노가 통제하기 어려운 지경에까지 이르게 된다. 좋은 감정이 다른 좋은 감정을 부르듯이, 나쁜 감정 역시 더 나쁜 감정을 불러들인다. 이때는 잠시 멈춰 스스로의 마음을 잔잔히 바라볼 수 있어야 한다. 당장 감정을 가라앉히기 어렵다고 해도 분노가 발산된 다음 생겨날 어려운 문제들에 대해 생각할 수 있다면, 최소한 마음에 휘둘려 최악의 지경에까지 이르지는 않을 것이다. 또한 과연 이 상황이 화를 내야 마땅한 상황인가를 다시 냉정히 생각해볼 수도 있을 것이다.

아홉째, 생각해야 할 때는 이득이 되는 일을 볼 때다. 이때 욕심을 자제하지 못하고 의롭지 못한 일을 하게 되면 역시 좋지 못한 결과를 가지고 온다. 설사 나쁜 일이 생기지 않더라도 탐욕에 빠짐으로써 자기수양에서 실패하는 것을 옛 선비들은 더욱 아프게 생각했다. 공자는 이 경우에도 역시 그것이 의로운지를 먼저 생각하라고 해법을 제시하고 있다.

생각을 하는 것은 행동으로 옮기기 전에 잠깐 멈추는 것이다.《대학》〈경1장〉에는 이렇게 실려 있다.

"멈출 것을 안 다음에야 정해지는 것이 있고, 정해진 후에야 마음이 고요해질 수 있고, 고요해진 후에야 편안해질 수 있고, 편안해진 후에야 생각할 수 있으며, 생각한 후에야 얻을 수 있다(지지이후 유정 정이후 능정 정이후 능안 안이후 능려 려이후 능득 知止而后 有定 定而后 能靜 靜而后 能安 安而后 能慮 慮而后 能得)."

무엇을 원하든 생각할 수 있어야 얻을 수 있다. 그 시작은 멈추는 것이다. 분노와 욕심을 가라앉히는 것도 마찬가지다. 고요하고 편안한 마음으로 생각할 수 있으면, '화'라는 감정과 '탐욕'이라는 유혹에 휩쓸려 있는 자신이 부끄러워질 것이다.

다산의 마지막 공부

인간은 격정에 휘말릴 때가 아니라
잠시 멈췄을 때 오히려 스스로의 존재감을
똑똑하게 느낄 수 있다.

매일 스스로를
허물어 거듭 시작하라

益之象曰 風雷益 君子以見善則遷 有過則改
익지상왈 풍뢰익 군자이견선즉천 유과즉개

익괘의 상 풀이에서 말했다.
"바람과 우레는 더함이니 군자는 이것으로 좋은 것을 보면 바꾸고 허물은 고친다."
_《주역》〈상전〉

익䷩괘는 《주역》에서 손괘의 다음에 나오는 괘로 〈서괘전〉에는 이렇게 풀이가 실려 있다.

"덜어내는 것에 그치지 않으면 반드시 덧붙여지므로, 증진을 뜻하는 익괘로 받았다."

손괘에서 말하는 덜어냄을 계속할 경우 반드시 극에 달하게 되고, 그다음은 반드시 덧붙여지는 이치를 말하고 있다. 이는 《주역》의 기본사상인 '물극필반物極必反'의 원리를 적용한 것이다. 물극필반은 모든 사물은 극에 다다르면 반전이 생긴다는 뜻으로, 세상사는 반드시 차면 기울고 기울면 이윽고 차는 흥망성쇠를 거듭한다는 원리다. 노자의 '물장즉노物壯則老, 모든 사물은 장대해지면 노쇠해진다는 철학과 같은 의미인데, 변화의 철학인 《주

다산의 마지막 공부

역》이 그 뿌리다. 물극필반을 통해 고대의 현자들은 어려움을 겪더라도 좌절하지 말고, 큰 성공을 거두더라도 교만하지 말라는 가르침을 주고 있다.

괘의 모습은 바람을 상징하는 손巽괘가 위에 있고 우레를 상징하는 진震괘가 아래에 있는 형태다. 그래서 풍뢰익風雷益이라고 한다. 바람과 우레는 함께하는 것으로 바람이 거세지면 우레가 더 빠르고 강해진다. 위에서 덜어내 아래로 보태주는 것으로, 아래가 든든해지면서 위도 안정이 된다. 사람의 경우라면 윗사람이 아랫사람을 도와주는 것으로 권장할 만한 일이며 세상에 크게 이로운 일이라고 할 수 있다.

〈단전〉에 실려 있는 해석은 더 구체적이다.

> 덧붙임은 위를 덜어내고 아래를 유익하게 하니 백성이 한없이 기뻐하고, 위로부터 아래로 내리니 그 도는 크게 빛난다(익, 손상익하 민설무강, 자상하하 기도대광益. 損上益下 民說无疆, 自上下下 其道大光).

군주가 백성에게 사랑과 은혜를 베풀면 모든 백성이 기뻐하게 되고, 이러한 통치철학은 하늘의 이치와 같아서 크게 빛나게 되는 것이다. "하늘이 베풀고 땅이 생성해, 그 이로움은 고정된 장소가 없다(천시지생, 기익무방天施地生, 其益无方)"는 구절 역시 이를 말해주고 있다. 하늘이 베풀어 땅을 성장시키는 데는 한계가 있을 수 없다. 땅 위의 어떤 장소에나 미치지 않는 곳이 없고 규모의 한계도 없다. 군주가 베풀어 백성이 기뻐하는 것은 하늘의 베풂과도 같다. 그만큼 큰 가치가 있는 것이다.

타인의 허물을 보면
스스로의 빈 곳부터 점검하라

인용문은 〈상전〉에 실린 구설이다. 바람과 우레는 함께하면 그 힘이 디 강력해지므로 군자는 이 둘이 서로 돕는 현상을 보고 스스로를 수양한다는 것이다. 또한 이것을 거울삼아서 선하지 않은 것이 있으면 바로 고친다고 덧붙인다. 《논어》 〈술이〉를 보면 이와 관련한 유명한 문장이 실려 있다.

"세 사람이 길을 가면 그 중에는 반드시 나의 스승이 있다. 그들에게서 좋은 점은 배워 본받고, 좋지 않은 점은 나 자신을 바로잡는다(삼인행 필유아사언. 택기선자이종지, 기불선자이개지三人行 必有我師焉. 擇其善者而從之, 其不善者而改之)."
《주역》의 구절이 자연에서 배우는 것이라면 이 문장은 함께 살아가는 사람들로부터 배우는 것이다. 즉 배움을 추구하는 사람은 세상의 모든 것으로부터 배움을 얻어야 하고, 배움은 긍정적인 측면에서뿐 아니라 부정적인 측면에서도 얻을 수 있어야 한다는 의미다. 흔히 쓰는 말로 '반면교사反面敎師'나 '타산지석他山之石'의 배움이다. 상대방의 부족한 점을 보면서 비난만 한다면 배움은 얻을 수 없다. 혹시 나에게 같은 잘못이 없는지 생각하고, 고칠 점이 있다면 고치기에 힘써야 한다.

정자는 "좋은 것을 보았을 때 그쪽으로 바뀌어갈 수 있으면 천하의 좋은 것을 다 할 수 있고, 허물이 있을 때 그것을 고칠 수 있으면 허물은 없게 된다. 그러므로 사람에게 이보다 더 큰 유익은 없다"라고 말했다. 《심경질의心經質疑》에는 이렇게 실려 있다. "나에게 허물이 없을 때 남의 선한 점을 보고 따르는 것을 '선을 따른다'고 말한다. 나에게 허물이 있고 나서 징계

다산의 마지막 공부

하고 다스려 행동을 고치는 것을 '허물을 고친다'고 말한다."

이처럼 여러 학자들은 '허물을 고치고 선을 따르는 개과천선改過遷善'의 유익과 당위성을 말하고 있는데, 주자는 그 방법을 다음과 같이 가르친다.

"선으로 옮겨가는 것은 바람처럼 빨라야 하고, 허물을 고치는 것은 우레처럼 맹렬해야 한다." 선을 받아들일 때는 조금도 지체 없이 받아들이고, 잘못을 고칠 때는 과감하게 결단해야 한다는 가르침이다.《논어》〈계씨〉에서 공자가 말했던 "선한 것을 보면 마치 거기에 미치지 못할 듯이 열심히 노력하고, 선하지 않은 것을 보면 마치 끓는 물에 손을 넣은 듯이 재빨리 피해야 한다"와 같은 의미다.

어른이란 스스로를 대하듯
타인을 헤아리는 사람이다

"선을 따르고 허물을 고치려면 반드시 먼저 자신을 높이고 남을 비하하는 습관과 자기의 모습을 숨기고 뒤를 가리는 태도를 버려야 한다. 또 반드시 도량을 넓혀야 하는데, 도량을 넓히려면 식견을 키워야 한다. 식견이 좁고 고루하기 때문에 도량이 협소하다. 도량이 협소하기 때문에 선을 따르는 것을 두려워하고 허물을 고치는 데 인색하다."

《경의》에 실려 있는 이 구절은 좀 더 구체적인데, 개과천선을 위해서 가장 먼저 필요한 태도는 바로 겸손이라고 말한다.《논어》에는 "내가 하고 싶지 않은 일을 남에게 베풀지 말라(기소불욕물시어인己所不欲勿施於人)"는 공자의 말이 거듭해서 실려 있다. 바로 공자의 도를 한 단어로 집약한 서恕의 정신이다. 또한 공자는 "자신에 대해서는 엄중하고 다른 사람에 대해서는 너그럽게 한다면 원망받을 일이 없다"라고 말하기도 했다. 이처럼 거듭해서 강조하는 것은 그만큼 다른 사람을 배려하고 나와 같이 생각하는 것이 어렵다는 반증이다.

공감과 배려라는 높은 차원은 제쳐두더라도 최소한 상대방을 나와 동등하게 생각하고 공정하게 판단할 수 있어야 한다. 갑질과 같은 저차원의 행태를 말하는 것이 아니다. 스스로 도덕적이라고 자부하는 사람 중에서도 나보다 못하다고 여기는 사람 앞에서 은근히 드러내는 교만과 무시, 권력자나 눈앞의 이익 앞에서의 비겁과 비굴에서 자유로울 수 있는 사람이 얼마나 있을까? 눈앞에서는 마치 화장을 한 듯이 보기 좋게 꾸민 모습만 보여주고 추한 본모습은 뒤로 숨겨 드러내지 않는 것이 바로 우리 평범한 사람들의 한계인지도 모른다. 인간에게는 누구나 '착한 사람 콤플렉스'가 있다고 한다. 남에게 보이는 모습만 생각하며 행동하다가 심지어 자신조차 자기의 본모습을 망각하는 것이다. 하지만 자기의 본모습을 보지 못하면 진정한 개과천선은 할 수 없다.

그다음은 식견을 키워 도량을 넓혀야 한다. 《채근담》에는 "덕은 도량에 따라 커지고, 도량은 식견에 따라 커진다(덕수량진, 량유식장德隨量進, 量由識長)"라고 실려 있다. 식견이 없는 사람은 도량이 좁고, 도량이 좁은 사람은 덕이 없다. 덕이 없는 사람은 옳고 그름을 분간하지 못하고, 설사 안다고 해도 일신의 안위와 이익을 우선하기 때문에 결국 바른 길을 가지 못하게 된다. 따라서 선을 따르고 허물을 고치려면 우선해야 할 것이 식견을 키우는 것이다. 식견이란 지식과 경험을 통해 바르게 볼 수 있는 힘을 말한다. 물론 우리가 흔히 보듯이 지식이 많다고 해서 반드시 올바른 사람이 되는 것이 아니다. 하지만 배우지 못했다면 사리판단과 분간을 하지 못하는 것도 분명한 사실이다.

《국어國語》에는 "선을 따르기는 산을 오르듯 어렵고 악을 따르기는 담이 무너지듯 순간이다(종선여등 종악여붕從善如登 從惡如崩)"라고 실려 있다. 선을 실천하고자 했던 옛 선비들이 스스로를 가다듬기 위해서 항상 경계로 삼았던 말이다. 이렇게 높은 경지의 성현들조차 항상 스스로 부족함을 깨닫고 끊임없이 성찰하고 수양했다. 오늘날 우리가 옛 성현들과 같은 도덕성을 추구했다가는 곧 지쳐 쓰러지거나 자책하며 포기해버릴 것이다. 하지만 그래도 힘이 되는 것은 선은 우리 마음에 내재되어 있는 본성이라는 사실이다. 우리 밖에 있는 것을 힘들여 찾는 것이 아니라 조용한 시간 내 마음을 잔잔히 들여다보면 선한 본성이 되살아날 수 있다.

맹자는 이익과 권세를 좇느라 허물어진 마음을 밤의 기운과 동이 틀 무렵 접하는 맑고 깨끗한 생명의 기운이 회복시켜준다고 했다. 새벽시간, 공부와 수양을 통해 내 속의 생명이 되살아나는 벅찬 순간을 경험해보자.

...

하루의 끝이자 시작인 새벽은
어제의 허물을 벗고
보다 나은 오늘을 맞을 수 있는 기회다.

돌아볼 줄 안다면
돌아올 수 있다

復之初九日 不遠復無祗悔元吉 子曰 安氏之子其殆庶幾乎
有不善未嘗不知 知之未嘗復行也
복지초구왈 불원복무지회원길 자왈 안씨지자기태서기호
유불선미상부지 지지미상복행야

복괘의 초구에 실려 있다.
"멀리 가지 않고 돌아오므로 뉘우침에 이르지 않으니 으뜸으로 길하다."
이에 공자가 말했다. "안씨의 아들 안회는 거의 도에 가깝다. 좋지 못한 점이 있으면
알아차리지 못한 적이 없었고, 알게 되면 그것을 다시 행한 적이 없었다."

_《주역》〈계사전繫辭傳〉

복괘는 곤坤괘가 위에 있고, 진震괘가 아래에 있으므로 지뢰복地雷復이라고
읽는다. 〈서괘전〉은 복괘를 이렇게 풀이한다.

"만물은 결국에 가서 모두 소진할 수는 없으니, 소멸하는 것이 위에서
극한에 이르게 되면 아래로 내려와 소생하므로 회복을 상징하는 복괘로
받았다."

《주역》의 이치가 음陰이 극한에 이르면 양陽이 소생하는 것이므로, 위에
있던 음이 극한에 이르면 밑에서 양이 다시 소생하게 된다. 사람으로 치면
군자의 도가 소멸하다가 극한에 이르면 다시 자라나서 선을 회복한다는
뜻이다.

다산의 마지막 공부

앞의 인용문은 복괘의 초구와, 〈계사전〉에서 공자가 수제자 안회(안연)의 예를 들어서 풀이한 것을 이어서 말한 것이다.

먼저 '멀리 가지 않고 돌아온다'란 잠시 잘못된 길에 빠졌지만 극단으로 가지 않고 곧 선한 본성을 회복하는 것이다. 만약 너무 멀리 갔다면 돌아올 길이 멀기도 하거니와 쉽게 돌아오기가 힘드니 후회하게 된다. 물론 처음부터 선한 길에서 아예 벗어나지 않는다면 그것보다 더 좋을 수는 없을 것이다. 하지만 아무리 뛰어난 군자라고 해도 완벽한 성인이 아닌 이상 살아가면서 잘못이 없을 수는 없다. 다만 후회에 이를 정도까지 잘못을 계속하지 않고 회복할 수만 있다면 최선이라고 할 수 있다.

공자는 그러한 인물로 수제자인 안회를 들었다. 안회는 공자가 가장 아끼던 제자였던 만큼 《논어》에는 그의 이야기가 많이 실려 있다. 그중에서도 압권은 〈공야장〉에 실려 있는 공자와 제자 자공과의 대화다.

공자가 자공에게 말했다. "너와 안회 가운데 누가 더 나으냐?"

자공이 대답했다. "어찌 제가 감히 안회와 견주겠습니까? 안회는 하나를 들으면 열을 알지만, 저는 하나를 들으면 둘을 알 뿐입니다."

이에 공자가 말했다. "그보다 못하리라. 나와 네가 모두 그보다 못할 것이다."

자공은 스승인 공자의 물음에 정직하고 겸손하게 대답했다. 하지만 공자는 놀랍게도 자신도 안회보다 못하다고 인정하고 있다. 겸손의 차원을 넘어서 파격에 가깝다. 아무리 제자가 뛰어나다고 해도 스승보다 더 뛰어나기는 힘든 법이다. '청출어람靑出於藍'이라는 성어처럼 실제로 제자가 더 뛰어날 수도 있겠지만 학문과 수양에서 최고의 경지에 다다른 공자라면 이야기가 달라진다. 그런 공자가 제자인 안회가 자기보다 낫다고 인정하고, 그것도 다른 제자인 자공에게 인정했다는 것을 보통사람들은 상상하기 어렵다.

물론 앞의 대화에서 자공이 했던 말도 안회의 뛰어남을 잘 표현하고 있다. 안회가 하나에서 열을 안다는 것은 단순히 숫자를 의미하지 않는다. 하나는 시작(시始)을, 열은 끝(종終)을 의미한다고 할 수 있다. 안회는 일의 시종 즉, 처음과 끝을 하나로 꿰뚫는 일이관지一以貫之의 능력을 갖추고 있다는 뜻이다. 공자는 자신의 학문과 철학은 많은 지식을 아는 것이 아니라 서恕, 즉 배려의 정신을 실천하는 것이라고 했다. 서는 공자 철학의 핵심인 인仁을 생활에서 실천하는 강령이며, 공자의 학문을 하나로 집약하는(일이관지) 이치다. 자공은 안회가 바로 이러한 경지에 이르렀다고 표현했고, 공자는 이러한 평가를 인정하는 데에서 나아가 자신의 경지조차 뛰어넘었다고 말했던 것이다.

실수 이후를
어떻게 보내는가가 더 중요하다

이외에도 《논어》에는 안회에 대한 많은 이야기들이 실려 있고, 그 평가는 칭찬 일색이다. 칭찬이라기보다는 찬사에 가깝다. 물론 안회가 수제자였기에 그렇기도 할 것이다. 하지만 안회 못지않게 공자가 사랑했고, 나름대로 뛰어난 능력이 있었던 자공과 자로에 대한 평가에서 꾸짖음이 많았다는 것을 감안하면 공자가 얼마나 안회를 인정했는지를 잘 알 수 있다. 〈자한子罕〉에 실려 있는 '후생가외後生可畏', 즉 '두려워할 만한 후배'도 안회를 두고 이른 말이라고 한다.

앞의 인용문에서 공자는 이렇게 안회를 평가했다.

"안씨의 아들 안회는 좋지 못한 점이 있으면 알아차리지 못한 적이 없었고, 알게 되면 그것을 다시 행한 적이 없었다."

'좋지 못한 점이 있으면 알아차리지 못한 적이 없다'는 것은 자신의 행실에서 좋지 못한 점이 있다면 즉시 깨닫고 멈춘다는 것이다. 이 말은 안회가 아예 잘못을 저지르지 않는다는 것이 아니라, 마음과 행실에서 잘못을 저지를 수도 있음을 의미한다. 다만 안회는 아무리 작은 허물이라도 자신이 행했다면 그것을 알아차리고 고칠 수 있었다. 이 점이 바로 그다음에 나오는 '알게 되면 그것을 다시 행한 적이 없었다'는 말의 전제다. 아무리 작은 잘못이라도 그것을 깨닫고 멈출 수 있는 사람은 잘못을 두 번 다시 저지르지 않을 수 있다. 그것이 바로 공자가 '나보다 나을 것이다'라고 말했던 이유다. 공자조차 '잘못을 고치지 못하는 것이 나의 걱정거리다'라고 〈술이〉에서 말했던 적이 있었기 때문이다.

〈옹야〉에도 비슷한 이야기가 실려 있다. 노나라 군주 애공哀公이 "제자 가운데 누가 배우기를 좋아합니까?"라고 묻자 공자가 대답했던 말이다.

"안회라는 제자가 배우기를 좋아해서, 노여움을 남에게 옮기지 않고 같은 잘못을 두 번 저지르지 않았는데, 불행히도 젊은 나이에 죽었습니다. 이제는 더 이상 그런 사람이 없습니다." 공자는 '같은 잘못을 두 번 다시 저지르지 않는 능력(불이과不貳過)'과 '노여움을 남에게 옮기지 않는 능력(불천노^{不遷怒})'은 바로 배움을 좋아하는 데(호학^{好學}) 있다고 보았다. 그리고 한 사람을 예로 들었는데, 그 사람이 지금은 죽고 없는 안회라는 것이다.

그 시절의 배움이란 지식의 습득과 함께 도덕성의 수양을 가리킨다. 주자는 어린 시절 자신의 스승으로부터 "나는 《주역》에서 덕^德으로 들어가는 문을 얻었다. 바로 '멀리 가지 않고 돌아온다(불원복^{不遠復})'가 나의 비결이다. 너는 앞으로 이것을 힘써야 한다"라는 배움을 얻었다고 했다. "멀리 가지 않고 돌아온다"는 말은 평상시의 삶에서 도덕성을 지켜나가는 일이다. 스스로의 행실에 어긋나는 점이 있지는 않은지 민감하게 살피고, 만약 잘못이 있다면 즉시 멈추는 것이다.

반성할 줄 안다면
늦지 않게 제자리를 찾을 수 있다

타고난 성인은 태어나면서부터 알고 있으므로(생이지지^{生而知之}) 이미 존재로서 경지에 이를 수 있다. 바로 공자나 안회와 같은 인물이다. 하지만 '배워서 아는 경지(학이지지^{學而知之})'의 사람들은 끊임없이 공부하고 수양해야 한다. 증자와 같은 인물이다. 증자는 '하루에 세 번 반성(일일삼성^{一日三省})'을 통해 스스로를 수양해서 경지에 이를 수 있었고, 공자의 학문을 이어가는 계승자가 될 수 있었다. 평범한 사람들이 따라야 할 마음공부의 방법이다.

끊임없이 생겨나는 욕망과 욕심으로 우리는 수시로 마음을 놓쳐버린다. 누구나 선량하게 살고자 하지만 그 선량함의 기준 역시 필요에 따라

수시로 바꾸는 것이 우리의 모습이다. 우리는 성인이 아니며, 살아가는 한 아예 길을 잃지 않거나 정도에서 벗어나지 않을 수 없다. 단지 끊임없이 자기를 돌아봄으로써 더 멀리 가지 않고 돌아올 수 있을 뿐이다.

아무리 선량하고 고결한 사람이라고 할지라도 잘못을 알면서도 스스로 용인하는 경우가 있다. 먼저 남들이 보지 않았을 때다. 그다음은 잘못이 사소하다고 생각했을 때다. 내 양심에는 어긋나지만 다른 사람에게 피해를 주지 않는다고 생각할 때도 스스로 용인하기 쉽다. 마음속으로 잘못된 생각을 했지만 겉으로 드러나지 않을 때에도 마찬가지다.

하지만 수양을 하는 옛 사람들은 이런 것들에 대해 더욱 민감하게 삼가려고 했다. 비록 남들 앞에 드러나지 않아도 스스로 돌아볼 때 거리낌이 있다면 고치는 것을 주저하지 않았다. 그럴 때 두 번 다시 같은 잘못을 저지르지 않을 수 있기 때문이다.

...

인간의 일에서 가장 긴박하고 중요한 때는
잘못이 벌어진 순간이 아니라,
언제나 그 이후다.

버려야 할 것을 못 버리면
스스로를 버리게 된다

子絶四 毋意 毋必 毋固 毋我
자절사 무의 무필 무고 무아

공자는 네 가지를 절대로 하지 않았다. 사사로운 뜻을 품지 않았고,
반드시 해야 한다는 일이 없었고, 고집을 버렸고, 아집을 버렸다.

_《논어》〈자한〉

동양 경전에서는 사람으로서 마땅히 지켜야 할 덕목에 대해 '하지 않으면
안 된다'로 강조하는 경우가 많다. 반드시 지켜야 한다는 강한 긍정의 뜻을
말할 때도 이중부정을 써서 더욱 강조했다. 예를 들어보면《논어》〈술이〉
에 있는 '분발하지 않으면 이끌어주지 않고, 간절히 바라서 말하지 않으면
일깨워주지 않으며, 한 모퉁이를 들어 보여줬을 때 미루어 나머지 세 모퉁
이를 알지 못하면 가르쳐주지 않는다(불분불계, 불비불발, 거일우, 불이삼우반,
즉불복야不憤不啓, 不悱不發, 擧一隅, 不以三隅反, 則不復也)'가 있다. "분발해야 이끌어주고
간절히 바라서 청하면 일깨워주고 한 모퉁이를 들어 보여주었을 때 나머
지 세 모퉁이를 알아야 가르쳐준다"는 말을 더욱 강조하고자 이중부정의
화법을 사용한 것이다.

《예기》〈곡례曲禮〉의 맨 앞부분에는 무불경毋不敬, 즉 '공경스럽지 않은 일은 하지 마라'는 말이 실려 있다. 그 밑으로 무毋자가 수십 번 거듭해서 나오는데 그 말들이 모두 해서는 안 될 일들, 군자로서 당연히 피해야 할 불경한 일들을 일러주는 것이다. '재물 앞에서 구차하게 구하지 말고, 고난 앞에서 구차하게 피하지 말라(임재무구득, 임난무구면臨財毋苟得, 任難毋苟免)', '이기기를 구함에 정도를 어기지 말고, 지나치게 많은 것을 구하지 말라(흔무구승 분무구다很毋求勝 分毋求多)' 등을 비롯해서 '다른 사람의 신을 밟거나 앉아 있는 좌석을 넘지 마라', '남의 이론을 표절하거나 무조건 따르지 마라', '곁눈질로 보거나 게으르고 해이하지 마라' 등 실생활의 세세한 부분까지 해서는 안 될 일들을 말해주고 있다.

맹자는 '사람으로서 하지 않은 바가 있은 다음에 해야 할 일이 있다(인유불위야이후 가이유위人有不爲也而後 可以有爲)'고 말했다. 올바른 삶에 도움이 되지 않은 일들을 하지 않을 수 있는 다음에야 해야 할 일을 할 수 있는 진정한 수양이 가능하다는 말이다. 스스로를 수양한답시고 아무리 열심히 노력해도 정작 뒤에서 부정한 일을 한다면 진정한 수양이 될 수 없을뿐더러 좋은 결과를 얻을 수도 없다. 또한 원하는 바를 이루기 위해 수단과 방법을 가리지 않아서도 안 된다. 자신이 추구하는 것이 결국엔 탐욕임에도 겉으로만 다르게 행동하는 것은 위선을 공부하는 것일 뿐이다. 나아가 맹자의 이 말은 부차적인 것들을 모두 배제해야 본질적인 가치를 추구할 수 있다는 뜻이기도 하다. 예를 들어 오직 세속적인 성공을 위한 공부, 부귀영화를 누리기 위한 부의 추구를 포기한 다음에야 진정한 공부와 부의 추구가 가능해진다는 것이다.

공자가 마지막까지
끊어내고자 했던 네 가지

앞의 구절은 공자가 진정한 수양과 학문을 위해 버려야 할 것으로 꼽은 대표적인 네 가지다. 《예기》에서 올바른 덕을 갖추려고 하는 사람들이 해서는 안 될 일들을 세세하게 가르쳤다면, 이미 최고의 경지에 이른 공자는 '무불경'의 차원을 마음을 다스리는 네 가지로 집약했다. 하지만 공자가 직접 했던 말은 아니다. 제자들이 스승인 공자의 평소 삶을 보고 느꼈던 점을 말한 것이다. 공자가 일상에서 보여주던 모습, 제자들에게 강조했던 가르침 등을 통해 진정한 군자로서 해서는 안 되고, 실제로 하지 않는 네 가지로 집약했다.

'사사로운 뜻이 없다(무의毋意)'란 공명정대함이다. 내 멋대로 생각해서 편견에 사로잡히거나 억측을 하는 일이 없는 것이다. 또한 확실치 않은 생각으로 판단하고 남에게 강요하지 않는 것이다. 사사로운 뜻에 사로잡히는 것은 자신의 이익이나 욕심을 취하기 위한 목적이나 자기를 내세우기 위한 정신적인 욕심이다. 그 욕심이란 모르는 것을 모른다고 인정하기 싫은 자존심, 자기 생각만이 옳다고 고집하는 자만심, 확실치 않은 것을 자기 의도에 맞게 미루어 넘겨짚는 이기심, 다른 사람을 인정하지 않는 교만 등이다. 과학자들은 이론적 기반이나 증거가 없이 주장하는 것을 진정한 과학으로 인정하지 않는다고 한다. 사람들 간의 관계도 마찬가지다. 자기 생각만이 옳다고 생각하고 다른 사람의 의견에는 귀를 막는다면 조화로운 합의는 이루어질 수 없다.

다산의 마지막 공부

《근사록》에는 '무심無心이 아니라 단지 사사로운 마음이 없어야 한다(무사심無私心)'고 실려 있다. 흔히 수양하는 사람들이 마음을 비운다는 말을 많이 한다. 하지만 정작 마음을 비우고 나서 올바른 마음으로 채우지 않으면 금방 다른 욕심이 그 비워진 마음을 채우고 만다. 오히려 더 강력하고 대적하기 힘든 욕심이 들어서기 때문에 마냥 마음을 비우기만 해서는 안 된다. 항상 중심이 잡힌 한결 같은 마음을 견지할 때 마음의 안정과 공정을 기할 수 있다.

'반드시 해야 할 일이 없다(무필毋必)'는 '기필코 해야 하겠다'는 생각으로 순리에 벗어난 일을 하지 않는다는 의미다. 이른바 억지를 부리지 않는 것이다. 사람과 일, 사람과 사람의 관계에서는 상황이나 상대방의 입장에 따라 적절히 변하고 조정되어야 하는 순간이 있다. 그때 내 생각만 옳다는 신념에 사로잡혀 무조건 관철시키려 한다면 다른 사람에게는 피해가 될 수 있고, 일에 있어서는 장애가 된다.

사람과의 관계에서 가장 벽을 느낄 때가 바로 "나는 무조건 이러해야 해" 하며 전혀 타협의 여지를 남기지 않는 이들과 마주할 때다. 이런 사람들의 특징은 대부분 다른 사람의 의견에 귀를 닫는다는 점이다. 설사 다른 사람의 의견이 좋다고 느껴도 자기 의견이나 생각을 포기해야 한다면 쉽게 그것을 받아들이지 않는다. 타당한 상대방의 의견을 묵살하고 이치에 맞지 않는 자기 의견만 내세우다가 감정적으로 대응하게 되고, 결국에는 화를 내거나 심한 경우 더 격렬한 분노를 쏟아낸다. 결국 그 사람의 주장을 무조건 받아들여주지 않으면 관계 자체가 무너지고 만다. 그것은 소통이라고 할 수 없다.

'고집을 버린다는 것(무고毋固)'은 신념이나 원칙에 집착하지 않고 유연하게 상황에 대처하고자 하는 태도다. 아무리 좋은 덕목이라고 해도 지나치면 해악이 될 수도 있다. 용기가 지나치면 만용이 되고, 예의가 지나치면 아부가 될 수 있는 것이다. 공자는 항상 그것을 염려하고 경계했는데, 맹자가 "공자께서는 너무 심한 것을 하지 않으셨다(중니불위이심자仲尼不爲已甚者)"라는 말이 그것을 잘 보여주고 있다.

또한 이 말은 상황에 따라 적용하는 바가 반드시 같을 필요는 없다는 뜻이기도 하다. 공자가 무력으로 위협을 받아 위나라에 들어가지 않겠다고 포 지역 사람들과 억지로 맺은 약조를 어기자 제자들이 "어찌 그들과의 약조를 쉽게 어길 수가 있습니까?"라고 물었다. 그러자 공자는 "불의한 방법에 의해 강압적으로 맺은 서약은 지킬 필요가 없다"라고 답했다. 제자들은 사람들과의 약속은 반드시 지켜야 한다는 신의만을 생각했다면 공자는 상황에 따라서 원칙을 적용하는 대의를 추구했던 것이다. 《논어》〈학이〉에 실려 있는 "약속한 것이 도의에 가깝다면 그것을 실천할 수 있다(신근어의 언가복야信近於義, 言可復也)"는 구절이 바로 이를 가리킨다.

'아집이 없다(무아毋我)'는 위와 같은 모든 일들을 자신의 물적 정신적 이익을 위해서 취하지 않는다는 것을 말한다. 아집이 강한 사람들은 자신만의 생각에 사로잡혀 있기 때문에 다른 사람을 배려하지 않는다. 또한 공적인 이익 즉 대의를 위하기보다는 스스로의 욕심과 탐욕을 앞세우기에 크게는 나라, 작게는 작은 조직에서도 덕이 되지 못한다.

하지만 무엇보다 아집이 강한 이들이 가진 가장 큰 문제는 바로 자기스스로의 삶이 공허하다는 것이다. 오직 자신의 욕심을 채우는 데에만 삶의 목적을 두는 사람은 끝없이 바위를 굴려야 하는 그리스 신화 속의 시지프스와 같이 채워지지 않는 갈망 속에서 허덕이며 살고 있는지도 모른다. 그것은 형벌이다.

스스로를 존중하는 마음은
스스로를 아는 데에서 시작한다

요즘은 자존심과 자존감의 시대라고 해도 과언이 아닐 정도로, 스스로의 가치를 알고 소중히 여기는 것을 중요시하는 시대다. 자존심은 '스스로의 품위나 가치를 지키려는 마음', 자존감은 '자신을 존중하고 사랑하는 마음'으로 정의된다. 이 마음들은 참 소중하고 귀해서 잘 지켜나가야 한다. 공자도 제자들을 가르치면서 "지혜로운 자는 자신을 알고 어진 자는 자신을 사랑한다(지자자지, 인자자애知者自知, 仁者自愛)"라고 했다. 공자가 추구하던 군자의 길에서 스스로를 사랑하는 것은 가장 중요한 덕목 가운데 하나였다. 하지만 《공자가어孔子家語》에 실려 있는 이 구절에서 우리가 염두에 두어야 할 것이 있다. 바로 '지혜로운 자는 자신을 안다'가 먼저라는 사실이다.

스스로를 안다는 것은 자신의 현실을 정확히 파악하는 것이다. 자신의 장점과 부족한 점, 강점과 약점, 키워야 할 점과 고쳐야 할 점을 아는 것이다. 그 다음 스스로가 원하는 사람이 되기 위해 노력해야 한다. 그때 필요한 것이 바로 자기의 모자란 점을 인정할 수 있는 겸손이다. 터무니없이 자신을 높이는 자존심이 아니라 자신을 정확히 알고 부족한 점을 채워나갈 때 하루하루 발전하고 변화하는 자신을 만들 수 있다. 그런 노력을 기울이는 것이 진정으로 자신의 가치를 높이는 길이고 자신을 사랑하는 올바른 방법이다. 자기를 사랑하는 것은 먼저 자신을 알고, 다른 사람을 사랑할 때 완성될 수 있다.

...

버린다는 것은
자신을 정리하는 처세의 기술이 아니다.
스스로를 솔직하게 들여다볼 줄 아는 마음이다.

다산의 마지막 공부

인仁이란 평소에도
제대로 행동하는 것이다

子曰 非禮勿視 非禮勿聽 非禮勿言 非禮勿動
자왈 비례물시 비례물청 비례물언 비례물동

공자가 말했다. "예가 아니면 보지 말고, 예가 아니면 듣지 말며,
예가 아니면 말하지 말고, 예가 아니면 행동하지 말아야 한다."

_《논어》〈안연顏淵〉

동양 철학의 뿌리인 《논어》에 담겨 있는 핵심 사상은 바로 인仁의 정신이다. '인'은 공자 자신도 명확하게 정의하지는 않았지만 제자 번지와의 대화에서 '사람을 사랑하는 것(애인愛人)'이라고 정리했다. 사람으로서 가져야 할 최고의 덕목이며, 이상적인 사회를 만들기 위해서 반드시 있어야 할 사랑, 그 사랑을 이미 이천오백 년 전에 공자는 설파했다. 《논어》에는 '인'을 이해하고 자신의 삶에서 실현하기 위해 사람들이 반드시 알아야 하고, 실천해야 할 것들이 실려 있다.

'인'을 한자로 풀어보면 사람 인人과 둘 이二로 구성된다. 이를 미루어보면 두 사람, 즉 사람과 사람 사이의 올바른 관계가 이상적인 사회를 만드는 첫걸음임을 알 수 있다. 공자는 인간의 가장 기본적인 도리인 효孝를 근본

으로 삼았다. 그리고 세상 모든 사람들과의 관계를 효와 같은 정신으로 한다면 가장 바람직한 세상이 만들어진다고 강조했다. 형제관계, 이웃관계, 군주와 신하의 관계가 자식과 부모의 관계처럼 사랑으로 이뤄진다면 세상에 혼란은 사라지고 서로 아끼고 사랑하는 세상이 만들어진다는 것이다.

공자는 인仁을 통해 자신이 꿈꾸던 세상, 예를 기반으로 하며 사람들이 서로 아끼고 사랑하는 이상적인 국가를 만들고자 했다. 많은 제자들은 공자의 핵심 사상인 인을 알기 위해 스승인 공자에게 물었고, 공자는 제자의 성향과 수준에 맞게 인을 가르쳤다. 제자 중에서 덕이 높고 군왕의 자질이 있던 중궁에게는 지도자로서의 자질에 합당하게 인을 가르쳤다. "백성을 부릴 때는 큰 제사를 받들듯이 하며, 자기가 바라지 않는 일을 남에게 하지 말아야 한다."

한편 언변이 거칠고 실천이 부족했던 사마우가 인을 묻자 "인한 사람은 말하는 것을 조심한다"고 가르쳤다. 인이 어떤 거창한 것이라고 생각했던 사마우가 "말하는 것만 조심하면 그 사람을 인하다고 할 수 있습니까?"라고 재차 묻자, 공자는 "실천하는 것이 어려우니 말하는 데 조심하지 않으면 안 된다"라고 제자의 부족한 점을 짚어서 가르쳐줬다.

공자는 수제자 안회에게는 인의 핵심에 대해서 정곡을 찔러준다. 수제자인 안회는 별다른 비유나 쉽게 풀어서 설명해주지 않아도 스승이 말하고자 하는 바를 충분히 이해할 수 있다고 여겼던 것 같다. 공자가 말해준 '극기복례克己復禮', '스스로를 극복하고 예로 돌아간다'는 것은 공자가 평생을 두고 추구했던 도의 핵심이라고 할 수 있다.

아끼던 제자 자공에게는 평생을 두고 실천해야 할 것으로 서恕의 정신,

다른 사람을 배려하는 것을 가르쳤고, 증자에게 가르쳤던 충서忠恕의 정신도 같은 의미라고 할 수 있다. 충으로 자신을 바로 세우고 서로 다른 사람을 배려한다는 뜻이다. 이 모두는 각각 표현하는 바는 다르지만 같은 의미다.

세상을 바꾸고 싶다면
나부터 바뀌어야 한다

공자는 또한 스스로 실천하는 자세를 강조했다. 그것이 바로 극기복례를 통해 인을 실천하면 천하가 인으로 돌아온다는 구절이 담고 있는 의미다. 공자는 천하를 바꾸고자 한다면 그 시작은 반드시 나 자신이 되어야 한다고 역설했다. 제자 자공이 군자에 대해 묻자, "말보다 앞서 행동을 하고, 그 후에 그에 따라 말해야 한다(선행기언 이후종지先行其言 而後從之)"라고 가르쳤던 것과 맥을 같이 한다.

요즘 흔히 보듯이 세상의 평화와 사회의 정의를 외치면서 정작 자신의 삶은 바르지 못한 사람들이 있다. 스스로는 변하지 않으면서 개혁을 외치는 사람 역시 마찬가지다. 정의와 사랑을 이론으로만 알고 구호로만 외치면서 정작 자신의 삶에서 드러나지 못할 때 세상은 변할 수 없다. 그래서 공자는 먼저 단 하루만이라도 시작을 해보라고 권한다. 쉽지 않은 일이지만 일단 시작하지 않으면 어떤 일도 일어날 수 없기 때문이다.

이 가르침을 들은 안연은 거듭 묻는다. "그 구체적인 방법은 무엇입니까?" 안연, 즉 안회는 최고의 학자로 스승인 공자도 인정했던 인물이다. 스승인 공자의 학문이 '스스로 아는 것이 없다'는 겸손에서 시작했던 것처럼 안회 역시 겸손을 바탕으로 두고 있었다. 그래서 스승에게 그 구체적인 실천방법을 물었고, 공자는 평범한 사람은 도저히 따를 수 없는 고차원적인 방법을 제시했다. 모든 일을 예를 기반으로 하고 만약 예로써 뒷받침되지 않는다면 어떠한 행동도 해서는 안 된다고 강조했던 것이다.

"예가 아니면 보지 말고, 예가 아니면 듣지 말며, 예가 아니면 말하지 말고, 예가 아니면 행동하지 말아야 한다." 원문으로는 '비례물시 비례물청 비례물언 비례물동非禮勿視 非禮勿聽 非禮勿言 非禮勿動'으로 확실한 강조를 위해 이중부정의 어법을 쓰고 있다.

여기서 '보는 것', '듣는 것'은 외부의 자극으로부터 스스로를 지키는 것이다. 비록 외부의 자극을 내가 통제할 수는 없지만 그것을 받아들이고 받아들이지 않는 것은 나 자신의 선택이다. 또한 어떤 것을 볼지 결정해서 선택하고 가까이 하는 것 역시 어디까지나 내가 결정하는 일이다. 멋지고 웅장하고 화려한 것을 찾아서 보거나, 달콤한 욕망에 빠지는 것은 인지상정이겠지만 그것에 취해 휘둘린다면 결코 인을 실천하는 것이라고 할 수 없다. 귀에 쓴 말은 배척하고 달콤한 말, 아부하는 말, 높여주는 말, 듣고 싶은 말만 들으려고 하는 태도 또한 마찬가지다.

또한 말하고 행동하는 것은 나의 내면이 겉으로 드러나는 모습이다. 만약 나의 내면이 충분히 수양이 되어 있다면 겉으로 드러나는 말과 행동이 예에 맞을 수 있다. 하지만 나의 내면이 부족하다면 예에 어긋나게 되고 당연히 상대에게도 상처를 주게 된다. 내가 행하는 말과 행동에는 분명히

다산의 마지막 공부

그것을 받아들이는 상대가 있기 마련이고, 그 상대를 인정하고 배려하지 않으면 좋은 관계를 만들 수 없다. 《신서新書》에 실려 있는 "한 번 내뱉으면 돌이키지 못하는 것이 말이고 한 번 드러나면 숨길 수 없는 것이 행동이다"가 그것을 경계하는 말이다.

군자의 인은
사소한 일상에서부터 시작된다

공자는 보고, 듣고, 말하고, 행동하는 것으로 말했지만 사실은 삶의 모든 행위를 예에 기반을 두고 행하라고 가르친 것이다. 행하는 모든 일에서 예를 기반으로 하라는 가르침은 평범한 사람으로서는 도저히 따르기 힘들 것이다. 《중용》에서는 성인의 덕을 말하면서 '예의 삼백 가지와 세부 예법 삼천 가지가 어느 하나도 인이 아닌 것이 없다'고 했다. 삼백 가지 예의와 삼천 가지 예법을 모두 외워서 하나하나에 모두 인을 적용한다는 것이 가능한 사람이 어디 있을까? 배워서 될 일이 아니고, 아무리 내공을 깊이 닦아도 도달하기 힘든 경지일 것이다. 다만 스스로 성찰하는 삶을 살기 위해 애쓰고, 사람과의 관계에서 사랑과 배려를 잊지 않으려고 노력하는 것으로 충분하다. 혹시 잘못이 있었다면, 공자가 '잘못이 있으면 고치기를 꺼려하지 않는다(과즉물탄개過則勿憚改)'라고 말했던 것처럼 반성하고 고쳐나가도록 노력하면 된다.

공자는 어리석은 제자 번지에게 '인'의 실천을 위한 세목을 이렇게 일러주었다.

"평소에 지낼 때는 공손하고, 일을 할 때는 경건하며, 사람을 대할 때는 진실하게 행하라(거처공 집사경 여인충居處恭 執事敬 與人忠)." 일상에서 인을 실천하는 것은 이토록 평범하고 또 비범하다.

...

옛 선현들의 가르침은
도달하기 힘든 경지를 제시한 다음
현실에서 냉소하라고 전해진 것이 아니다.
아주 작은 각성을 권유할 뿐이다.

마음을 얻고 싶다면
먼저 마음을 꺼내라

出門如見大賓 使民如承大祭 己所不欲勿施於人 在邦無怨 在家無怨
출문여견대빈 사민여승대제 기소불욕물시어인 재방무원 재가무원

집밖을 나가서는 큰 손님을 대하듯 하고, 백성을 부릴 때는 큰 제사를 받들듯이 하며,
자기가 바라지 않는 일을 남에게 하지 말아야 한다.
이렇게 하면 나라에 있어도 원망하는 이가 없고, 집안에서도 원망하는 이가 없다.
_《논어》〈안연〉

《논어》〈선진先進〉에는 이렇게 실려 있다.

"진나라와 채나라에서 함께 고생하던 사람들이 지금은 모두 나의 문하
에 없구나. 덕행으로 뛰어난 사람은 안회, 민자건, 염백우, 중궁이 있었고,
언변이 뛰어나기는 재아, 자공이 있었고, 정치에 능하기는 염유, 계로가
있었고, 문장과 학문에는 자유와 자하가 있었다."

공자가 함께 고생했던 제자들을 그리워하는 글이지만 한편으로 제자
들의 뛰어난 점을 상기하고 있다. 훗날 당 시기에 공문십철孔門十哲로 꼽혔
던 공자의 뛰어난 10인의 제자들을 말하고 있는데, 그중에서 중궁은 덕행
에 뛰어난 제자로 인정받았다. 수제자 안회, 강직하고 용맹한 자로(계로),
뛰어난 언변과 외교술의 자공에 비해 중궁은 많이 알려져 있는 제자는 아

니다. 그럼에도 중궁은 후세에까지도 훌륭한 인물로 널리 인정받고 있습니다. 전국시대 말기 최고의 학자 겸 유교의 계승자로 꼽히고 있는 순자荀子도 자신의 이름을 딴 책에서 중궁을 이렇게 평했다.

"큰 선비는 세상과 통하면 바로 천하와 하나가 되고, 막히면 홀로 귀한 이름을 세운다. 그러므로 하늘이라도 그의 존재를 없앨 수가 없고 묻어버릴 수가 없다. 걸왕이나 도척 같은 무도한 무리가 통치하는 세상이라도 그의 이름을 더럽힐 수가 없으니, 공자와 중궁과 같은 인물이 이러하다."

순자는 중궁을 큰 선비로 칭하면서 스승인 공자와 같은 반열에 두었다. 유교의 창시자이자 성인으로까지 꼽히는 공자와 같이 칭해진다는 것은 최고의 극찬이라고 할 수 있다.

또한 공자 스스로는 제자인 중궁을 임금의 자질이 있는 인물로 평가하기도 했다. 《논어》〈옹야〉에서 "옹(중궁)은 남면을 할 만하다(옹야, 가사남면雍也, 可使南面)"라고 실려 있는데, '남면을 한다'는 것은 군왕이 북쪽에 앉아 남쪽의 신하를 바라보는 것으로 임금의 역할을 한다는 뜻이다. 비록 출신은 미천하지만 그 자질과 인품만은 임금의 풍모를 지녔다는 것이다.

누구도 억울함이 없는
황금률의 세상

중궁이 인에 대해 묻자 공자는 백성을 다스리는 자가 갖추어야 할 자격을 말해주고 있다. 공자는 제자들을 가르칠 때 천편일률적인 가르침이 아니라 제자들의 학문 수준과 자질, 그리고 성품과 성향에 맞추어 적절한 가르침을 주었다. 〈선진先進〉에 실려 있는 공자와 제자들 간의 고사가 잘 말해주고 있다. "좋은 말을 들으면 곧 실천해야 합니까?"라는 같은 물음에 대해 자로에게는 "부형이 계시는데 어찌 듣는 대로 실천하려고 하느냐?"라고 대답했고, 염유에게는 "들으면 곧 실천해야 한다"라고 대답했다. 공서화가 "어찌 같은 물음에 사람에 따라 다른 대답을 하십니까?"라고 묻자, 공자는 "염유는 소극적이므로 적극적으로 나서게 한 것이고, 자로는 지나치게 나서려 하기에 자제시킨 것이다"라고 대답했다. 비록 옳고 분명한 사실이라고 해도 반드시 정해진 정답은 없으며 사람과 상황에 따라 적합한 해답을 찾아야 한다는 가르침이다. 인에 대한 제자들의 질문에도 마찬가지였는데 중궁에게는 자질과 장점에 맞도록 남을 다스리는 사람이 가져야 하는 인의 실천 방법에 대해 가르침을 주었다.

먼저 "집밖을 나가서는 큰 손님을 대하듯 하고, 백성을 부릴 때는 큰 제사를 받들듯이 하라"는 것은 사람들을 대하고 공무를 하는 것을 모두 존중하는 태도로 예에 맞도록 해야 한다는 것이다. 이를 두고 정자는 "마음을 넓게 하고 몸을 바르게 해서 하나하나의 행동과 용모를 취함과 일을 행하는 것을 예에 맞게 하는 것이다(중례中禮)"라고 했다.

그다음 '자기가 바라지 않는 일을 남에게 하지 말아야 한다(기소불욕물시어인己所不欲勿施於人)'는 공자가 인을 이루기 위해 스스로 지켜나갔던 유일한 덕목인 '서恕'의 실천방법이다. 〈위령공〉에서 공자가 제자 자공에게 "한마디 말로 평생토록 실천할 것은 바로 '서'다. 곧 자기가 원하지 않는 것을 남에게 하지 않는 것이다"라고 말해주었던 것을 비롯해《논어》에는 이 말이 거듭해서 실려 있다. 〈리인〉에서 증자가 '스승의 도는 바로 충과 서로 관통된다'라고 말했던 것과, 〈공야장〉에서 "저는 남이 저에게 하지 않았으면 하는 일을 저 또한 남에게 하지 않으려고 합니다"라고 말하는 제자 자공에게 "그것은 네가 해낼 수 있는 일이 아니다"라고 꾸짖은 것도 모두 같은 의미를 담고 있다.

같은 뜻의 가르침은 서양에서도 볼 수 있다. 3세기경 로마 황제 알렉산더 세베루스의 액자에는 "남에게 대접받고 싶지 않은 대로 남을 대접하지 마라"라고 적혀 있었다. 그보다 앞서 성경의 구절인 "그러므로 무엇이든지 남에게 대접을 받고자 하는 대로 너희도 남을 대접하라(마태복음 7:12)"가 서양 윤리의 황금률로서 지켜지고 있다. 이를 통해 보면 '자신이 소중한 만큼 다른 사람을 소중하게 여기고, 자신을 사랑하는 것처럼 다른 사람도 사랑하라'는 보편적 사랑의 원리가 동서고금을 막론하고 우리 사람들이 지켜야 할 도덕률이자 살아가는 데 필요한 가르침이라고 할 수 있다.

진심, 내가 먼저 주어야
받을 수 있는 것

"이렇게 하면 나라에 있어도 원망하는 이가 없고, 집안에서도 원망하는 이가 없다"는, 인을 실천할 때 누구도 억울한 사람이 없이 공정하고 평화로운 세상이 될 수 있다는 것을 말해준다. 또 한편으로는 '인'이 바탕이 되는 사랑의 세상은 그 시작점인 자신으로부터 시작해서 가정으로 국가로 넓혀나가야 한다는 뜻이기도 하다.

공자는 이 가르침을 통해 사람들을 이끄는 지도자, 나라의 일을 하는 공직자가 반드시 지켜야 할 자세를 말해주고 있다. 먼저 지도자들은 자기가 이끄는 사람들을 존중하는 자세로 대해야 한다. 일방적인 충성만 강요하거나 무조건 따르기만을 요구한다면 상하 간에 결코 건전하고 올바른 관계가 정립될 수 없다. 노나라의 임금 정공이 "임금이 신하를 부리고 신하가 임금을 섬길 때는 어떻게 해야 합니까?"라고 묻자, 공자는 "임금은 예로써 신하를 부리고, 신하는 충으로써 임금을 모셔야 합니다"라고 대답했다. 여기서 충은 흔히 알고 있는 충성이 아니라 성실과 진실함이다. 하지만 공자는 아랫사람에게 충만 요구하는 것이 아니라 윗사람은 아랫사람을 예로써 대해야 한다고 말한다. 일을 할 때도 서로 예의를 지켜야 하고 평상시에 대할 때도 인간적인 존중을 잊어서는 안 된다는 것이다.

부하들의 완전한 복종을 요구하며 자신은 권위와 권력으로 아랫사람을 함부로 대해도 된다고 생각하는 풍조가 오늘날에도 만연하고 있다. 하지만 이미 이천오백 년 전 공자는 윗사람과 아랫사람의 관계는 서로 존중하는 관계가 되어야 한다고 가르쳤다. 심지어 무소불위의 권력을 지닌 임금조차 아래 신하들을 대할 때는 예를 바탕으로 해야 한다고 말했다. 신하를 예로 대한다는 것은 신하들을 존중하는 것이다. 설혹 자신의 뜻과 다른 의견을 말하더라도 결코 내치거나 함부로 대해서는 안 된다. '충'이란 무조건적인 복종을 뜻하지 않기 때문이다. 오히려 자신의 뜻을 거슬러 올바른 간언을 할 때 그 사람의 충성됨을 알고, 그를 인정할 수 있어야 한다. 그럴 때 진실하고 강직한 부하를 밑에 둘 수 있다. 그 점을 놓치게 되면 교언영색의 아부하는 간신들만 남게 될 것이다.

동양철학의 핵심인 '서'는 '다른 사람의 입장이 된다'는 역지사지易地思之, '내 처지로 미루어 다른 사람을 생각한다'는 추기급인推己及人, '내 마음의 잣대로 다른 사람을 헤아린다'는 혈구지도絜矩之道 등 세세한 의미는 다르지만 다른 사람의 입장이 되어서 생각해보라는 배려의 정신을 담고 있다. 서양의 황금률도 마찬가지다. 지역과 시대를 넘어 이러한 정신이 강조되는 까닭은 그만큼 배려의 정신이 중요하기 때문이다. 다르게 생각하면 이런 정신을 갖추기가 정말 어렵다는 반증이기도 하다. 누구나 할 수 있는 일이고, 마음먹은 대로 쉽게 할 수 있는 일이라면 이처럼 반복해서 계속 강조하지 않았을 것이다.

공자가 중궁에게 가르쳤던 것은 바로 지도자로서 지켜야 할 도리와 품격이다. 이를 얻게 해주는 것은 인문학적인 상상력이다. 사람을 알고, 사람을 사랑하는 인문학적 정신은 풍부한 인문독서를 통해 얻은 지식과 몸에 체득한 인문교양으로부터 자연스럽게 배어나온다.

"군자의 덕은 바람이고 백성은 풀이다. 바람이 불면 풀은 바람을 따라 눕는다." 《논어》에 실려 있는 글이다. 지도자가 권위와 강압이 아니라 앞장서서 바른 길을 걸을 때 사람들은 충성과 진심으로 그 길을 따른다.

다산의 마지막 공부

마음이란 구걸해서 얻을 수 있는 것이 아니다.
내가 먼저 타인에게 마음을 다했을 때,
비로소 남의 마음을 물을 수 있는 자격이 주어진다.

주변에 휩쓸리지 말고
나다운 나를 지켜라

天命之謂性 率性之謂道 修道之謂敎 道也者 不可須臾離也 可離 非道也 是故 君子 戒
愼乎其所不睹 恐懼乎其所不聞 莫見乎隱 莫顯乎微 故君子愼其獨也 喜怒哀樂之未發
謂之中 發而皆中節 謂之和 中也者 天下之大本也 和也者 天下之達道也 致中和 天地
位焉 萬物育焉

천명지위성 솔성지위도 수도지위교 도야자 불가수유리야 가리 비도야 시고 군자 계신호
기소부도 공구호기소불문 막현호은 막현호미 고군자신기독야 희로애락지미발 위지중 발
이개중절 위지화 중야자 천하지대본야 화야자 천하지달도야 치중화 천지위언 만물육언

하늘이 명한 것을 본성이라 하고, 본성을 따르는 것을 도라고 하며, 도를 닦는 것을 가르
침이라고 한다. 도라는 것은 잠시도 떠날 수 없는 것이니, 떠날 수 있으면 도가 아니다.
이런 까닭으로 군자는 보지 않는 것에도 경계하여 삼가며, 그 듣지 않는 것에도 무서워
하고 또 두려워한다. 숨어 있는 것만큼 잘 드러나는 것이 없으며, 미미한 것만큼 잘 나타
나는 것이 없다. 그러므로 군자는 홀로 있을 때 삼간다.
희로애락이 아직 발하지 않은 것을 중이라 하고, 그것들이 발해 모두 절도에 맞는 것을
화라고 하니, 중이란 천하의 큰 근본이고, 화란 천하의 이루어야 할 도다. 중과 화에 이른
다는 것은 하늘과 땅이 제자리를 지키고, 만물이 잘 길러지는 것과 같다.

_《중용》〈제1장〉

증자는 '공문십철'에 속하지도 않았고, 크게 인정을 받지도 못했던 제자였
다. 심지어 공자는 증자를 두고 '둔하다'고 평가하기도 했다. 이를테면 좀
소외된 제자라고 할 수 있을 텐데 의외로 공자의 철학과 학문은 증자로부
터 이어져 내려갔다. 증자가 뛰어난 제자들을 제치고 공자의 도를 계승하

다산의 마지막 공부

게 된 까닭은 미련할 정도로 스승의 가르침을 익히고 따랐던 데서 찾을 수 있다. 증자는 '인'을 얻기 위한 두 가지 실천 방법인 '충'과 '서'를 분명히 인식하고, 그것을 실천하기 위해 노력했기에 스승의 학문과 사상을 후대에 전하는 역할을 할 수 있었다. 또한 공자의 손자이자 유교의 적통을 이었던 자사子思를 가르쳤다는 점에서 유교의 맥을 이었다고 할 수 있다.

유학의 계통은 공자-증자-자사-맹자로 이어진다. 자사는 '중용' 사상의 주창자로 사서 가운데 하나인 《중용》의 저자로 알려져 있다. 《중용》은 공자의 제자들의 학문과 학설을 모아놓은 책, 《예기禮記》 49편 가운데 제31편에 수록되어 있다. 중용에서 중은 '편벽되거나 치우치지 않고 지나치거나 모자람이 없다'는 뜻이며, 용은 '시간적으로도 공간적으로도 변하지 않음'을 뜻한다. 즉 '중용'은 한쪽으로 치우치지 않는 올바른 도리이자 시간이 흘러도 변하지 않는 도리라고 할 수 있다. 하지만 중용을 실천하기는 쉽지 않았다. 공자는 "천하의 국가를 평정하여 다스리는 것도 가능하고, 직위나 녹을 사양하는 것도 가능하며, 시퍼런 칼을 밟고 서는 것도 가능하지만, 중용을 행하는 것은 불가능하다"라고 말하기도 했다.

기꺼이
두려워하라

앞 인용문의 글은 《중용》의 제1장에 실려 있는 글이다. 책의 맨 첫 장이라는 점에서 그 책의 핵심을 말해준다고 할 수 있다. 그리고 제1장의 첫 머리

글, '하늘이 명한 것을 본성(성性)이라 하고, 본성을 따르는 것을 도道라고 하며, 도를 닦는 것을 가르침(교敎)이라고 한다'는 구절은 핵심 중의 핵심이다. 이 글에서 본성은 하늘이 준 사람의 선한 도리로서, 사람들은 배움을 통해 그 본성을 지키고 따르기 위해 끊임없이 노력해나가야 한다고 가르쳐준다. 유교의 시조라고 할 수 있는 공자는 본성을 거의 말하지 않았지만, 《중용》에서는 그 시작을 본성에서부터 찾고 있는 것이다.

공자가 인간의 윤리적 관점에서의 수양과 도덕을 말했다면 《중용》은 하늘로부터 부여받은 본성을 그 시작점으로 한다. 하늘로부터 받은 선한 본성을 따르는 것이 사람으로서 갖추어야 할 올바른 도리이자 근본이므로 그것을 위해 수양과 배움을 게을리해서는 안 된다는 것이다. 공자의 철학에서 다소 부족했던 인간의 본성에 관한 철학적인 근거를 제시하고 있다고 할 수 있다. 이러한 《중용》의 관점은 맹자의 성선설性善說, 하늘로부터 부여받은 사람의 네 가지 선한 본성으로 확립된다. 하지만 《중용》은 형이상학적 원리를 말하면서도 실천적인 관점을 배제하지는 않았다. 《논어》에도 실려 있는 '실증할 수 없으면 믿지 않는다(무징불신無徵不信)'는 원리가 《중용》에도 실려 있는 것이 그것을 말해준다.

본성이 하늘로부터 비롯된다는 말은 본성이 결코 바뀔 수 없다는 것을 뜻한다. 만약 사람으로부터 비롯된 것이라면 쉽게 바꾸거나 다른 생각을 가질 수도 있다. 하지만 하늘에서 정한 것이라면 사람의 생각이나 섣부른 이론으로 이견을 말할 수도, 바꿀 수도 없다. 본성을 따르기 위한 도 역시 내 몸에 갖추어져 있는 것이므로 떠나서는 안 된다. 만약 도를 떠날 수 있다면 그것은 이미 도라고 할 수가 없다. 하지만 인욕人慾, 사사로운 감정

다산의 마지막 공부

이나 욕심에 마음이 치우치게 되면 도를 잃고 만다. 예컨대 젊은 시절에는 여색, 중년에는 권력과 명예, 노년에는 재물과 자녀에 대한 욕망을 갈구하는 것이다. 그래서 도를 지키고자 군자들은 끊임없이 스스로를 수양했는데, 가장 중점을 두는 것은 삼감과 두려워함(경외敬畏)이었다. 사사로운 욕심에 빠지지 않도록 미리 경계하고, 두려워하는 마음가짐을 잃지 않도록 항상 스스로에게 다짐했다.

'숨어 있는 것만큼 잘 드러나는 것이 없으며, 미미한 것만큼 잘 나타나는 것이 없다'의 구절에서 '숨어 있는 것'은 쉽게 드러나지 않는 곳으로 인간의 마음속이라고 할 수 있다. 미미한 것은 아주 작고 사소한 일로 살아가면서 그리 중요하게 여기지 않는 것들이다. 사람들은 마음속에 있는 것이나 지극히 작고 사소한 일들은 쉽게 드러나지 않을 것이라고 여겨 함부로 하기 쉽다. 하지만《중용》에서는 역설적으로 이런 일들일수록 더 쉽게 알려지고, 감추려 할수록 쉽게 드러난다고 말하고 있다. 요행히 다른 사람에게 드러나지 않아도 스스로에게만큼은 감출 수가 없는 법이다. 당연히 하늘도 알고 있다.

평범한 사람들은 자신의 잘못이 남에게 알려지는 것이 두렵지만 진정한 군자는 자신이 바르지 못한 것을 견딜 수 없고 가장 수치스러워 했다. 그래서 군자는 홀로 있는 곳, 자기만 알고 있는 자신의 마음, 남들이 알지 못하는 일, 다른 사람이 보지 않는 곳, 홀로 있는 시간에 더욱 자신을 경계하고 가다듬었다. 자기절제, 자기성찰이 그것이며, 그렇게 스스로를 다스리는 자세가 바로 사람이 따라야 할 도다. 선비들은 그렇게 여겼다.

다스림이란
근본으로 돌아가는 것이다

사람의 마음속에는 누구에게나 희로애락의 감정이 있다. 그것이 아직 드러나지 않은 평온하고 안정적인 상태를 중中이라고 한다. 중은 하늘이 준 선한 본성이므로 천하의 근본이 되는 것이다. 그리고 희로애락의 감정이 질서에 맞게 발현해 조화롭게 되는 것을 화和라고 한다. 즉 감정이 바른 도리에 따라 행해지는 것으로, 화는 사람들이 일상의 삶에서 따라야 할 보편적인 도리가 된다. 사람이 바른 도리를 지켜 중화에 이른다는 것은 하늘의 본성을 완벽하게 지키는 것이다. 성인의 도라고 할 수 있는데, 그 도는 하늘이 다스리는 자연의 이치처럼 하늘과 땅이 제자리를 지키고, 만물이 잘 길러지는 것과 같다.

사람이 하늘이 준 본성을 잘 지키고, 올바른 도리에 따라 삶에서 실천하면 그 삶이 조화롭게 안정되며 성장하게 된다. 또한 세상 역시 조화롭게 어우러지는 세상이 된다.

하지만 천하를 논하기 전에 내 마음부터 다스리기가 참 힘들다. 마음이란 비록 내 속에 있지만 마치 내 것이 아닌 것처럼 제 마음대로다. 일상을 살다 보면 끊임없이 감정을 자극하는 일이 있고, 그 사건을 만드는 사람이 있다. 마음을 흔들고 마음을 잃게 만드는 일들이 생기는 것이다. 감정을 다스리지 못하고 발산함으로써 큰 곤란을 겪기도 하고, 반대로 감정을 묵혀둠으로써 마음의 병이 되기도 한다.

감정을 다스리려면 먼저 그 감정이 드러나기 전의 상태, 즉 평상시의

다산의 마지막 공부

마음을 다스리는 것이 우선이다. 평상시의 마음이 악함에 치우쳐 있거나, 사욕 때문에 욕심에 치우쳐 있거나, 비뚤어진 마음 때문에 편견과 선입견에 사로잡혀 있다면 외부의 반응에 조화롭게 대응할 수 없다. 평상시의 마음을 곧고 바르게 하여 지나치거나 치우치지 않도록 하는 것, 즉 '중'에 두는 것이 감정을 다스리는 근본이 된다. 마음을 '중'에 둔다는 것은 근본을 지키는 것이며, 하늘이 준 선한 본성을 지키는 것이다. 이럴 때 희로애락의 감정이 조화롭게 드러날 수 있다.

이를 위해서는 반드시 공부가 필요하다. 중용의 맨 첫 구절, "하늘이 명한 것을 본성이라 하고, 본성을 따르는 것을 도라고 하며, 도를 닦는 것을 가르침이라고 한다"가 일러주는 이치다.

···

초연함이란
무덤덤해지는 것이 아니라
치우치지 않는 중심을
배워 나가는 것이다.

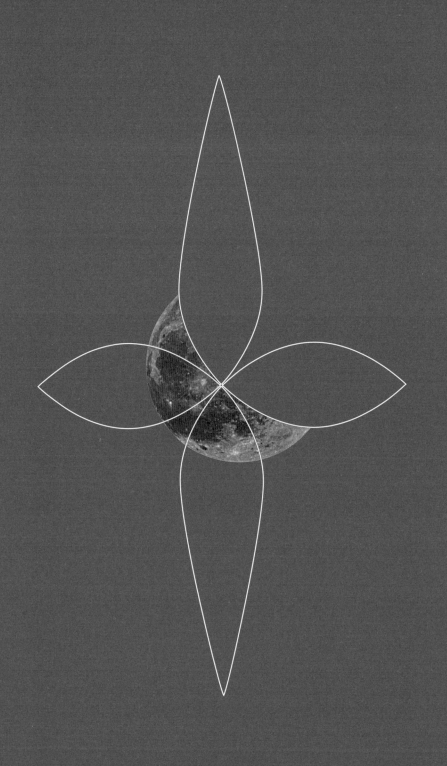

2장

거피취차

去彼取此

....

이상에 취하지 말고
일상에 몰두하라

자존심은 부끄러움을
아는 데에서 시작한다

詩云 潛雖伏矣 亦孔之昭 故 君子內省不疚 無惡於志 君子 之所不可及者 其惟人之所
不見乎 詩云 相在爾室 尚不愧于屋漏 故 君子不動而敬 不言而信
시운 잠기어 비록 엎드려 있으나 또한 심히 밝다"고 했다. 그러므로 군자
호 시운 상재이실 상불괴우옥루 고 군자부동이경 불언이신

《시경》에 이르기를 "잠기어 비록 엎드려 있으나 또한 심히 밝다"고 했다. 그러므로 군자
는 안을 살펴도 거리낌이 없고 그 뜻에 조금도 부끄러움이 없으니, 군자에게 미치지 못
하는 것은 오직 다른 사람이 보지 못하는 데 있다.
《시경》에 이르기를 "네가 홀로 방에 있을 때 깊이 살펴볼 것이니, 이때에는 방구석에도
부끄러움이 없어야 한다"고 했다. 그러므로 군자는 움직이지 않아도 공경을 받고, 말하
지 않아도 믿음을 얻는다.

_《중용》〈제33장〉

《논어》〈팔일〉에는 공자와 제자 자하의 대화가 나온다.

자하가 "'고운 웃음에 보조개가 곱고, 아름다운 눈에 눈동자가 또렷하
니, 흰 바탕에 무늬를 더하였네'라는 것은 무엇을 말하는 것입니까?"라고
묻자 공자가 대답했다.

"그림을 그리는 것은 흰 바탕이 있은 다음이라는 것이다."

"예는 나중이라는 말씀입니까?"

"나를 일으켜주는 자가 바로 그대로구나. 비로소 자네와 함께 시를 말
할 수 있게 되었구나."

다산의 마지막 공부

자하는 공문십철에 속하는 제자로 문장과 학문에 뛰어난 것으로 인정을 받았던 제자다. 차분하고 신중한 성격으로 학문에 큰 진전을 얻었지만 고지식하고 소극적인 면이 있었다. 그래서 공자는 자하에게 "군자와 같은 선비가 되어야지 소인과 같은 선비가 되어서는 안 된다"고 가르치기도 했다. 하지만 여기서는 공자에게 큰 칭찬을 듣는다. 《시경》의 구절을 인용해 스승에게 가르침을 구했고, 스승이 가르치는 바를 정확하게 알아냈기 때문이다.

공자는 시의 학문적, 철학적 깊이를 인정했고, 제자들에게 《시경》을 공부하기를 권했다. 자신은 물론 제자들도 시의 구절들을 인용해 대화하는 것을 좋아하고 칭찬했다. 앞의 대화에서 자하는 물론 제자들이 시의 구절을 인용하며 자신의 생각을 밝히면, "비로소 너와 더불어 시를 말할 수 있겠다"라고 칭찬을 아끼지 않았다.

《시경》은 《서경》, 《역경》과 함께 유교의 대표적인 경전으로 이 경전들을 합쳐 삼경이라고 부른다. 따라서 유가의 제자들이나 유교의 많은 고전들에서 다루고 있는데, 《중용》도 마찬가지다. 인용문에서 먼저 나오는 구절은 《시경》 〈소아小雅〉 '정월正月'에 나오는 시 가운데 일부다. '정월'은 '정월에 내리는 때 아닌 서리, 내 마음 시름으로 아프다'로 시작한다. 국정의 혼란스러움과 자신에게 닥친 억울한 상황을 시인은 노래하고 있는 것이다. 인용문에 나와 있지는 않지만 시의 앞 구절, '물고기 못 속에 있어도 즐겁다 할 수 없으니(어재우소 역비극낙魚在于沼 亦匪克樂)'에서 시인의 뜻은 분명해진다. 물고기는 물속에 있어도 밖에서 보면 환하게 보이므로, 아무리 감추려고 해도 감출 수가 없다는 것이다.

스스로에게 부끄럽지 않도록
항상 삼가라

이 인용문은《중용》제33장으로 맨 마지막 구절이다. 맨 첫 장이 책에서 말하고자 하는 핵심이라면 마지막 문장은 결론에 해당한다. 먼저, 연못의 물고기처럼 아무리 몰래 숨어서 감추려고 해도 허물은 다 드러나기 때문에 군자는 스스로를 수양함에 있어서 마음속을 깨끗하게 하고, 뜻을 세울 때도 부끄러움이 없어야 한다는 것이다. 보통사람들과 군자의 차이는 겉으로 드러나는 모습이 아니라 그 내면이 얼마나 충실하고 깨끗한지에 달려 있다. 겉모습은 얼마든지 꾸밀 수 있지만 내면의 깊이는 결코 흉내 낼 수 없기 때문이다. '군자에게 미치지 못하는 것은 오직 사람이 보지 못하는 것에 있다'가 바로 그것을 나타내는 구절이다.

다음 구절, "네가 홀로 방에 있을 때 깊이 살펴볼 것이니, 이때에는 방 구석에도 부끄러움이 없게 해야 한다"는《시경》〈대아大雅〉'억抑'에 실려 있는 구절이다. 앞에서도 언급되었지만 '억'은 위 무공이 스스로를 경계하기 위해 지은 시다. 한 나라의 왕이 자신을 다스리기 위해 시를 짓도록 하고, 그 시를 끊임없이 들으며 몸가짐을 바르게 했다는 것을 보더라도 지도자들이 반드시 지니고 체득해야 할 덕목들임을 알 수 있다.

《명심보감》에는 "군자의 잘못은 예로 막고 소인의 잘못은 법률로 막는다(예방군자 율방소인禮防君子 律防小人)"라고 실려 있다. 군자는 예에 어긋나지 않는지를 기준으로 행동하기 때문에 다른 사람의 이목에 관계없이 행동거지를 바르게 한다. 하지만 소인들은 도덕적 기준이 아니라 법률에 기준을 두기 때문에 법에 걸리지만 않으면 행동을 함부로 한다. 심지어 다른 사람에게 들키지 않으면 어떤 짓을 해도 거리낌이 없다. 시에서 '방구석에도 부끄러움이 없어야 한다'는 군자들의 도덕적 기준을 뜻하는 '신독'에 맞는 행동을 뜻한다. 그리고 이런 도덕적 기준에 따라 행동하는 군자는 굳이 드러내지 않아도 공경과 신뢰를 받게 된다. 그 내면에서부터 확고한 도덕적 기준이 정립되어 있다는 것을 사람들이 믿기 때문이다.

홀로 있을 때,
돌아보며 스스로를 정리하라

정약용은 신독이 장소적으로 한정(독처獨處)이 되어서는 안 된다고 강조한다. 신독이란 '혼자만 아는 일'로 넓게 해석이 되어야 하는데 '홀로 거처하는 곳'으로 해석함으로써, 외진 장소에서 악을 행하지 않도록 경계하는 것으로 한정되었다는 것이다.

사람들이 훤히 드러나고 크게 밝은 곳인 종묘와 조정의 자리에서는 그 안색을 바르게 하고 그 말을 잘하여 그 뜻이 하고자 하는 바를 행하지만, 그 행하는 바가 혹은 사사로움을 따르고 공익을 없애며, 혹은 파당을 지어 위엄을 세우고, 혹은 현인을 죽이고 백성을 해친다. 이런 일들이 소인들이 악을 행하는 것과 무엇이 다른가? 마음과 지식을 써서 간사하고 음험한 짓을 할 때, 다른 사람들은 충직하다 여기더라도 스스로는 자신의 간사함을 아는 경우가 매우 많다. 이와 같은 것들이 바로 남들은 알지 못하지만 자기 혼자서 안다는 것이 아니겠는가?

정약용은《심경밀험》에서 이와 같이 비판했다. 다산이 이처럼 거듭해서 '신독'에 대해 이야기하고 있는 까닭은 그 당시 당파로 인해 나라가 혼란스러운 것과 개인적인 원한에 의해 귀양살이를 해야 했던 억울함 때문일 것이다.

《후한서》에 실려 있는 양진의 고사는 신독의 실증적 사례다. 양진이 동래태수로 부임할 때 창읍현昌邑縣에서 하룻밤을 쉬게 되었는데 예전에 은혜를 입었던 그곳의 현령 왕밀王密이 밤늦게 황금 열 근을 싸가지고 숙소로 찾아갔다. "이 일을 아는 사람은 아무도 없을 터이니 부담 없이 저의 성의를 받아주십시오"라고 하며 왕밀이 황금을 내밀자 양진은 이렇게 꾸짖었다. "하늘이 알고 신이 알고 내가 알고 자네가 아는데 어찌 아는 자가 없단 말인가?" 청렴결백한 관리의 예로 많이 인용되는 '사지四知(천지 신지 아지 자지天知 神知 我知 子知)의 고사'다.

다산은 공직자란 사람들이 모르는 일이라고 해도 스스로에게 부끄러운 일은 하지 말아야 한다고 강조했다. 비록 겉보기에는 그럴 듯하게 행동하지만 그 일이 바르지 않다면 소인들이 악을 행하는 것과 다름이 없다는 것이다. 다산의 관점에서 보면 옳고 그름의 가치판단은 남이 아니라 자기 양심에 달려 있다. 다른 사람이 보기에 용납할 수 있어도 자신의 양심에 거리끼다면 받아들여서는 안 된다.

하지만 오늘날 우리는 도덕적 기준을 스스로에게 두지 않는다. 어떤 잘못을 저질렀어도 밝혀지지 않으면 그만이라고 생각하기 때문이다. 명백

다산의 마지막 공부

한 증거가 있어도, 세상사람 모두가 알고 있어도, 법률에 의해 강제되기 전까지 자신의 잘못을 인정하는 사람은 드물다. 심지어 법에 의해 죗값을 치르는 사람조차 자기는 억울한 피해를 입었다고 주장하는 경우도 많다. 자기최면을 걸어 스스로는 잘못이 없고 깨끗하다고 생각하는 것일지도 모르겠다.

물속에 잠겨 있는 물고기가 물밖에서 보면 훤히 보이는 것처럼 아무리 감추려 해도 거짓은 드러난다. 남은 물론 자신마저 속이려고 해도 그 기미가 말과 행동에서 훤히 드러나게 되는 것이다. 잘못을 저질렀거나 감추고 싶은 일이 있다면 솔직하게 그 사실을 인정하고 반성하는 것이 최선의 해결책이다. 최소한 부정한 사람이라는 비난에 비굴함까지 덧입혀지지 않는 길이다.

"군자는 움직이지 않아도 공경을 받고, 말하지 않아도 설득한다."

내면이 깨끗한 사람은 굳이 나타내지 않아도 겉으로 드러나게 되고, 사람들의 믿음을 받게 된다. '도'가 몸과 마음에 체득되어 의식하지 않고, 노력하지 않아도 드러나는 경지다.

...

**자존심이란 타인이
나를 무시했을 때가 아니라
스스로가 자신에게 거는 기대에 도달하지 못했을 때
부끄러움을 느낄 줄 아는 감정이다.**

스스로에게
모든 정성을 다하라

誠其意者毋自欺也 此之謂自謙 故君子必愼其獨也 小人閒居爲不善 無所不至 見君子
而後厭然 揜其不善 而著其善 此謂誠於中 形於外
성기의자무자기야 차지위자겸 고군자필신기독야 소인한거위불선 무소부지 견군자
이후염연 엄기불선 이저기선 차위성어중 형어외

그 뜻을 성실히 한다는 것은 스스로 속이지 않는 것이다. 이것이 스스로 삼감이니,
군자는 반드시 홀로 있을 때 신실해야 한다. 소인은 한가하게 있을 때에 못하는
짓이 없다가 군자를 보고 난 뒤에 슬며시 나쁜 행실을 가리고 선한 것만 드러낸다.
이를 일컬어 '내면의 성실함이 겉으로 드러난다'고 하는 것이다.

_《대학》〈전傳 6장〉

《대학》은 《예기》 49편 가운데 하나로 제42편에 실려 있다. 함께 《예기》에
실려 있는 《중용》과 《논어》, 《맹자》와 함께 사서四書로 불리는 유교의 핵심
적인 경전 가운데 하나다. 《대학》의 저자를 두고 여러 가지 학설이 있는데,
주자는 《대학》을 경經 1개 장과 전傳 10개 장으로 나눈 다음 경은 공자의 말
을 제자인 증자가, 전은 증자의 말을 그 제자들이 기록했다고 주장했다. 경
은 성인聖人인 공자의 말, 전은 성인에 버금가는 현인賢人인 증자의 말이라는
것이다.

《대학》의 명칭은 두 가지로 생각할 수 있다. 하나는 오늘날과 같이 국

다산의 마지막 공부

가의 최고 교육기관으로 보는 것이고, 또 다른 하나는 어른의 공부(대인지학大人之學)로 보는 것이다. 즉 나라의 어른이라고 할 수 있는 통치자나 사회 지도층을 위한 학문이다. 《대학》은 유교의 경전 가운데 가장 체계가 잘 갖춰져 있는데, 바로 삼강령과 팔조목으로 유학의 기본 구조를 밝히고 있다. 삼강령이란 명명덕明明德(밝은 덕을 밝게 드러내다), 친민親民(덕으로 백성을 새롭게 하다), 지어지선止於至善(지극히 선함에 이르다)으로 대인으로서 지켜야 할 바를 알려준다. 팔조목은 격물格物(세상 이치를 파고든다), 치지致知(지식과 지혜를 확고하게 하다), 성의誠意(뜻을 성실히 하다), 정심正心(마음을 바르게 하다), 수신修身(스스로를 수양하다), 제가齊家(집안을 바르게 다스리다), 치국治國(나라를 잘 다스리다), 평천하平天下(세상을 평안하게 하다)로 구체적인 실천법이다.

공자로부터 비롯된 유교의 기본적인 이치는 먼저 자기 자신을 바르게 하고, 그 다음 가족과의 관계를 바르게 세운 다음 그것을 기본으로 삼아 사회, 국가로 넓혀나간다. 팔조목에서 격물, 치지, 성의, 정심을 통해 수신을 한 다음 가족과 나라, 나아가 세상을 평안하게 하는 것과 같다. 우리가 잘 아는 '수신제가치국평천하修身齊家治國平天下'가 바로 《대학》에서 비롯된 말로 유교의 기본사상인 수기치인修己治人을 구체화한 것이다.

가장 나쁜 거짓은
스스로에게 행하는 거짓이다

앞의 구절은 팔조목의 세 번째인 성의誠意를 해설한 것이다. 성誠은 중용의 가장 중요한 개념으로서 '하늘의 도'라고 했고, 그 성을 이루기 위해 노력하는 것을 '사람의 도'라고 했다. 《대학》에 실려 있는 이 구절에서 성이란 스스로를 속이지 않는 것으로 하늘이 준 본성에 충실한 것이라고 보았다. 사람들이 본능적으로 나쁜 냄새를 싫어하고 좋은 빛을 좋아하는 것처럼, 악을 싫어하고 선을 좋아하는 것은 하늘이 준 선한 본성에 충실한 것이다. 또한 이러한 본성에 충실한 것은 다른 사람에게 보이기 위함이 아니라 스스로 만족하는 데 있다. 따라서 군자는 다른 사람이 보든 안 보든 자기 자신을 가다듬고 수양하는 데 최선을 다한다. 그것의 대표적인 모습이 바로 홀로 있을 때 삼가는 것이다. 그 원문이 '신독'으로 널리 알려진 군자의 수양법이다.

앞에서 '소인이 한가하게 있을 때에 못하는 짓이 없다가 군자를 보고 난 뒤에 슬며시 나쁜 행실을 가리고 선한 것만 드러낸다'고 했던 것은 단순히 나쁜 행위(불선不善)라는 부정적인 측면에서의 행실만을 꾸짖는 것은 아니다. 남들이 볼 때에만 선한 척하는 이중적인 처신을 문제삼은 것이다.

인간이 스스로의 나쁜 행실을 숨기고 가리려고 하는 것은 기본적으로 하늘이 준 본성이 남아 있기 때문이다. 맹자가 말했던 사단 가운데 '의롭지 못한 것을 부끄럽게 여기는 마음', 즉 수오지심으로 말미암는다. 정자程子는 "마음속에는 항상 두 사람이 있는 것 같아서, 선을 행하고자 하면 그 사이에 끼어드는 악이 있는 것 같고 불선을 행하고자 하면 또 부끄러워 하는 마음이 있는 것 같으니, 이것은 바로 마음속에서 선과 악이 서로 싸우는 증거다"라고 말했다. 이를 보면 선한 사람에게도 유혹과 욕망에 따르고 싶은 마음이 있기 마련이고, 끊임없이 그 다툼을 이어가야 하는 것이 사람이라면 누구나 겪어야 하는 삶일지도 모른다.

하지만 아무리 감추려고 해도 그 모든 것이 드러나고 만다. 《논어》〈위정〉에는 "그 사람이 하는 행동을 보고, 그 이유를 잘 살피고, 그 사람이 만족하는 바를 잘 관찰해보아라. 사람들이 어떻게 자신을 숨길 수 있겠는가? 숨길 수 있겠는가?(시기소이, 관기소유, 찰기소안 인언수재 인언수재視其所以 觀其所由, 察其所安 人焉廋哉! 人焉廋哉)"라고 실려 있다. 한 사람의 행동과 동기를 잘 관찰하면 누구라도 속마음이 드러나며 자신을 감출 수 없다는 말이다. 물론 이처럼 사람의 마음을 꿰뚫어볼 수 있는 것은 비범한 능력이라고 할 수 있다. 하지만 평범한 사람들이라고 해도 많은 사람들이 살펴보면 진실이 드러난다. 증자가 말했던, '열 눈과 열 손가락이 가리키니 무섭구나'가 바로 이를 가리킨다.

'내면의 성실함,' 즉 존재의 올바름은 행동으로 드러난다. 존재가 옳지 않은 사람이 아무리 겉을 꾸미고 선한 행동을 하더라도 결국은 드러나고 만다. 잠깐 동안 겉을 꾸밀 수 있어도 내면으로부터 자연스럽게 우러나오지 않는 행동은 계속되기 어렵다. 군자는 바로 이 이치를 알고 깊이 깨닫고 있기 때문에 스스로를 삼갈 수밖에 없다.

바로 지금,
오늘에 모든 정성을 다하라

아무리 옳은 길을 가고자 다짐한다고 하더라도 대다수 사람들에게는 어쩔 수 없는 한계가 있다. '아무도 보는 사람이 없는데', '이런 작은 일쯤이야', '이번 한 번만 하자' 등 사소한 유혹에서 자유롭기는 힘들다. 혹은 좀 더 대담하게 신념화해서 '본능에 충실하자', '오늘을 즐기자', '한 번뿐인 인생인데'라며 합리화하기도 한다. 요즘 유행하는 '욜로^{YOLO}(You only live once)'나 한때 유행했던 '카르페 디엠^{Carpe Diem}'과 같은 용어가 이러한 세태를 잘 나타내는 말이다. 하지만 이 말들의 진정한 뜻은 우리가 흔히 알고 있는 방만한 삶의 방식을 뜻하지 않는다. '카르페 디엠'은 라틴어로서 로마 시인 호라티우스가 쓴 농사에 관련한 시에 실려 있는 구절이다. 시의 마지막 구절 '오늘을 붙잡게, 내일이라는 말은 최소한만 믿고'는 한 해 동안 땀 흘린 대가로 수확하는 기쁨을 마음껏 누리라는 말이다. 오늘만큼은 내일의 걱정으로 고민하지도 말고, 내일의 희망을 위해 전적으로 오늘을 희생하지도 말라는 것이다.

하늘이 사람들에게 준 것 중에 가장 공평한 것이 시간이다. 어떤 부유한 사람도, 최고의 권력을 가진 사람도 다른 사람들보다 더 많은 시간을 가질 수 없다. 아무리 비천한 사람도, 어려운 상황에 처한 사람도 마찬가지다. 그 시간 중에서 오직 우리의 것이라고 할 수 있는 것, 우리의 뜻대로 할 수 있는 것은 바로 오늘, 현재뿐이다. 과거는 이미 지나갔으니 우리 것이라 할 수 없다. 미래 역시 아직 오지 않았다. 마치 외상처럼 당겨 쓸 수도 없으니 역시 우리 것이 아닌 것이다. 따라서 우리는 오직 우리의 것인 오늘에 충실해야 한다. 바로 오늘, '내면의 성실함'을 채워가야 하는 것이다. 사람의 혀나 펜에서 나오는 말 중에 가장 슬픈 것은 "그랬더라면 좋았을 텐데"라고 한다. 결코 고칠 수 없는 과거를 후회하며 오직 내 것, 내 마음

다산의 마지막 공부

대로 할 수 있는 오늘을 허비하고 있기 때문이다.

인용문에 함께 실린 원문에는 '부는 집안을 윤택하게 하고 안락한 삶을 보장한다'가 있다. 하지만 아무리 부유하다고 해도 마음의 윤택함에 비할 수 없다. 《격언련벽》에 있는 "곤욕이 근심거리가 아니라 곤욕을 괴로워하는 것이 근심이다. 부귀영화가 즐거움이 아니라 그 영화를 잊어버리는 것이 진정한 즐거움이다(곤욕비우 취곤욕위우 영리비락 망영리위락困辱非憂 取困辱爲憂 榮利非樂 忘榮利爲樂)"라는 말이 이것을 잘 말해준다. 부유하든 가난하든 행복은 마음의 윤택함에 달려 있다는 의미다.

군자는 이것을 알기 때문에 덕을 닦고 수양을 계속하는 것이다.

...

오늘은 어제와 내일을 잇는 다리다.
따라서 오늘에 성실함을 채워나가야
비로소 과거는 과거가 되고, 미래는 미래가 된다.

마음을 정돈하고 싶다면
몸부터 바르게 하라

所謂修身 在正其心者 身有所忿懥則不得其正 有所恐懼則不得其正 有所好樂則不得
其正 有所憂患則不得其正 心不在焉 視而不見 聽而不聞 食而不知其味 此謂修身 在
正其心
소위수신 재정기심자 신유소분치즉부득기정 유소공구즉부득기정 유소호락즉부득기
정 유소우환즉부득기정 심부재언 시이불견 청이불문 식이부지기미 차위수신 재정기심

수신이 그 마음을 바르게 함에 있다는 것은, 몸에 분하고 노여워하는 바가 있다면 그 바
름을 얻을 수 없고, 두려워하는 바가 있어도 그 바름을 얻을 수 없고, 좋아하고 즐기는 바
가 있어도 그 바름을 얻을 수 없고, 근심하고 걱정하는 바가 있어도 얻을 수 없다. 마음이
없으면 보아도 보이지 않고, 들어도 들리지 않고, 먹어도 그 맛을 알지 못한다. 이를 일러
수신은 그 마음을 바르게 함에 있다고 하는 것이다.

_《대학》〈전 7장〉

《대학》〈전 7장〉의 전문으로 팔조목 중에 정심과 수신에 대해서 풀이한 글
이다. 팔조목에서는 둘을 따로 두었지만 여기서는 수신이란 곧 정심, 몸을
수양하는 것은 마음을 바르게 하는 데 있다고 했다. 그리고 바른 마음을 갖
기 위해 피해야 할 네 가지 마음의 상태를 말하고 있는데, 바로 분치忿懥(분
노와 원망), 공구恐懼(무서움과 두려움), 호락好樂(좋음과 기쁨), 우환憂患(근심과 걱
정)이다. 비슷한 뜻을 가진 두 말이 반복되는 것은 그만큼 강력하다는 의미
다. 이런 마음들이 있다면, 희로애락喜怒哀樂의 감정을 다스리지 못해 바른 마
음을 가질 수 없고, 수신의 길로 갈 수 없다. 하지만 아무리 성인이라고 해

도 사람인 이상 감정에서 자유로울 수는 없는 법이다.

《논어》〈헌문憲問〉에서 '공자께서 말씀하시기를, 군자의 도가 셋이 있는데 나는 그 하나도 제대로 못하고 있다. 인한 이는 근심하지 않고 지혜로운 이는 미혹하지 않고 용감한 이는 두려워하지 않는다(자왈군자도자삼 아무능언 인자불우 지자불혹 용자불구子曰君子道者三 我無能焉 仁者不憂 知者不惑 勇者不懼)'라고 실려 있다. 공자조차 인간적인 감정을 다스리지 못하는 어려움을 토로하고 있는 것이다. 공자는 군자로서 이러한 감정들로부터 평정심을 유지할 수 있어야 하는데 스스로 그에 미치지 못함을 안타까워했다. 물론 공자는 겸손하게 자신을 낮춰 말했을 뿐이고 실제로 스스로를 다스리지 못했던 것은 아니다. 제자 자공이 "스승님께서는 스스로에 대해 말씀하신 것이다"라고 했던 것은 공자는 이미 그 경지에 도달했다는 것을 말해준다.

"마음이 없으면 보아도 보이지 않고, 들어도 들리지 않고, 먹어도 그 맛을 알지 못한다." 이 구절은 마음과 몸의 연관성을 말하고 있다. 흔히 이 문장만을 따로 떼어서 '사람은 자신이 보고 싶은 것만 본다'는 인지심리학이나, 몰입과 집중의 중요성을 설명하기도 한다. 마음을 집중하지 않고 설렁설렁 일을 대하면 그 실상을 제대로 알지 못하고, 그 의미도 제대로 파악하지 못해 결과를 만들어내지 못한다는 것을 말하기 위해 이 구절을 인용하는 것이다. 물론 이러한 해석도 충분히 의미가 있고 설득력이 있지만 문장의 전체적인 맥락을 보면 그보다는 수신(몸을 닦는 것)과 정심(마음을 바르게 하는 것)의 상관관계를 말하고 있다고 보인다.

이어지는 문장인 '이를 일러 수신이라 하니 그 마음을 바르게 함에 있다'와 연결해서 읽어보면 그 의미가 분명해진다. 몸을 닦는 수신의 시작은 마음을 바르게 하는 데 있고, 마음이 없다면 몸의 수양은 이루어질 수 없다. 주자가 "마음을 제대로 지키지 못하면 그 몸도 바르게 할 수 없다. 이 때문에 군자는 반드시 마음이 바르게 지켜지는지를 살펴서 삼감으로 마음을 굳게 한다. 그런 뒤에야 마음은 오랫동안 지켜질 수 있게 되어, 몸도 닦이지 않는 바가 없게 된다"고 말했던 것이 이를 말해주고 있다.

있는 그대로를 받아들이되 물들거나 흔들리지는 마라

감정을 잘 다스리는 것은 보통 어려운 일이 아니다. 그래서 성현들조차 감정을 다스리지 못하는 어려움을 말하고 있고, 수많은 고전에서 마음을 다스리라고 되풀이해서 강조하고 있다. 그러면 정심, 즉 바른 마음을 갖기 위해서는 어떻게 해야 할까? 송 말기 학자 김이상金履祥이 했던 말에서 단초를 찾을 수 있다.

분노와 원망, 무서움과 두려움, 좋음과 기쁨, 근심과 걱정, 이 네 가지는 희로애락이 발현된 것이니 마음의 쓰임이다. 따라서 사람에게는 없을 수가 없는 것이다. 그런데 어찌하여 희로애락을 미워하면서 그 바름을 얻지 못하겠다고 하는가? 무릇 화를 내야 하면 화를 내되 그 화를 다른 사람에게 옮기지 말아야 하고, 두려우면 두려워하되 지나치게 겁을 내어서는 안 되며, 좋으면 좋아하되 지나친 욕심이 되어서는 안 되고, 근심할 만하면 근심하되 마음이 상할 정도로 해서는 안 된다. 이렇게 해야 마음의 본체와 그 쓰임이 바르게 되는 것이다. … 기뻐하고 화내고 근심하고 두려워하는 바가 없어서 모든 것이 없어지는 경지가 되는 것도 진실로 마음의 올바른 본체가 아니고, 기뻐하고 화내고 근심하고 두려워하는 바가 있어서 무언가에 붙들려 잡히는 잘못도 마음의 올바른 쓰임이 아니다. 오로지 일이 이르게 되면 그에 맞게 응하고 떠나가면 미련을 남기지 않는 것, 이것이 바름이다.

김이상은 희로애락의 감정 자체가 나쁜 것이 아니라, 그 감정을 조화롭고 적절하게 발현하지 못하는 것이 문제라고 했다. 아예 감정이 드러내지 않거나, 반대로 감정에 지나치게 붙들려 과격하고 심각해지는 것이 바른 마음은 아니라는 것이다. 지나치거나 모자라지 않게, 어느 한쪽에 치우치지 않게, 과격하지 않게, 남에게 피해를 주지 않고 옳고 마땅하게 감정을 발현할 수 있다면 그 자체가 올바름이며 중용의 도에 맞는 것이다.

또한 '일이 이르게 되면 그에 맞게 응하라'는 말은 때와 상황에 맞게 감정을 표현할 수 있어야 한다는 의미다. "군자가 중용을 따르는 것은 때에 맞게 행동함이요, 소인이 중용에 어긋나는 것은 거리낌이 없음이다."《중용》에 실려 있는 이 말처럼 때와 장소, 상황에 맞지 않는 감정의 발산은 스스로는 물론 주위의 사람들에게 피해를 주게 된다. 여기서 거리낌이 없다는 것은 지금도 흔히 쓰는 '기탄이 없는 것(무기탄無忌憚)'이다. '기탄없이 말하라'는 권유를 들었다면 솔직하게 이야기하되 예로써 절제할 수 있는 지혜가 있어야 한다. 결국 평상시에 평온하고 안정된 마음을 유지하고, 감정이 드러나는 순간이 왔을 때 무조건 감정을 절제하는 것이 아니라 조화롭게 표현함으로써 중용의 도를 지키는 것이 마음을 바르게 하는 것이다. 쉽게 말해 공자가 말했던 과유불급過猶不及이 뜻하는 바와 같다.

자신을 믿지 못하면
쉽게 분노하게 된다

감정 가운데 가장 다스리기 어렵고 자신뿐 아니라 다른 사람에게 직접적인 피해를 줄 수 있는 감정은 분노다. 근심과 슬픔도 다른 사람에게 감정적인 악영향을 줄 수 있지만 분노는 직접적으로 피해를 입히게 된다. 오늘날은 분노의 시대로 정의될 만큼 화를 절제하기 힘든 시대다. 사회적으로도 경제난, 양극화, 취업난 등 불공정하고 부조리한 상황이 분노를 부른다. 개인적인 범위에서는 '분노조절장애'라는 심리학적 용어가 유행할 정도로 분노를 조절하지 못하는 사람 또한 늘고 있다. 사회적인 관점에서는 불평등, 불공정이 사람들에게 의로운 분노를 불러일으키지만, 개인적인 관점에서 봤을 때는 이로 인해 야기되는 자존감의 훼손이 가장 큰 요인이라고 할 수 있을 것이다.

사람들은 자존심이 상했을 때 화를 내지만 실상은 자존감이 낮은 사람들이 쉽게 자존심을 다치게 되고 감정을 조절하지 못하는 경우가 많다. 높은 자존감을 가진 사람들은 스스로의 가치를 높이 보고, 자기 삶에 확고한 의식이 있기 때문에 사소한 자극에 쉽게 흔들리지 않는다. 하지만 낮은 자존감을 가진 사람은 작은 자극에도 쉽게 흔들리고 자존심이 무너졌다고 느끼기에 분노를 참지 못하게 된다. 그리고 심해지면 파멸에까지 이르게 되는 것이다.

〈명심보감〉에는 "한때의 분함을 참으면 백날의 근심을 면한다(인일시지 분 면백일지우忍一時之忿 免百日之憂)"라고 실려 있다. 이 참음의 힘을 주는 것이 바로 수신과 정심이다. 특히 수신과 정심은 사람을 이끄는 지도자에게는 반드시 필요한 덕목이다. 권력과 권한을 가진 지도자가 감정을 절제하지 못할 때 그 폐해는 자신 뿐 아니라 조직에 심각한 악영향을 끼친다. 함부로 분노를 발산하고, 작은 위기 앞에서 두려워 떨고, 쾌락과 방탕으로 시간가는 줄 모르고, 작은 일에도 걱정과 근심이 떠나지 않는다면 그 지도자를 누가 진심으로 믿고 따를 수 있겠는가. '수신제가치국평천하'가 의미하듯이 큰 꿈이 있다면 그 첫걸음이 바로 수신이다. 그리고 수신은 정심에서 비롯된다.

...

**주변을 바꾸고 싶다면
자신부터 바꿔야 한다.
스스로를 바꾸고 싶다면
마음부터 지켜야 한다.**

배우고자 하는 자세를
습관으로 만들어라

禮樂不可斯須去身 致禮樂之道擧而錯之天下 無難矣
예악불가사수거신 치예악지도거이착지천하 무난의

예와 악은 잠시라도 몸에서 떠날 수 없다.
예와 악으로 다스리면 천하를 다스리는 일이 어렵지 않다.

_《예기禮記》〈악기樂記〉

〈악기〉는 중용, 대학과 마찬가지로 《예기》에 실려 있는데 49편 가운데 제 19편이다. 앞의 구절은 〈악기〉에서 예악禮樂과 마음의 관계를 말해주고 있 는 요절이다. 《논어》를 보면 공자가 군자로서 반드시 갖추어야 할 덕목인 예 못지않게 시와 음악에 대해서도 그 중요성을 강조하고 있다. 〈태백〉에 실려 있는 "시로써 감성을 풍부하게 하고, 예로써 바로 서고, 음악으로써 완성한다(흥어시 입어례 성어락興於詩 立於禮 成於樂)"의 구절이 예악의 중요성을 잘 말해주고 있다.

공자는 시와 예, 그리고 음악을 동격으로 인정했다. 오히려 음악으로써 완성된다고 결론을 내리고 있으니 음악을 가장 높이 평가한다고도 볼 수 있다. 〈팔일〉에 실려 있는 "사람이 인하지 못하다면 예를 지켜서 무슨 소용인가? 사람이 인하지 못하다면 음악을 한들 무슨 소용인가?(인이불인 여예하 인이불인 여락하人而不仁 如禮何 人而不仁 如樂何)" 역시 예와 음악이 공자가 추구했던 최고의 덕목인 인을 이루는 데 반드시 필요하다는 것을 둘러서 말해주고 있다.

공자는 하늘이 준 사람의 선한 본성을 잘 보존하기 위해 자기수양(충忠)을 강조했고, 그것을 조화롭게 세상에 드러낼 수 있도록 배려와 사랑(서恕)을 강조했다. 그리고 이런 충과 서의 정신이 잘 발현된 상태를 화和라고 하며, 화를 이루기 위한 길로 조화의 예술인 음악을 항상 접하고 몸에 익혀야 한다고 가르쳤다.

〈악기〉는 왜 공자가 이처럼 음악을 강조했는지를 이론적으로 잘 설명해주고 있는 경전이다. 단순히 공자가 예술적인 성향이 강해서가 아니라 공자가 원하는 훌륭한 정치, 조화로운 세상을 만드는 데 시와 음악이 반드시 필요하다는 주장을 담고 있다.

앞에 소개된 〈악기〉 구절의 핵심은 "예와 악이 있으면 천하를 다스리는 일이 어렵지 않다"다. 그 근거가 바로 음악이 줄 수 있는 조화와 즐거움이다. 음악은 사람의 마음을 화평하게 하고, 예는 사람의 마음을 절도 있게 한다. 절도에 맞게 통치되면서 즐거움과 조화로움이 함께한다면 최상의 정치라고 할 수 있을 것이다. 《맹자》에는 '여민동락如民同樂'의 성어가 실려 있는데, 훌륭한 임금은 백성과 함께 즐거움을 나눈다는 뜻이다. 그 즐거움을 주는 것이 바로 음악이다.

타인의 결을 민감하게
받아들일 줄 아는 선비다움

음악이 줄 수 있는 또 한 가지는 예와 함께 군자의 수양을 완성시켜주는 역할이다. 〈악기〉에서 "악을 알면 예에 가깝다. 예악을 모두 얻으면 덕이 있다(지락즉기어례의, 예악개득위지유덕知樂則幾於禮矣, 禮樂皆得謂之有德)"라고 했다. 음악은 마음을 다스리고 예는 몸을 다스리는 덕목인데, 반드시 이 둘이 함께해야 한다. 그래야 수양의 목적이자 결과인 덕을 얻을 수 있기 때문이다. 공자는 덕을 얻는 것을 군자의 최고의 경지로 보았고, 덕으로 정치하는 것을 정치의 최고 가치로 삼았다. 《논어》에 실려 있는 '위정이덕爲政以德'의 성어가 이를 실감나게 말해준다. "덕으로 정치를 하는 것은 북극성은 제자리에 있고 모든 별들이 그를 받들어 따르는 것과 같다."

음악을 항상 곁에 두고 연마해 극진한 수준에 도달하게 되면(치致) 마음이 다스려진다. 조화롭고, 곧고, 자애롭고, 신실한(이직자량易直子諒) 마음이 풍성하게 생겨나서 자리 잡게 되는 것이다. '조화롭고 곧고 자애롭고 신실한 마음이 생겨나면 즐겁게 되고, 즐겁게 되면 편안해지고, 편안해지면 오래갈 수 있고, 오래가면 하늘처럼 되고, 하늘처럼 되면 신령해진다'는 구절은 음악을 통해 마음이 조화롭게 되면 얻을 수 있는 이점을 단계적으로 말하고 있다. 공자는 "아는 것은 좋아하는 것만 못하고, 좋아하는 것은 즐기는 것만 못하다"고 했지만 음악의 경지는 즐거움의 차원을 넘어 신의 경지에까지 이르고 있다. 하늘처럼 되고, 신의 경지에 이른다는 것은 수양의 경지가 사람의 차원을 넘어선다는 말이다.

다산의 마지막 공부

물론 음악을 통해 신의 경지에까지 이를 수 있다는 주장을 선뜻 받아들이기는 힘들다. 하지만 사람의 선한 본성은 하늘로부터 받은 것이고, 그 본성을 회복하기 위해 끊임없이 수양을 거듭했던 옛 선비들이 자기수양의 끝을 하늘처럼 되는 데 두는 것이 크게 과장된 생각은 아닐 것이다.

음악을 공부한다는 것은 오늘날의 관점에서 보면 감성을 키우는 것이다. 즐겁고 행복한 삶을 살아가는 데 반드시 감성이 필요하다는 측면에서 보면, 고전에서 말하는 바가 충분히 공감이 된다. 물론 오늘을 살아가면서 옛 선비들처럼 거문고와 비파를 항상 곁에 두고 수양을 하듯이 치열하게 음악을 할 수는 없다. 다만 음악을 가까이 하는 취미 하나쯤 가지게 된다면, 일상에서 음악을 편하게 들을 수 있는 여유를 가진다면 삶이 보다 조화롭고 윤택해질 수 있을 것이다.

특히 사람들을 이끄는 리더에게는 공감하고 배려하는 감성이 반드시 필요하다. 지나치거나 모자라지 않은 조화의 능력 역시 감성으로부터 얻을 수 있다. 따라서 감성능력을 키우는 음악을 취미로 두는 것은 오늘날 리더에게는 선택이 아니라 필수일지도 모르겠다.

이성과 감성, 어느 한쪽으로 치우치지 않는 조화

한편 예를 공부한다는 것은 사람답게 사는 이치를 배운다는 점에서 이성적 능력을 키워나가는 것이다. 또한 사람과의 관계를 바르게 정립해 나가는 것이다. 하지만 단순히 지식을 얻는 차원에 그쳐서는 안 된다. 스스로 변화되어 삶과 일에서 구현할 수 있어야 진정한 공부라고 할 수 있다.《비망록備忘錄》에는 이렇게 실려 있다.

> 대저 경經을 말하고 도를 논하는 것은 재능과 지식이 있는 자가 할 수 있다. 하지만 용모를 드러내고 두루 행하는 일이 예에 맞는 것은 실천이 쌓여 습관이 본성으로 변화된 사람이 아니면 할 수 없다. 그러므로 경중을 따져보면 행하는 것이 아는 것보다 무겁지만, 그렇다고 경을 말하고 도를 논하는 것이 가벼운 일이라는 이야기는 아니다. 단지 말만 하고 내실이 없으면 바로 이것이 병통病痛이 된다. 성현들의 가르침은 배우는 사람들이 일을 행하는 데에서 구하여 얻도록 함이었다.

《비망록》에 실린 이 글은 공부와 수양이 평생을 두고 계속되어야 하는 이유를 말해준다. 그리고 그 공부란 단순한 지식의 습득이 아니라 '배우는 습관이 천성처럼 되어야 하는 것이다(습여성성習與性成).' 그래야 배운 것이 삶과 일에서 구현될 수 있다. 감성을 키우는 음악(악樂)도 마찬가지다. 단순한 음악과 관련된 지식이나 악기를 연주하는 기능이 아니라 삶에서 즐기고 마음의 안정을 찾는 차원이 되어야 한다. 음악을 접하는 것도 취미를 넘어 습관이 되어야 하는 것이다.

공자가 예악을 강조하면서 어느 것 하나 소홀히 해서 안 된다고 했던 주장을 오늘날의 관점에서 풀어 이야기하자면 이성과 감성이 겸비된 사람을 추구한 것이다. 사람들을 이끄는 지도자라면 이러한 감성과 이성, 그리고

다산의 마지막 공부

지성이 내면에서 조화를 이루어 용모와 행실에서 자연스럽게 배어나올 수 있어야 한다. 그래야 말하지 않아도 사람들이 듣고, 이끌지 않아도 사람들이 따른다.

...

감성이란 축적된 지식에서
우러나오는 것이 아니다.
타인을 마치 자신처럼
이해하고 받아들이고자 하는
노력이 쌓여 몸에 새겨져야
느낄 수 있는 능력이다.

지식은 시간이 지나면서
머릿속에서 사라진다.
그러나 공부하며 축적해갔던
사유의 시간만큼은
머리가 아닌 몸에 새겨진다.

_《인생의 밀도》중에서

지키고 싶다면
벽을 세우지 말고 속을 채워라

君子 反情以和其志 比類以成其行 姦聲亂色不留聰明 淫樂慝禮不接心術 惰慢邪僻之
氣不設於身體 使耳目鼻口心知百體 皆由順正以行其義
군자 반정이화기지 비류이성기행 간성난색불류총명 음악특례부접심술 타만사벽지기
불설어신체 사이목비구심지백체 개유순정이행기의

군자는 바른 성정을 회복함으로써 뜻을 조화롭게 하고, 좋은 무리를 따라서 그 행실을
이룬다. 간사한 소리와 마음을 어지럽히는 색을 눈과 귀에 머물게 하지 않고, 음란한 음
악과 사특한 예를 마음에 접하지 않도록 한다. 게으르고 교만하며 간사하고 편벽된 기
운을 신체에 베풀지 않도록 하고, 이목구비와 마음과 온몸을 다해 올바른 길을 따라서
의로움을 행한다.

_《예기》〈악기〉

고전에서 소인과 대비해 쓰는 군자란 명확하게 규정된 존재가 아니다. 먼
저 인격이 훌륭한 사람을 이르고, 그 다음은 학식이 뛰어난 사람을 군자라
고 한다. 신분상으로는 군주를 보좌하는 신하, 사대부를 말한다. 하지만 군
자는 대부분 앞에 열거한 세 가지를 모두 겸한 사람을 가리킬 때가 많다.

　군자가 되기 위해 필요한 조건은 몸과 마음의 수양을 멈추지 않는 것
이다. 그것을 위해서는 반드시 성찰하는 자세로 바른 성정과 뜻을 지키고,
올바른 벗과 환경을 가려 사귐으로써 행실을 완성해가야 한다. 음란한 음
악을 멀리하고 아름답고 조화로운 음악을 가까이 하는 것도 필요하다. 예
문의 앞에 실려 있는 문장을 보면 좀 더 쉽게 이해할 수 있다.

무릇 간사한 소리가 사람에게 감응하면 거스르는 기가 호응하고, 거스르는 기가 형상을 이루면 음란한 음악이 흥한다. 올바른 소리가 사람을 감동시키면 순응하는 기운이 호응하고, 순응하는 기운이 형상을 이루면 조화로운 음악이 흥한다. 부르고 화답하는 것이 서로 호응해 에두르고 사악하고 굽고 곧음이 각자 그 분야로 돌아가니 만물의 이치가 각자의 무리로 움직인다(범간성감인이역기응지 역기성상이음락흥언 정성감인이순기응지 순기성상이화락흥언 창화유응 회사곡직각귀기분 이만물지리각이류상동야凡姦聲感人而逆氣應之 逆氣成象而淫樂興焉 正聲感人而順氣應之 順氣成象而和樂興焉 倡和有應 回邪曲直各歸其分 而萬物之理各以類相動也).

비슷한 성향을 지닌 사람끼리 함께 모이는 유유상종類類相從의 이치와 같다. 《논어》〈이인〉에는 "사람의 허물은 각기 그가 어울리는 무리에 따른다. 허물을 보면 그가 인한지를 알 수 있다(인지과야 각어기당 관과 사지인의人之過也 各於其黨 觀過 斯知仁矣)"라고 실려 있다. "붉은 물감을 가까이 하면 붉어지고 검은 먹을 가까이 하면 검어진다"는 뜻을 지닌 "근주자적 근묵자흑近朱者赤 近墨者黑"도 같은 뜻을 가진 성어다. 부정적인 뜻을 가진 이 성어들에 반해 긍정적인 의미를 가진 성어도 있다. 마중지봉麻中之蓬, '삼밭에 난 쑥'이라는 이 성어는 '구불구불하게 자라는 쑥도 곧게 자라는 삼밭에 있으면 곧아진다'는 뜻이다. 즉 좋은 환경에서 자란 사람은 그 영향을 받아서 자연히 선량해진다는 것이다.

이 성어들은 처해 있는 환경이 좋고 나쁘냐에 따라 같은 영향을 받게 된다는 사실을 알려주고 있다. 따라서 군자는 하늘로부터 받은 바른 성정을 회복하고, 올바른 뜻을 세워나가기 위해 항상 좋은 곳에 거하고 배울

만한 사람과 함께해야 한다. 음악을 접하는 것도 마찬가지다. 간사한 소리
가 좋아서 항상 접하면 거스르는 마음이 생겨나고, 바르고 좋은 소리가 마
음에 와 닿으면 조화롭고 순응하는 마음이 생겨나게 되므로 좋은 소리를
접해야 한다. 공자는 《논어》〈선진〉에서 "옛사람들은 예와 음악이 야인처
럼 질박했으나, 후대의 사람들은 예와 음악이 형식에 치우치고 있다. 만약
내가 선택한다면 나는 옛사람을 따르겠다"라고 말했다. 공자는 수양을 위
한 음악은 형식과 격식이 아니라, 비록 거칠어도 진실한 아름다움과 내용
의 선함이 담겨 있어야 한다고 본 것이다.

군자가 스스로를
기른다는 것

수양을 위해 군자가 피해야 할 '간사한 소리와 어지러운 색'은 '간성난색姦
聲亂色'이 원문이다. 《논어》에 실려 있는 '교언영색巧言令色' 즉 '교묘한 말과 꾸
미는 얼굴색'과 비슷한 의미지만 좀 더 정도가 심한 말이다. '교언영색'이
사람의 환심을 사기 위해 말과 행동을 좋게 꾸미는 것이라면, '간성난색'
은 사람의 선한 본성을 흩트리는 소리와 타락으로 이끄는 색욕을 말한다.
공자는 '교언영색을 하는 사람은 인한 사람이 드물다(교언영색 선의인巧言令色
鮮矣仁)'라고 거듭해서 강조하며 잘 가려서 대하라고 가르쳤다. 여기서 '간성
난색'은 아예 눈과 귀(총명聰明)에 머물게 해서는 안 된다고 했다. 총명에서
의 총은 귀가 밝다는 뜻이고 명은 눈이 밝다는 뜻으로, '간성난색'은 눈과

다산의 마지막 공부

귀를 흐리게 해서 타락하게 만든다는 것이다.

간성난색을 몸에 머물게 하지 말라고 했다면 음란한 음악과 사특한 예는 아예 마음에 접하지 말라고 했다. 접하지 말라는 것은 애초에 마음에 들어오지 않도록 멀리 하라는 말이다. 하지만 '간성난색'과 '음락특례'는 의식적으로 피하고 싶다고 해서 피할 수 없는 경우가 많다. 특히 오늘날은 더 심한데, 사회생활을 하다 보면 어쩔 수 없이 간사한 소리를 들어야 할 때도 있고, 어지러운 사람이나 상황을 만나야 할 때도 있다. 온라인관계망을 통해서도 끊임없이 마음을 흔들고 유혹하는 정보들을 접해야 한다. 이러한 상황에서 필요한 것이 바로 공자가 말했던 '예가 아니면 보지 말고 예가 아니면 듣지 말라'는 가르침이다. 세상에 보이고 들리는 것은 많지만 어떤 것을 보고 들을지는 선별하는 나의 의지에 달려 있는 것이다. 또한 《대학》에도 그 해답이 실려 있다. "마음이 없으면 보아도 보이지 않고, 들어도 들리지 않고, 먹어도 그 맛을 알지 못한다." 어떤 유혹이 있어도 마음에 두지 않음으로써 스스로 차단하는 것이다.

《심경》의 저자인 진덕수는 이렇게 말했다.

"군자가 스스로를 기르는 것은 다름 아니라 안과 밖이 서로 공부를 다할 따름이다. 간사한 소리와 어지러운 색을 총명에 남겨두지 않는 것은 그 밖을 기르는 것이고, 음란한 음악과 사특한 예를 마음에 접하지 않는 것은 안을 기르는 것이다. 밖에서 소리와 색의 유혹이 없다면 안도 역시 바르게 될 것이고, 안에서 음탕하고 간사한 미혹이 없으면 밖도 바르게 될 것이다. 게으르고 교만한 기운은 안에서 나오는 것이고, 사특하고 편벽한 기운은 밖에서 들어오는 것이니, 이 두 가지를 신체에 베풀지 않아야 한다. 이렇게 하면 밖으로는 이목구비와 사지백체, 안으로는 마음의 지각이 모두 올바른 데에서 비롯되므로 의로움을 실천해 스스로를 기르는 공부를 다 하게 된다."

진덕수가 《대학연의大學衍義》에 쓴 글을 정민정이 《심경부주》에서 옮겨 쓴 글이다. 이 글에 따르면 군자는 마음과 신체의 공부를 함께 함으로써 의로움을 행할 수가 있고, 스스로를 기르는 공부를 마칠 수가 있다. 밖을 기르는 방법과 안을 기르는 방법은 각각 다르더라도 어느 것 하나 소홀히 해서는 제대로 된 공부가 될 수 없다. 이러한 노력을 통해 군자는 온 몸과 마음을 다해 의로운 길을 행할 수 있는 것이다.

밖으로 담을 쌓는 대신
안을 채워라

사람들은 흔히 학문과 수양을 위해 무언가를 해야 한다고 생각한다. 마음 공부도 마찬가지다. 마음을 다스리기 위해 책을 찾아서 읽기도 하고, 정도 가 심하면 상담도 받는다. 번잡한 마음을 벗어나기 위해 마음을 비우는 방 법을 배우려고 연습한다. 하지만 누구나 경험해 봤겠지만 한번 마음을 차 지한 나쁜 기운들은 쉽게 비울 수가 없다. 마치 자기가 처음부터 주인인 듯 이 자리를 차지하고 비켜주지 않는다. 설사 힘들게 비우는 데 성공했다고 해도 방심할 수 없다. 곧 더 강력한 욕심에 마음을 빼앗기기 때문이다.

마음을 다스리기 위해 가장 먼저 해야 할 행동은 바로 나쁜 것들이 마

다산의 마지막 공부

음을 차지하지 않도록 지키는 것이다. 게으르고 교만하며 간사하고 편벽된 기운을 신체에 베풀지 않겠다는 의지와 몸과 마음을 다해 올바른 길을 가겠다는 결의가 의로운 길로 이끈다.

거창한 일이 아니다. 일상에서 조금씩 좋은 것을 채워나가면 충분하다. 마음은 사람의 내적인 부분과 외부를 연결하는 지점이다. 외부의 자극으로부터 나 자신의 감정과 느낌을 얻고, 그것을 기반으로 다른 사람들에게 표현한다. 만약 마음이 나쁜 것으로 채워져 있다면 또 다른 나쁜 것들을 불러 모으게 된다. 유유상종인 것이다. 만약 비워져 있다면 외부와 단절하게 되는 것과 다름없다. 마음을 비워서 공허한 상태가 선이 아니라 마음을 선한 것으로 채워야 진정한 선이 된다. 그때 조화롭고 아름다운 음악을 함께한다면 큰 힘이 될 것이다.

...

나를 지킨다는 것은
외부의 모든 자극을 막고자
스스로를 비우는 고립이 아니다.
내부를 좋은 것으로 채워나가는 것이다.

인간답게 살기 위해서는
단호함이 필요하다

君子樂得其道 小人樂得其欲 以道制欲則樂以不亂 以欲忘道則惑而不樂
군자락득기도 소인락득기욕 이도제욕즉락이불난 이욕망도즉혹이불락

군자는 그 도를 얻으면 즐거워하고, 소인은 그 욕망을 얻으면 즐거워한다.
도로써 욕망을 제어하면 즐거우면서도 어지럽지 않고,
욕망에 빠져 도를 잊으면 미혹될 뿐 즐겁지 않다.

_《예기》〈악기〉

도가道家의 시조는 노자다. 노자가 쓴 것으로 알려진 《도덕경》의 맨 앞머리
에는 도를 이렇게 이야기하고 있다.

"도라고 할 수 있는 도라면 참된 도가 아니다. 부를 수 있는 이름은 참
된 이름이 아니다(도가도 비상도, 명가명 비상명道可道 非常道, 名可名 非常名)." 도란 이
름을 붙일 수도 없고, 그 실체를 명확히 알 수 없는 의미라는 것이다. 또한
이렇게도 실려 있다. "혼돈이 있었으니, 하늘과 땅의 생성보다도 앞서 있
었다. 아무 소리도 없고 아무 형체도 없지만 홀로 존재하며 바뀌지 않고
모든 것에 두루 행해지면서도 위태롭지 않으니, 천하의 어머니라 할 만하
다. 나는 그 이름을 알지 못하므로 그것을 '도'라 하고, 억지로 그것을 대
大라고 부르기로 했다(〈25장〉)." 도는 만물의 근원이며 만물의 섭리이지만

실체가 없는, '만물을 입혀주고 길러주면서도 그 주인 노릇을 하지 않는' 자연과 같은 존재라는 것이다. 그래서 도가의 사상은 무위자연의 사상이라고 한다.

공자를 시조로 하는 유가에서도 도는 중요한 개념이다. 하지만 추상적이고 형이상학적인 도가와는 달리 유가가 이야기하는 도는 사람이 올바르게 살고 세상을 바르게 다스릴 수 있는 '도리' 혹은 '진리'라는 개념으로 좀 더 현실적이라고 할 수 있다. 공자는 "도에 뜻을 두고, 덕에 근거하며, 인에 의지하며, 예에서 논다(지어도, 거어덕, 의어인, 유어예志於道, 據於德, 依於仁, 游於藝)"라고 했다. 따라서 도는 사람이 지켜야 할 도리의 본질이며, 덕은 그 도를 추구함에 따라 드러난 모습이라고 할 수 있다. 인은 덕을 이루기 위한 도구이며, 예는 그것을 조화롭고 창의적으로 발현한 결과다. 결국 공자의 덕목에서 가장 고차원이며 종착점이 되는 것이 바로 도다.

공자가 이상적인 사회로 자주 언급했던 덕으로 통치되는 주나라보다 훨씬 더 이전이며, 신화의 시대에 속하는 요순임금의 시대가 바로 도로 통치되는 세상이라고 할 수 있다. 요순임금이 스스로 자신을 드러내고 무엇을 행하는 유위有爲가 아니라 마치 자연처럼 자신을 드러내지 않는 무위無爲의 통치를 지향했던 것이 이것을 잘 말해주고 있다. 공자는 《논어》에서 덕과 인은 물론 도에 대해서도 많이 언급하고 있다. 가장 강렬하게 '도'를 거론했던 것이 바로 〈이인〉에 실려 있는 '조문도 석사가의朝聞道 夕死可矣'다. "아침에 도를 들으면 저녁에 죽어도 좋다"는 뜻으로 구도의 열망을 말하는 한편, 그 무엇보다도 소중한, 심지어 죽음과도 바꿀 수 없는 '도'의 가치를 말해주고 있다.

어른으로 사는 데에도 자격이 필요하다

앞의 구절에서 도란 노가에서의 고차원적이며 형이상학적인 개념이라기보다는 유가에서 말하는, 사람이 마땅히 추구해야 할 '도리'라는 개념으로 볼 수 있다. 인간의 욕망과 대치되는 개념으로, 도와 욕망 중에 어떤 것을 추구하고 얻고자 하느냐에 따라 군자와 소인으로 나누고 있다. 군자는 훌륭한 인격과 학식, 그리고 사대부의 신분을 겸비한 사람이다. 소인은 인격과 학문을 갖추지 못한, 신분상으로는 일반 백성을 가리킨다. 하지만 많은 경우 신분의 구분보다는 앞의 구절처럼 삶에서 무엇을 중시하고 무엇을 추구하느냐에 따라 구분하는 경우가 많다. 따라서 많은 경전에는 군자와 소인을 대비하는 표현들이 많이 나오는데, 《논어》에 실려 있는 구절들이 대표적이다.

"군자는 평온하고 너그럽지만, 소인은 늘 근심하고 두려워한다(《논어》〈술이〉)."

"군자는 덕을 생각하지만 소인은 편히 머물 곳을 생각하고, 군자는 법을 생각하지만 소인은 혜택 받는 것만 생각한다(《논어》〈리인〉)."

"군자는 의리에 밝고 소인은 이익에 밝다(《논어》〈리인〉)."

"군자는 조화를 이루지만 당파를 이루지는 않고, 소인은 당파를 이루지만 조화를 이루지 못한다(《논어》〈위정〉)."

이 구절들을 보면 군자란 단순한 신분상의 구분이 아니라, 그 사람됨은 물론 사람됨을 통해 보이는 삶의 모습이 그에 합당해야 하는 존재임을 알 수 있다. 신분이 높다고 해서 군자가 될 수는 없다는 것으로, 공자는 제자 자하에게 이렇게 말했다. "너는 군자다운 선비가 되어야지, 소인과 같은 선비가 되어서는 안 된다(여위군자유, 무위소인유女爲君子儒, 無爲小人儒)." 학문이 갖추어져 있고 사회적으로 지도층인 유가라고 해서 무조건 군자가 되는 것이 아니라, 반드시 인격과 품격이 갖추어져 있어야 군자라는 것이다. 설사 사회적으로 지위가 높다고 해도 사람됨이 따르지 못하면 어쩔 수 없는 소인이다. 지금도 마찬가지다. 높은 자리에 오르기 위해 수단방법을 가리지 않고, 높은 자리에 앉아서는 공직을 위해 헌신하기보다는 사욕을 채우기에 급급한 사람은 소인일 뿐이다.

《심경》의 원주原註에는 다음과 같이 정현의 의견이 실려 있다. "도는 인의를 가리키고, 욕欲은 음란하고 사특함을 가리킨다(도위인의, 욕위음사야道謂仁義, 欲謂淫邪也)." 앞의 구절에 대한 해설로는 합당할 수도 있겠지만 사람의 욕망을 무조건 음란하고 사특하다고 규정할 수 없다는 점에서는 지나친 이분법이라고 할 수 있다. 같은 원주에서 정자程子가 이야기한 의견이 훨씬 더 공감이 간다. "사람이 욕심이 없을 수 없지만 그것을 제어할 수 있어야 한다. 욕심을 제어하지 못하고 좇기만 한다면 사람의 도리가 무너져 금수로 들어갈 것이다."

인간의 욕망을 인정하지만 만약 그것을 절제하고 다스리지 못하고 휘둘려 사람으로서 당연히 가져야 할 선한 본성을 잃어버린다면 짐승과 다를 바 없다는 통렬한 지적이다.

습관을 바꾸기 위해서는
칼로 베는 단호함이 필요하다

감정과 욕망을 다스리는 것은 결코 쉬운 일이 아니다. 옛 선비들이 스스로를 수양하는 데 그만큼 엄격했던 것은 그 힘이 너무 강렬해서 제어하기가 어렵기 때문이다. 공자는 바로 이런 점을 스스로도 인정했고, 사람의 연약함에 대해서도 비록 엄격하지만 따뜻한 시선으로 바라봄으로써 우리에게 위로를 준다.

공자가 《논어》 〈위령공〉에서 토로한 "나는 덕을 좋아하기를 색을 좋아하듯 하는 자를 보지 못했다(오미견호덕, 여호색자야吾未見好德, 如好色者也)"는 말이 바로 욕망에 흔들리는 사람의 마음을 잘 표현하고 있다. 지금도 마찬가지지만 덕을 추구하다 색욕의 유혹을 받고, 그 유혹에 넘어가 쌓아온 도덕성을 무너뜨리는 경우가 그 당시에도 많았던 것 같다. 힘들게 쌓아온 명성과 손에 쥔 권세를 잃어버리고 성공의 자리에서 무너지는 것도 바로 색욕 때문이라고 할 수 있다. 공자가 이 말을 했던 장면은 《사기》 〈공자세가〉에 실려 있는데, 이 고사를 통해 그 뜻을 명확히 알 수 있다.

"위나라에 거처한 지 한 달이 지났을 때 위 영공이 부인 남자와 더불어 수레를 타고 나섰다. 영공과 남자가 사람들을 향해 손을 흔들고 요란을 떨며 저잣거리를 지나갔는데 뒤의 수레에 탄 공자는 부끄러움을 이기지 못하고 이렇게 말했다. '나는 덕을 좋아하기를 색을 좋아하듯 하는 자를 보지 못했다.'" 그 당시 공자는 현자로서 사람들에게 존경과 사랑을 받고 있었다. 영공과 남자는 공자와 함께 있는 모습을 보임으로써 사람들에게 자신들의 덕을 과시하고 싶었을 것이다. 하지만 공자는 그 상황에 있는 자신이 부끄러웠고, 그 상황을 피하지 못한 스스로를 자책하며 이와 같이 고백했다.

사람이 도를 추구하는 것도, 욕망을 따르는 것도 모두 즐거움 때문이다. 도도 마찬가지지만 욕망도 사람들에게 즐거움을 준다. 하지만 도가 주는 즐거움은 깊고 은은하고 오래 가지만 욕망이 주는 즐거움은 얕고 천박하다. 도는 그 존재로서 즐거움을 주지만 욕망은 행위로써 즐거움을 주기 때문이다. 따라서 욕망의 즐거움은 행위가 끝나면 바로 사라진다. 그리고 반드시 허무함이 남기 마련이다. 이러한 허망한 욕망을 막아주는 것이 바로 도라고 성현들은 말하고 있다. 하지만 우리가 욕망에서 완전히 자유로울 수는 없다. 공자가 말했던 것처럼 완성된 사람이 될 수 없기에 어쩔 수 없는 한계가 있는 것이다.

도를 이루기 위해 예와 의를 수양하는 것은 단시간에 끝날 수 없고, 평생을 연마해도 도달할 수 없을지 모른다. 따라서 우리는 욕망에 끌리는 스스로를 인정하되, 그것이 바른 길인지, 다른 사람에게 피해를 주는 것은 아닌지를 생각할 수 있어야 한다. 무엇보다도 따라서는 안 되는 것이라면 습관이 되지 않도록 노력해야 한다. 습관이 오래 되면 천성이 되기 때문이다. 만약 이미 나쁜 습관에 빠졌다면 어떻게 해야 할까? 그 해답은 율곡 이이 선생이 주고 있다.

"오래된 습관은 단칼에 자르듯이 뿌리를 잘라버려야 한다(혁구습일도결 단근주革舊習一刀決斷根柱)."

먼저 욕망이 일어나면 잠깐 멈추고 생각한 다음, 만약 무작정 욕망에 따르는 잘못된 습관이 있다면 단칼에 자르도록 결단해야 한다. 하지만 무엇보다도 근본으로 삼아야 하는 것은 하늘이 준 선한 본성을 잃지 않도록 배움을 계속하고자 하는 마음이다.

...

욕망과 타협을 반복하면 습관이 된다.
습관이 오래 되면 천성이 된다.
따라서 스스로 변화를 원한다면
어제까지의 습관을 오늘부터 단절해야 한다.

다산의 마지막 공부

인간이라면
사람 귀한 줄을 알아야 한다

人皆有不忍人之心 無惻隱之心 非人也 無羞惡之心 非人也 無辭讓之心 非人也 無是
非之心 非人也 惻隱之心 仁之端也 羞惡之心 義之端也 辭讓之心 禮之端也 是非之心
智之端也
인개유불인인지심 무측은지심 비인야 무수오지심 비인야 무사양지심 비인야 무시비지
심 비인야 측은지심 인지단야 수오지심 의지단야 사양지심 예지단야 시비지심 지지단야

사람에게는 누구나 타인을 모질지 못하게 대하고자 하는 마음이 있다. 타인의 처지를 미
루어 불쌍히 여기는 마음이 없으면 사람이라 할 수 없고, 잘못을 부끄러워하고 악을 미
워하는 마음이 없으면 사람이라고 할 수 없고, 사양하는 마음이 없으면 사람이라고 할
수 없고, 옳고 그름을 가리는 마음이 없으면 사람이라고 할 수 없다. 불쌍히 여기는 마음
은 인의 실마리요, 잘못을 부끄러워하고 악을 미워하는 마음은 의로움의 실마리요, 사양
하는 마음은 예의 실마리요, 옳고 그름을 가리는 마음은 지혜의 실마리다.

_《맹자》〈공손추장구 상公孫丑章句上〉

맹자는 전국시대 약소국인 추나라 사람이다. 공자의 손자인 자사子思의 문
인에게서 학문을 배운 것으로 알려져 있으며, 공자의 계승자로 자처한다.
혼란과 전쟁의 전국시대에 유가의 전통을 지켜낸 학자로서, 성인인 공자
에 버금간다고 해서 아성亞聖이라고 불린다.

맹자가 활동했던 전국시대는 국가 간의 패권 다툼이 격렬하게 벌어
진 시대이기도 하지만, 다양한 학파들이 치열한 논쟁을 벌이던 시기이기
도 했다. 그래서 그 시대를 제자백가의 쟁명시대라고 부른다. 그중 대표적

인 학파가 합종연횡책의 주역인 소진과 장의로 대표되는 종횡가다. 이들은 각 나라를 오가며 책략과 외교술로 군주를 설득해 천하의 주도권을 얻기를 도모했다. 실제로 전국시대 말기 국가의 주도권이 이들이 펼치는 책략에 의해 좌우될 정도였다. 맹자 역시 이들이 했던 것과 같이 많은 왕들을 만나 유세를 벌였지만 쓰임을 받지는 못했다. 공자와 마찬가지로, 전쟁의 시대에 인의로 다스려지는 천하를 만들고자 했던 주장을 받아들이는 군주는 없었다. 그후 맹자는 추나라로 돌아와 후진을 양성하고 제자들과 함께 학문에 증진하며 여생을 보냈다. 이 역시 공자와 비슷한 행보라고 할 수 있다.

맹자는 공자를 이어 유교의 맥을 이었지만 단순히 공자의 학문을 계승한 데 그치지 않고 새롭게 발전시켰다. 학문적인 발전이라고도 할 수 있겠지만 약 200년에 가까운 시차가 있었던 만큼 시대적 변화에 따른 것이라고 볼 수도 있다. 대표적인 것이 공자가 주창했던 인과 더불어 의를 강조했던 점, 천심이 곧 민심이라는 민본주의 사상을 주장했던 점이다. 무엇보다도 공자가 거의 논하지 않았던 사람의 본성과 마음을 논했고, 체계화했던 것이 가장 큰 진전이라고 할 수 있다. 맹자는 사람은 태어날 때부터 선함을 타고났다는 성선설을 주창하면서 인의예지仁義禮智를 기반으로 하는 사람의 도리를 논리적이면서도 담대하게 설파했다. 앞의 인용문이 그 대표적인 문장이다.

그중에서도 첫 구절, '남에게 차마 모질게 하지 못하는 마음'을 갖고 있다는 것을 맹자는 사람이 본성적으로 선하다는 증거로 들었다. 아이들이 물에 빠지는 것을 안타까워하고 구하려는 마음이 바로 그것이고, 훌륭한 군주들이 세상을 잘 다스릴 수 있었던 것도 그러한 마음이 있었기 때문이다. 즉 세상을 아름답게 만들고 살 만하게 만들어주는 것은 '남에게 모질게 하지 못하는 마음'을 기반으로 한다. 이러한 마음은 자신의 이익이나 명예를 추구하거나, 혹은 나쁜 평판을 피하려는 마음이 아니라 본능적으로 발현되는 사람의 선한 마음이다. 맹자는 이 마음을 '측은지심惻隱之心'이라고 했고, 이 마음을 실마리로 삼아 발현된 덕목을 '인仁'이라고 했다. 인은 공자의 철학에서 가장 핵심적인 개념으로 오늘날의 관점에서 보면 바로 사랑이다. 꼭 종교적인 관점이 아니더라도 사람과 세상을 아름답게 만드는 것이 사랑임을 부인할 사람은 없을 것이다. 공자와 맹자는 이미 이천오백 년 전 이 사실을 깨닫고 가르쳤다.

사랑이 곧
사람이다

맹자는 측은지심, 즉 사랑의 마음을 기반으로 해서 사람들 마음의 선한 본성 네 가지를 말했는데, 이를 네 가지 실마리(사단四端)라고 했다. 바로 불쌍히 여기는 측은지심, 잘못을 미워하고 부끄러움을 아는 수오지심羞惡之心, 사양하고 예를 지키는 마음인 사양지심辭讓之心, 옳고 그름을 가리는 시비지심是非之心이다. 그리고 하늘로부터 받은 이들 네 가지 선한 마음이 겉으로 드러나는 덕목이 인의예지다. 유교의 가장 대표적인 이념이자 사람으로서 응당 취해야 할 네 가지 기본적인 덕목인 것이다.

공자는 유교를 창시하면서 네 가지 덕목을 항상 강조했지만, 그것을 이론적으로 정리하지는 않았다. 이 네 가지 덕목과 더불어 그 근본이 되는 네 마음을 체계적으로 정리했던 철학자는 맹자였다. 맹자가 공자와 전혀 다르거나 완전히 새로운 학설을 만들어낸 것은 아니다. 맹자는 공자와 마찬가지로 인을 모든 덕목의 근본으로 삼았고, 이를 통해 인의예지의 네 가지 덕목이 완성된다고 주장했다.

주자는 '측은지심'과 '인'이 사단과 네 가지 덕목의 기반이 된다는 것을 이렇게 설명했다. "인은 세 가지 덕을 포함하고, 측은은 세 가지 단서를 관통한다. 그러므로 이것을 이어서 다 열거했다." '인'의 덕목을 가지고 있으면 나머지 세 덕목도 이에 속하게 되고, 측은지심으로써 나머지 세 가지 선한 마음을 하나로 꿰뚫을 수 있다는 것이다. 공자가 자기의 모든 도가 '서恕'로 통한다는 '일이관지'를 말했던 것과 같다.

맹자는 이 네 가지 선한 마음이 없으면 '사람이라고 할 수 없다(비인야非人也)'고 말했다. "불쌍한 마음이 없으면 사람이라 할 수 없고, 잘못을 부끄러워하고 악을 미워하는 마음이 없으면 사람이라고 할 수 없고, 사양하는 마음이 없으면 사람이라고 할 수 없고, 옳고 그름을 가리는 마음이 없으면 사람이라고 할 수 없다." 이 네 가지를 각각 거론하면서 이중 한 가지만 없어도 사람이라고 할 수 없다고 말했다. 여기서 '비인야'의 해석은 '올바른 사람이 아니다'로 해석할 수도 있고, 실제로 '사람이 아니다'로 해석할 수도 있다. 하지만 군주 앞에서도 전혀 주눅이 들지 않고 당당하게 자신의 주장을 펼쳤던 맹자의 담대함과 과단성을 미루어보면, 맹자는 실제로 '사람이 아니다'는 뜻으로 이 말을 했을 것으로 보인다. 사람이 아니라는 것은 금수와 다름이 없다는 뜻이다.

맹자가 당당하게 이 말을 할 수 있었던 까닭은 사람이라면 누구나 이러한 마음을 하늘로부터 부여받았다고 믿었기 때문이다. 맹자는 사람이라면 누구나 팔다리, 사지를 가지고 있는 것처럼 네 가지 선한 마음 역시 당연히 가지고 있다고 봤다. 따라서 '나는 선한 마음을 행하는 데 능력이 없다'고 말하며 행하지 않는 사람은 스스로를 해치는 사람이라고 말한다. 마치 팔이 있으면서 일하지 않고, 다리가 있으면서 걷지 않는 것이 다른 누군가가 시켜서 못하는 것이 아니라 스스로 하지 않는 것과 같기 때문이다.

그 다음으로 맹자는 사단을 넓히고(광擴) 채워야(충充) 한다고 말하고 있다. 넓히는 것은 측은지심으로부터 시작해서 수오지심, 사양지심, 시비지심으로 넓혀나가는 것이다. 채우는 것은 각각의 마음을 더 크게 키워 양적으로 채워나가는 것을 말한다. 이러한 마음을 채워나가고 넓혀나가게 되면, 불이 타오르고 샘이 솟아나는 것처럼 그 규모와 크기는 한량없이 커지게 된다. 하지만 이런 일을 하는 것도 역시 스스로에게 달려 있다. 스스로 포기함으로써 자신을 해치는 사람이 있고, 그것을 넓히고 채워나가서 놀라운 결과를 만들어내는 사람도 있다. 결국 어떤 마음을 가지느냐에 따라서 제각각 달라진다. 사단이 확충되어 온 천하를 감싸 안을 정도가 되기도 하고, 제대로 채우고 넓히지 못해 다른 길로 가게 되면 자신을 지키기는커녕 부모를 섬기는 일조차 하지 못하게 되는 것이다.

앞의 인용문을 통해 맹자는 본성과 감정을 통괄하는 것이 마음이라는 것을 밝혔다. 또한 사람의 마음은 근본적으로 선하다는 '성선설'을 확립했다. 맹자의 사단론에서 우리는 하늘로부터 받은 마음은 선한 것이며, 그

중에서 가장 기본이 되는 것이 사랑임을 새길 수 있다. 사랑으로부터 정의로운 삶, 배려하는 삶, 공부하는 삶을 살아갈 수 있는 힘이 생긴다. 그 힘은 무엇으로도 제한될 수 없고, 어떤 외부적 환경으로부터도 영향을 받지 않는다. 무한한 능력이 있어서 심지어 기적을 만들어내기도 한다. 그 힘이 바로 사람들의 마음에서 나온다.

…

맹자는 이렇게 말했다.
"사랑은 곧 사람이다.
사람과 사랑이 합해지면
그것이 바로 도다."

다산의 마지막 공부

넓게 볼 줄 안다면
지금이 두렵지 않다

矢人豈不仁於函人哉 矢人唯恐不傷人 函人唯恐傷人 巫匠亦然 故術不可不愼也 仁者
如射 射者正己而後發 發而不中 不怨勝己者 反求諸己而已矣
시인기불인어함인재 시인유공불상인 함인유공상인 무장역연 고술불가불신야 인자여
사 사자정기이후발 발이부중 불원승기자 반구저기이이의

화살 만드는 사람이라고 해서 어찌 갑옷 만드는 사람보다 어질지 않겠는가? 그러나 화
살 만드는 사람은 사람을 상하게 하지 못할까 걱정하고, 갑옷 만드는 사람은 사람이 상
할까 두려워한다. 무당이나 관 만드는 이도 마찬가지다. 그러므로 직업을 선택할 때 신
중하지 않으면 안 된다. 인은 활쏘기와 같아서 스스로 바로잡은 후에 활을 쏘고, 비록
적중하지 않더라도 자신을 이긴 자에게 분노하지 않고 먼저 스스로를 돌아볼 뿐이다.

_《맹자》〈공손추장구 상〉

"마차를 만드는 사람은 사람들이 부귀해지기를 바라고 관을 짜는 사람은
사람들이 죽기를 바란다. 이것은 마차를 만드는 사람은 선하고 관을 짜는
사람이 악해서가 아니다. 마차를 만드는 사람은 마차를 팔기 위해 사람들
이 부자가 되기 바라고, 관을 짜는 이는 사람들이 죽어야 관이 팔리기 때문
에 많이 죽기를 바랄 뿐이다."

사람은 근본적으로 이기적이며 사람을 움직이게 하는 힘은 이익이라
고 주장하는 《한비자》에 실린 글이다. 한비자는 이런 사상을 가지고 있었
기에 사람과의 모든 관계는 이해타산에 의해서 좌우되고, 심지어 부자관

계는 물론 군주와 신하와의 관계도 모두 이해타산이 지배한다고 주장했다. 하지만 유가의 시조인 공자는 '견리사의見利思義', 즉 '이익이 되는 일을 보면 그것이 의로운지를 먼저 생각하라'고 했고, '군자는 의리에 밝고 소인은 이익에 밝다'라고도 했다. 심지어 "이익에 따라서 행동하면 원망을 사는 일이 많아진다"고 하며 인간관계가 이해타산에 좌우되면 결코 원만해질 수 없고 오히려 원한을 사는 일이 생길 뿐이라고 질타하고 있다.

맹자 역시 공자와 같은 생각을 하고 있다. 한비자의 직업관이 철저히 이익에 의해 좌우된다면, 맹자는 직업을 구할 때도 반드시 인의가 필요하다고 주장했다. 그 예로 드는 것이 화살을 만드는 사람과 갑옷을 만드는 사람, 그리고 무당과 관을 만드는 사람이다. 좋은 화살은 갑옷을 뚫고 사람을 죽이는 것이다. 갑옷은 반대로 화살이나 칼을 막아서 사람을 지키는 역할을 한다. 마찬가지로 무당은 사람을 살리는 일을 하고, 관을 만드는 사람은 사람이 죽어야 밥벌이를 할 수 있다. 오늘날의 직업관으로는 이해하기 힘든 주장일지도 모른다. 무기를 만드는 일을 한다고 해서 비난을 하거나 스스로 마음에 걸려서 힘들어 하는 사람은 없을 것이다. 하지만 맹자는 직업을 택하는 일도 이익이 아닌 인의에 의해 결정해야 한다고 말한다.

군자는 기꺼이
패배할 줄 아는 사람이다

앞의 인용문은 원래 앞 장에 실려 있는 인용문에 이어서 실려 있다. 앞 장

다산의 마지막 공부

에서 맹자는 사람의 마음을 다루며 네 가지 실마리의 이치를 밝히고, 마땅히 따라 행해야 한다는 당위성을 설명하고 있다. 이 장에서는 실제로 삶과 생활에서 적용하는 바를 밝히고 있는데, 그래서 맨 먼저 직업의 관점에서 다루고 있다. 이처럼 인의예지의 덕목은 화살을 만드는 하층민에서부터 선비, 위로는 나라를 다스리는 군주에까지 예외 없이 적용된다. 맹자는 직업을 선택하는 데 있어서도 그 기본을 인에 두고 있어야 한다고 말하며, 《논어》〈이인里仁〉에 실려 있는 공자의 말을 인용하고 있다.

"마을도 인한 곳이 아름다우니 사람이 인한 곳에 거처하지 않는다면 어찌 지혜롭다고 하겠는가?" 스스로 인한 곳을 찾아서 머물지 않는 사람은 지혜롭지 않듯이 일을 선택할 때도 인을 기본으로 하지 않으면 그 또한 어리석다는 말이다. 인은 하늘에서 비롯된 덕목이기 때문에 하늘로부터 부여된 벼슬과 같고, 인에 머물게 되면 마치 편안한 집에 머무는 것과 같이 평안하고 안락할 수 있기 때문이다. 그리고 인을 행하는 것은 아무도 막는 사람이 없으므로 누구든지 행하려고 하면 얼마든지 할 수 있다. 이런데도 사람들이 행하지 않으니, 미련하고 스스로를 해치는 사람이라는 것이다.

이런 사람은 스스로 무언가를 할 수 있는 사람이 아니라 남의 부림을 받는 노예와 같은 사람이다. 노예의 일이 부끄럽다면 그것을 벗어날 수 있는 다른 방법은 없고 오직 삶에서 인을 행하는 길밖에 없다. 활이나 화살을 만드는 일을 직업으로 하며 부끄러워하는 사람도 마찬가지다.

앞의 인용문을 읽으면서 자신의 직업에 대해 갈등하는 사람도 있을 것이다. 물론 맹자는 지금으로부터 2,300여 년 전의 인물이며 그 당시의 시대상이나 직업관이 지금과 같을 수는 없다. 또한 맹자는 한 나라의 왕에게도 담대하게 이익을 구하지 말고 인의로 나라를 다스리라고 꾸짖었을 정도로 자신의 주관을 펴는 데는 한 치의 망설임도 없었던 사람이었다. 하지만 맹자는 백성을 진심으로 아끼고 위하는 민본주의자이기도 했다. 심지어 "백성이 가장 귀하고 사직이 그 다음이며 군주는 가볍다. 따라서 백성의 마음을 얻으면 천자가 되고, 천자의 신임을 얻으면 제후가 되며, 제후의 신임을 얻으면 대부가 된다"라고 말했을 정도로 백성을 가장 중요하게 여겼다. 그런 맹자가 생업으로 활과 화살을 만들 수밖에 없는 백성의 마음을 헤아리지 않았을 리가 없다. 바로 맨 마지막의 구절이 말하는 바다.

"인은 활쏘기와 같아서 스스로 바로잡은 후에 활을 쏘고, 비록 적중하지 않더라도 자신을 이긴 자를 분노하지 않고 먼저 스스로를 돌아볼 뿐이다."

활과 화살은 사람을 해치는 용도가 아니라 인을 행하는 사람들의 수양 도구로 쓰이고 있다. 《논어》 '팔일八佾'에 실려 있는, "군자는 다투는 일이 없으나, 꼭 하나 있다면 활쏘기다. 절하고 서로 양보하며 사대에 오르고, 내려 와서는 벌주를 마시니 그 다투는 모습도 군자답다"에서 말해주는 바와 같다. 맹자는 활쏘기에서 인을 상징하는 또 하나의 중요한 구절인 반구저기反求諸己를 말했다. 반구저기란 승부에서 패했거나 일이 잘못되었을 때 다른 사람의 탓을 하거나 변명거리를 찾는 것이 아니라 먼저 나 자신을 돌아볼 수 있어야 한다는 뜻이다. 승부에서 패했다면 상대의 강함을 인정하고 깨끗이 승복하는 자세를 가져야 하며, 이에 그칠 것이 아니라 나의 부족함을 돌아보고 다음을 위해 수련을 해야 한다. 그렇게 함으로써 더 이상 잘못을 반복하지 않을 수 있게 되고, 자신의 발전을 도모할 수 있게 된다.

어른이라면 자신의 업에 대한
긍지가 있어야 한다

이 구절에서 또 하나 새겨야 할 점은 바로 올바른 직업관의 확립이다. 활이나 화살을 만들 때 다른 사람을 해치고 죽이기 위해서가 아니라 사람들의 수양도구로 만들 수 있다면 그 자체로 직업에 임하는 자세가 바뀔 수 있다. 이것은 오늘날 직업에도 마찬가지다. 무기를 만드는 직업을 가졌다고 해서 그 사람을 비난해서도 안 되고, 스스로를 자책할 필요도 없다. 남을 죽이고 해치는 수단이 아니라 무기로써 전쟁을 막고 평화를 유지할 수 있다는 직업관을 가진다면 그 일이 결코 부끄럽지 않을 것이다. 단순한 생계수단이 아니라 일 자체에서 의미와 가치를 찾을 때, 하고 있는 일의 귀천이나 종류에 얽매이지 않을 수 있다.

사람들을 이롭게 하고, 내 삶의 가치를 높이고, 내가 이루고자 하는 꿈을 이루게 하는 것이 바로 직업이다. 어떤 직업도 마찬가지다. 직업에 사랑을 담을 수 있다면 일 자체가 곧 사랑이 될 수 있다.

...

아무리 좋아하는 것이라도
매일 여덟 시간씩 할 수는 없다.
그렇게 할 수 있는 것이 있다면 오직 일뿐이다.
그래서 인간에게 일과 삶을 따로 떼어놓을 수는 없다.

경험에 휘둘리지 말고
있는 그대로를 보라

孟子曰 大人者 不失其赤子之心者也
맹자왈 대인자 불실기적자지심자야

맹자는 말했다. "대인이란 어린아이의 마음을 잃지 않은 사람이다."

_《맹자》〈이루장구 하離婁章句下〉

이 구절에서 대인과 어린아이는 두 가지 의미를 가진다.

먼저 대인과 어린아이를 군주와 그가 다스리는 나라의 백성으로 해석하는 것이다.

군주는 백성의 마음을 헤아려서 그의 마음에 맞게 통치해야 한다. 공자가 제자 자공에게 '나의 도를 하나로 꿰뚫는 것은 서恕다'라고 말했던 것은, 다른 사람을 배려하고 다른 사람의 마음과 공감하는 자세를 가져야 한다는 가르침이었다. 공자의 철학을 이어받은 맹자는 군주와 백성의 관계에서도 '서'의 정신이 바탕이 되어야 한다고 주장했다. 바로 앞의 인용문이 뜻하는 바와 같다.

맹자는 군주들과의 대화에서 백성을 어떻게 대해야 하는지를 거듭해

다산의 마지막 공부

서 가르친다. 연못가에서 기러기와 사슴을 둘러보며 "인한 사람도 이런 것을 즐깁니까?"라고 묻는 양혜왕梁惠王에게, "옛날 훌륭한 왕들은 백성들과 함께 즐겼기에 즐겁게 누릴 수 있었습니다"라고 가르침을 준 것이 바로 그 가운데 하나다. 또한 음악을 좋아하고 즐기는 제선왕齊宣王에게 "왕이 백성과 함께 즐긴다면 천하의 왕 노릇을 할 수 있을 겁니다"라고 말했던 것도 마찬가지다. 왕이 혼자 즐기는 것이 아니라 백성과 즐거움을 함께 한다는 것을 '여민동락與民同樂'이라고 한다. 이 성어는 왕이 어린아이와 같은 백성의 마음과 함께한다는 것을 뜻한다.

다음은 말 그대로 대인은 어른을 가리키며 적자는 어린아이라고 해석하는 것이다. 여기서 대인이란 단순히 나이가 많은 사람이 아니라 어른다운 어른을 말한다. 어른이 진짜 어른이 될 수 있는 까닭은 어린아이의 거짓 없음, 순수함, 한결같음을 지니고 있기 때문이다. 또한 스스로 아는 바가 없고, 할 수 있는 바가 없다는 사실을 인정하는 겸손한 마음을 잃지 않는 것이다. 단지 체격이 커지고, 지식이 많아지고, 이해타산이 빨라지고, 술수에 능해졌다고 해서 어른이 된 것은 아니다. 맹자는 하늘로부터 받은 선한 마음을 어린아이 때와 같이 잘 보존하고 있는 사람을 진정한 어른이라고 보았다.

《맹자》〈이루장구 하〉에서는 "예가 아닌 예와 의가 아닌 의를 대인은 하지 않는다(비례지례 비의지의 대인불위非禮之禮 非義之義 大人弗爲)"라고 했다. 대인은 예와 의를 행하는 데 있어 겉과 속이 같다는 것이다. 바로 어린아이와 같은 솔직함이다. 속마음은 전혀 다르면서 겉으로만 예와 의를 갖추는 것은 남에게 보이고자 하는 마음과 자신의 이익을 챙기려는 마음에서 나온

위선일 뿐이다.

역시 〈이루장구 하〉에는 "대인은 말을 할 때는 반드시 신뢰가 있어야 한다고 고집하지 않고, 행위를 할 때 반드시 결과가 있어야 한다고 고집하지 않으며, 오직 의만 따를 뿐이다(대인자언불필신 행불필과 유의소재大人者言不必信 行不必果 惟義所在)"라고 실려 있다. 대인은 자신의 말과 행동이 반드시 결실을 맺어야 한다고 고집하지 않고, 오직 의에 따라 말하고 행동한다. 남에게 보이기 위한 말, 남에게 보이기 위한 행동은 자기를 드러내기에 집착하는 가식이 될 수도 있기 때문이다.

〈진심 상〉에서의 대인은 '스스로를 바르게 함으로써 만물을 바르게 하는 사람'이며, 대인의 일은 '인에 머물고 의를 따르는 것'이다. 대인이 스스로를 바르게 할 때 주위의 모든 것들이 바름을 얻게 되고, 그 방법은 인과 의를 지켜나가는 것이다. 이상과 같이 맹자에 실려 있는 대인을 한 마디로 집약한 것이 바로 맹자가 말했던 대장부의 길(도道)이다.

"천하의 가장 넓은 집에 살고, 천하의 가장 올바른 위치에 서 있으며, 천하의 가장 큰 길을 걸어, 뜻을 얻으면 백성과 함께하고, 뜻을 얻지 못하면 홀로 그 길을 걷는다. 부귀함도 마음을 어지럽히지 못하고, 빈천함도 뜻을 바꾸지 못하며, 위험도 뜻을 굽히지 못하니, 이래야 대장부라고 할 수 있다." 여기서 가장 넓은 집에 사는 것은 인仁, 올바른 위치에 서 있는 것은 예禮, 가장 큰 길을 걷는 것은 의義를 상징한다. 대인은 선한 마음에서 비롯된 인의예지에 통달한 인격체다.

다산의 마지막 공부

나 자신만큼은
나를 포기해서는 안 된다

한편 어린아이는 대인에게서 이 네 가지 선한 덕목을 통해 보호받아야 할 존재다. 죽는 줄도 모르고 우물로 기어들어가기도 하고, 먹고 마시는 것도 부모의 보호를 받아야 살아갈 수 있는 존재다. 하지만 이 아이들은 깨끗하고 순결하기가 한결같은(순일純一) 존재이기도 하다. 선한 본성을 지켜 아직 다른 나쁜 것으로부터 영향을 받지 않았고, 욕심과 탐욕과 같은 이물질이 섞여 있지 않기에 깨끗할 수밖에 없다. 그 근거가 바로 맹자가 주창했던 '인간의 본성은 원래 선하다'는 성선설이다. 성선설은 맹자 학문의 기반이 되는 이론이므로 그 학문을 집대성한 책인《맹자》에 자세하게 실려 있다. 그중 가장 핵심적인 이론이 바로 〈공손추 상〉에 실려 있는 사단四端이다. 맹자는 사람들이 본성적으로 타고난 네 가지 선한 마음을 마치 사지를 가지고 있는 것처럼 지니고 있기에 사람으로서의 기본 도리인 인의예지를 지켜나갈 수 있다고 보았다.

〈진심 상〉에 실려 있는 다음 글은 이에 대해 쉽게 예를 들어 설명하고 있다.

"사람에게는 배우지 않고도 잘하는 능력이 있으니, 바로 양능良能이다. 또 생각하지 않고도 저절로 알 수 있는 힘이 있으니 바로 양지良知라고 한다. 두세 살 먹은 어린아이도 그 부모를 사랑할 줄 모르는 아이가 없고, 커서는 형을 공경할 줄 모르는 이가 없다. 부모를 사랑하는 것이 인이고, 나이 많은 이를 공경하는 것이 의다. 이것이 천하에 두루 통하는 이치다."

배우지 않고도 알고 생각하지 않고도 아는 것은 바로 타고난 것이고, 하늘로부터 부여받은 것이다. 즉 인과 의는 태어나면서부터 가지고 있는 본성이라는 것으로 사람이 선하게 타고났다는 성선설의 기본이 된다. 하지만 이러한 인의를 성장하면서 지키지 못하기 쉬운데, 바로 욕심의 유혹을 받기 때문이다.

"마음을 기르는 데 욕심을 줄이는 것보다 더 좋은 것은 없다. 욕심을 줄인다면 설사 선한 본성을 보존하지 못한 것이 있더라도 적을 것이고, 욕심이 많다면 설령 선한 본성을 보존한 것이 있다 하더라도 적을 것이다(〈진심 하〉)."

이 글들에서 보면 선한 본성을 지켜 인의예지의 삶을 살아가는 것과 이익과 욕심을 좇아 살아가는 것은 상대적이라는 것을 알 수 있다. 대인은 세속적인 욕심으로부터 선한 본성을 잘 지켜나간 사람이고, 어린아이의 순수함을 지켜낸 사람이다. 하지만 이익과 욕심을 좇아서 살아온 사람은 선한 본성을 지키지 못하고 어렸을 때의 선한 마음을 지켜내지 못했다. 맹자는 이처럼 선한 마음을 지키지 못한 까닭은 다른 이유 때문이 아니라 스스로 포기했기 때문이라고 말했다. 바로 자포자기自暴自棄한 것이다. 요즘의 해석으로 자포자기는 절망에 빠져 스스로를 돌아보지 않는 것을 말한다. 하지만 맹자는 인의를 지켜나가지 못한 것을 두고 '스스로를 해치고(자포自暴), 스스로를 포기한 것(자기自棄)'이라고 했다. 《맹자》〈이루 상〉에는 이렇게 실려 있다.

"스스로 해치는 자와는 더불어 말할 수 없고, 스스로 포기한 자와는 함께 일할 수 없다. 입만 열면 예와 의가 아닌 것만 말하는 자는 스스로 해치

　　　　　　　　　　　　　다산의 마지막 공부

는 자다. 스스로 인에 머무를 수 없고 의의 길을 걸을 수 없다고 말하는 자는 스스로를 저버린 자다." 결국 자포자기한 자는 다른 누군가나 어떤 환경 때문이 아니라 스스로 포기하고 자기를 버린 자다. 변명할 수도 없고, 다른 무엇을 탓할 수도 없다.

아이의 마음으로
돌아가라

앞의 인용문에 대해 주자는 이렇게 해석해준다.

"어른은 지혜가 만물에 통달했지만 어린아이는 전혀 아는 것이 없으니 그 마음이 서로 다르게 보인다. 하지만 외부의 일이나 세상의 욕심에 뒤섞이지 않아서 한결같고, 또 거짓이 없는 점은 다르지 않다. 어른이 어른으로 된 까닭은 바로 여기에 있다."

사람들은 성장하면서 많은 공부를 하고 경험을 쌓아나간다. 지식이 쌓여가고 지혜가 점차 늘어감으로써 어른이 되어간다. 그렇게 키우고 양육하는 것이 바로 어른의 몫이다. 아이들은 어른의 보호와 양육으로 어른이 되고, 자기 몫을 할 수 있는 사회인이 되는 것이다. 하지만 진정한 어른이 되려면 반드시 지녀야 할 마음이 있다. 바로 어린아이의 순수한 마음이다. 다산은 험한 귀양지에서 《소학》을 읽으며 몸을 다스렸다고 했다. 학문의 최고 경지에 이르렀던 노 철학자가 어린아이들의 계몽서인 《소학》으로 다시 돌아간 것은 무슨 연유일까. 학문과 수양의 끝은 결국 자신을 둘러싸고 있던 모든 허식과 포장, 즉 모든 말단을 벗어버리고 근본으로 돌아가야 한다는 깨달음일 것이다. 바로 어린아이의 마음으로 돌아가야 한다는 생각이다.

아이의 마음은 하늘로부터 받은 선한 본성이 그대로 지켜진 상태다. 욕심이나 이익에 물들지 않고 선한 본성이 그대로 보존되어 있는 순결한 마음이다. 또한 아이의 마음은 겸손하다. 지식이나 지위를 자랑하지 않고, 그것을 가지고 다른 사람을 낮춰보지 않는다. 함부로 다른 사람을 비판하지도 않고, 나의 이익을 위해 다른 사람들을 이용하지도 않는다. 이처럼 사람을 진정한 사람으로 대할 수 있는 것이 바로 어린아이의 마음이다. 나이가 들었다고, 지위나 재산이 많다고, 세상의 명예가 있다고 스스로를 높이고 사람들을 함부로 대한다면 진정한 어른이라고 할 수 없다.

…

**진정한 어른이란
살아온 경험과 겪어온 세월에
휘둘리지 않는 사람이다.**

다산의 마지막 공부

마음을 지키고 싶다면
먼저 그 마음을 내려놓아라

人見其濯濯也 以爲未嘗有材焉 此豈山之性也哉 雖存乎人者 豈無仁義之心哉 其所以
放其良心者 亦猶斧斤之於木也 旦旦而伐之 可以爲美乎 孔子曰 操則存 舍則亡 出入
無時 莫知其鄕 惟心之謂與

인견기탁탁야 이위미상유재언 차기산지성야재 수존호인자 기무인의지심재 기소이방
기양심자 역유부근지어목야 단단이벌지 가이위미호 공자왈 조즉존 사즉망 출입무시
막지기향 유심지위여

사람들은 민둥산을 보고 '일찍이 그 산에 좋은 재목이 없었구나' 한다. 하지만 어찌 이
것이 원래 산의 본성이겠는가? 사람의 본성에도 어찌 인의 마음이 없었겠냐마는 자신
의 선한 마음을 놓아버려 도끼로 베어 넘기는 것과 같으니 날마다 베어버리면 어찌 아
름답겠는가. 공자께서 '마음을 지키면 보존되고, 놓으면 사라진다. 때 없이 들고 나기에
그 거처도 알 수 없다'고 했는데 이는 사람의 마음을 두고 한 말이다.

_《맹자》〈고자장구 상告子章句上〉

전국시대의 혼란 속에서 유교의 전통을 지켜온 두 사람으로 맹자와 순자
를 들 수 있다. 두 철학자 모두 전쟁과 혼란의 시대에 인의로 다스려지는
왕도정치를 꿈꾸었던 것은 같지만 그 생각과 방법은 달랐다. 맹자는 사람
의 선함을 믿고 천하는 오직 인의로 다스려질 수 있다고 생각했던 반면, 순
자는 왕도정치를 이루기 위해서는 반드시 사람들의 악한 성향을 다스려
야 한다고 생각했다. 그래서 순자의 문하에서는 훗날 법가의 정신과 실천
을 이끄는 두 제자가 태어났다. 진나라의 정치철학과 이념을 제시했던 한

비자와, 진시황과 함께 천하통일을 실제로 이룩했던 이사李斯다. 진시황은 한비자의 책을 읽고 감동해 그를 만나기 원했지만, 한비자는 진시황을 만나기 전에 동문 후배 이사의 흉계로 목숨을 잃고 만다. 한비자의 뛰어난 재능으로 인해 자신의 자리를 뺏길까 두려워했던 이사가 한비자를 제거했던 것인데, 이를 보면 인간은 이기적인 성향을 타고났다는 순자의 학설을 충실히 따랐던 제자들이라고 할 수 있다.

순자의 철학이념은 '성악설,' 사람은 악하게 타고났다는 것이고, 맹자의 이념은 '성선설', 사람의 본성은 선하다는 것이다. 두 사람의 이념기반은 다르지만 좋은 나라를 만들기 위한 해법은 동일했다. 바로 공부와 수양이다. 순자는 공부와 수양을 통해 사람의 본성을 규제하고 선함을 회복함으로써 왕도를 구현해야 한다고 생각했고, 맹자는 세상의 유혹과 세속적인 욕심으로부터 타고난 선함을 지키려면 공부와 수양을 쉬어서는 안 된다고 생각했다. 앞에 나온 우산牛山의 비유는 이를 풀어낸 구절이다.

우산의 비유는 사람의 선한 본성에 관한 것이다. 우산은 옛날 제나라의 수도인 임치臨淄의 근교에 있는 산이다. 우산의 나무들은 원래 아름다웠지만 사람들이 많이 사는 도시의 근교에 있었기 때문에 황폐해지고 말았다. 사람들이 땔감과 재목으로 쓰기 위해 도끼로 나무를 베어가고, 작은 풀들은 소와 양들이 뜯어먹었기에 민둥산이 된 것이다. 사람의 본성도 역시 마찬가지다. 원래는 아름답고 풍성했지만 살아가며 이런저런 나쁜 영향을 받아서 황폐해지기 마련이다.

여기서 수양을 위해 필요한 두 가지를 생각할 수 있다. 먼저 사람들은 자기가 머물 곳을 잘 골라야 스스로를 지킬 수 있다. 우산이 사람들의 손이 타는 도시 근교에 있어서 황폐해질 수밖에 없었던 것처럼 사람 또한 마찬가지다. 좋은 환경을 가려서 거주하지 않으면 피폐해지기 쉬울 수밖에 없다. 《열녀전》에 실려 있는 '맹모삼천지교孟母三遷之教'는 환경의 중요성에 대해 이야기한 대표적인 고사다. 맹자의 어머니는 주변에 쉽게 물드는 아이의 교육을 위해 세 곳으로 옮겨다녔다. 맹모가 맹자의 어린 시절에 좋은 환경을 주기 위해 노력했다면, "현명한 사람은 도가 행해지지 않는 세상을 피하고, 어지러운 지역을 피하고, 무례한 사람을 피하고, 그릇된 말을 하는 사람을 피한다"고 공자가 말했던 것은 성인이 난세를 살아가는 지혜라고 할 수 있다. 이외에도 《안자춘추》에 나오는 '습속이성習俗移性', 습속이 사람의 본성을 바꾼다는 고사도 좋은 습속이 있는 곳에 거주하라는 가르침이다.

인간은 주변과 서로
물들이고 물드는 존재다

이처럼 거주하는 환경도 중요하지만 평상시에 사귀고 대하는 사람들 역시 중요하다. 우산이 벌거숭이가 된 것이 날마다 와서 나무를 하고 소와 양을 먹이는 사람들 때문인 것처럼, 평소에 접하는 사람들이 도덕적으로 바르지 않다면 사람은 선한 본성을 지켜나가기가 쉽지 않다. '근묵자흑 근주자적 거필택린 취필유덕近墨者黑 近朱者赤 居必擇隣 就必有德', '묵을 가까이 하면 검어지고 붉은 물감을 가까이 하면 붉어지니 반드시 이웃을 가려서 살고 덕이 있는 사람과 사귀라'가 의미하는 바다. 《논어》에도 "사람의 허물은 어울리는 무리를 따른다. 그 허물을 보면 그가 얼마나 인한 사람인지 알 수 있다"라고 실려 있다.《맹자》에는 전설적인 황제 순임금의 예를 들어 가장 알기 쉽게 가르쳐준다. 위대한 순임금이 거친 환경에서는 야인과 같았지만, 선한 사람들을 접하면서 놀라울 정도로 크게 변화할 수 있었다는 고사다.

"순이 깊은 산 속에 있을 때는 나무나 바위 틈에서 살고, 사슴과 멧돼지와 함께 놀았으니 여느 야인과 다를 바가 없었다. 그러나 한 번이라도 좋은 말을 듣고 선행을 보게 됨으로써 마치 큰 강의 제방이 터진 것처럼 물이 넘쳐나 아무도 막을 수가 없었다."

여기서 순이 들었던 좋은 말이나 보았던 선행은 살아가면서 만났던 사람들로부터 얻었던 것이다. 이를 보면 어떤 사람이 되는가는 평소에 어떤 사람들과 함께했는가에 달려 있다. 특히 가진 꿈과 성장할 수 있는 잠재능력이 큰 사람이라면 더욱 그렇다. 좋은 선생과 좋은 친구를 만나 잠재력이 발현된다면 마치 큰 제방이 터져 물이 쏟아져 나오는 것처럼 훌륭한 능력과 덕성이 발휘된다. 그 가능성은 마치 평범한 야인이 위대한 황제가 되었던 것처럼 가늠할 수가 없는 것이다.

'원래 그런 사람'은
없다

요순임금은 중국의 전설적인 임금들로서 덕으로 천하를 다스려 이상적인 국가를 만들었다. 그래서 공자는 물론 맹자도 가장 뛰어난 성인聖人으로 요순을 추앙하고 있다. 하지만 맹자는 요순이 비록 위대한 인물이기는 해도 사람인 만큼 누구라도 열심히 노력하고 행하기만 하면 그런 업적을 이룰 수 있다고 말한다. 〈등문공 상〉에서 맹자가 등나라 세자였던 문공과 나누었던 대화를 보면 맹자의 뜻을 잘 알 수 있다.

"세자는 저의 말을 의심하십니까? 무릇 도는 하나뿐입니다. 성간成聞이 제나라 경공에게 이렇게 말했습니다. 저 사람도 사내고 저도 사내입니다. 제가 어찌 저 사람을 두려워하겠습니까? 안회는 이렇게 말했습니다. '순임금은 누구며 나는 누군가? 하려고 하는 사람이 있다면 누구나 이와 같을 것이다.'"

성간은 제나라의 용사이며 씨름의 고수인데 "다른 선수와 싸울 때 무섭지 않은가?"라고 묻자, "상대도 남자고 저도 남자인데 무엇이 두렵겠습니까?"라고 대답했다. 공자의 제자 안회 역시 '순임금도 사람이고 나도 사람이니 순임금이 해낸 일은 나도 할 수 있다'는 자신감으로 말했다. 사람들이 단지 어려워하고 스스로 포기하기 때문에 할 수 없을 뿐이지 하고자 하는 마음만 있다면 어떤 일도 해낼 수 있다는 말이다. 이 고사에서 미루어보면 사람들이 인과 의를 행하지 않는 것이 스스로를 망치고 스스로 포기하는 것이라고 질타했던 맹자의 의도를 알 수 있다.

앞의 인용문에서 맹자가 하고자 했던 말이 바로 이와 같다. 사람이라면 누구나 선한 본성을 타고났지만 스스로 그것을 지켜내지 못하고 포기하기 때문에 타락했다는 것이다. 하지만 그런 사람의 마음도 선한 본성에 가까워질 수 있는 기운을 얻게 되는 기회가 있다. 밤낮으로 만물을 키우고 새벽에 이르러 맑은 기운을 주는 하늘의 이치가 사람에게도 적용되기 때문이다. 하지만 다시 낮을 지나 밤이 되듯이 시간이 지나면서 점차 욕심에 물들고 이익의 유혹에 넘어가는 세속적인 삶을 살기 때문에 좋은 기운은 점차 사라지게 된다. 하루하루 그런 삶이 반복되면서 인간은 점점 더 타락하게 되고, 결국 짐승과 다를 바 없게 된다. 그 모습을 보고 사람들은 '원래부터 저 사람은 나쁜 사람이다'라고 비난하지만, 사실은 살아가며 스스로를 잘 지켜나가지 못했던 결과일 뿐이다.

사람들은 흔히 자신의 실패를 두고 외부 환경이나 다른 사람들의 탓으로 돌린다. 하지만 맹자의 주장에 따르면 실패의 원인은 외부 환경에 휘둘리면서 자기를 해치고, 스스로를 포기했던 데 있다. 평소에 자포자기하는 삶을 살았기에 실패한 오늘, 타락한 자신이 만들어진 것이다.

'마음을 지키면 보존되고, 놓으면 사라진다. 때 없이 들고나기에 그 거처도 알 수 없다.' 공자의 이 말처럼 그냥 놓아두면 어디로 가는지도 모르는 마음, 반드시 지켜 잘 보존해야 한다. 일단 한 번 놓아버리면 다시 되찾아 오기에는 몇 배의 힘이 든다. 우리 모두 경험해보지 않았는가. 일상을 살아가면서 수많은 감정에 휩싸이고, 유혹에 쉴 새 없이 흔들리는 것이 우리 마음이다. 양심을 지켜야 한다는 것은 알지만 때때로 눈 감고 싶은 마음이 훨씬 더 클 때도 있고, 실제로 눈을 감아버리는 때도 있다. 그것이 점차 쌓이고 습관처럼 되면 양심에 무감각한, 사람들로부터 '원래 그런 사람이다'라는 말을 듣는 사람이 되고 만다.

마음을 붙잡기 위해서는
미혹되지 않아야 한다

이처럼 흔들리는 마음을 붙잡기 위해서는 《심경부주》에 실려 있는 난계 범준의 해설이 유용하다. 결론으로 소개해본다.

"군자의 학문은 마음을 근본으로 한다. 마음이 거기에 없으면 책의 글이 보이지 않고, 시를 읊는 소리도 들리지 않는다. 귀로 듣고 입으로 말하는 학문도 그런데, 하물며 이치를 궁구하여 앎에 이르는 학문은 어떻겠는가? 따라서 배우는 사람은 먼저 마음을 보존해야 한다. 마음이 보존되면 근본이 세워지고, 근본이 세워진 다음에야 배움을 말할 수 있다. 대개 배움은 깨달음이다. 깨달음은 마음에서 말미암으니 마음이 보존되지 않으면 무슨 깨달음이 있겠는가? 맹자는 '사람이 금수와 다른 것은 거의 드문데, 사람들은 그것을 없애버리고 군자는 그것을 보존한다'고 말했다. 이 마음이 보존되지 않으면 곧 어리석고 치우치고 어긋나서 감정에 자극되고 욕망에 따라서 사물과 자신을 구분하지도 못하니 어떻게 깨달을 수 있겠는가? 마음은 비록 움직이지 않은 적이 없지만 이른바 '지극히 고요한 것(지정至靜, 지극히 고요함에서 나오는 도는 억지로 바꿀 수 없다는 이치)'이 있으니, 마음속에서 어지러운 것은 들뜬 생각과 사특한 생각이며 사물에 접하여 이끌린 것이다. 비록 백 가지 생각이 번거롭고 어지럽더라도 '지극히 고요한 것'은 그대로다. 군자가 마음을 논하면서 반드시 '보존됨과 없어짐'을 말한 것은 마음이 참으로 없어진다는 것이 아니라 '붙잡음과 놓아버림'을 가지고 말한 것뿐이다. 따라서 사람이 마음을 붙잡는 방법을 안다면 마음은 보존된다. 맹자는 '마음을 기르는 데는 욕심을 줄이는 것보다 더 좋은 것이 없다(양심, 막선어과욕養心, 莫善於寡欲)'라고 했는데, 욕심을 줄임으로써 마음을 길러 밖의 것에 유혹당하지 않는 것이 바로 마음을 보존하는 시작이다."

...

욕심을 버리기 위해서는

버리겠다는 욕심부터 버려야 한다.

공부는 잃어버린 마음을
찾는 과정이다

✦

仁人心也 義人路也 學問之道無他求其放心而已矣
인인심야 의인로야 학문지도무타구기방심이이의

인은 사람의 마음이요, 의는 사람이 걸어가야 할 길이다.
학문의 길은 다른 데 있는 것이 아니라 잃어버린 마음을 찾는 데 있다.

_《맹자》〈고자장구 상〉

유학의 시조인 공자는 자신의 철학사상의 핵심을 '인'이라고 했다. '인'으로 다스려지는 이상적인 세상을 꿈꿨고, 그 실천방안으로 개개인이 '서恕의 정신', 배려하고 공감하는 마음으로 살아가야 한다고 했다. 공자 철학의 집대성이라고 할 수 있는 《논어》에는 '인'에 대해 다양한 해석과 정의가 실려 있다. 하지만 맹자는 인과 더불어 의도 강조했다. '인'을 거론할 때도 '의'를 붙여서 '인의'라고 할 때가 많았다. 《맹자》의 맨 앞부분에서 이익을 묻는 양혜왕에게 "오직 인의만이 있을 뿐입니다"라고 말했던 것을 비롯해서, 마지막 장까지 인의라는 단어가 계속해서 나온다. 맹자는 내면의 인을 겉으로 구현한 것이 바로 의라고 생각했기 때문이다. 내면에 인을 갖춘 사람으로서 마땅히 해야 할 일, 당연히 걸어야 할 길이 의이기 때문에 인과 의가 별개가 아니라 하나라고 본 것이다.

앞의 인용문 첫 문장에서 맹자는 "인은 사람의 마음이요, 의는 사람이 걸어가야 할 길이다"라고 했다. 《맹자집주》에 실려 있는 주자의 해설을 보면 이 구절을 좀 더 쉽게 이해할 수 있다. 이 구절은 《심경》의 원주에도 인용되어 실려 있다.

> 인이란 마음의 덕이니(인자, 심지덕仁者 心之德), 정자는 '마음은 곡식의 씨앗과 같으니 생명성이 곧 인이다'라고 했다. 그러나 '인'이라고만 하면 사람들은 그것이 자신에게 절실한 것인지 알지 못한다. 그러므로 돌이켜 그것을 '사람의 마음'이라고 했으니, 온갖 변화에 대응하는 이 몸의 주인이라서 잠시라도 잃어버려서는 안 된다는 것을 알게 한다. 의란 일을 행하는 데 마땅함이라서 '사람의 길'이라고 했다. 사람이 출입하고 왕래할 때 반드시 따라야 할 길이라서 잠시라도 버려선 안 된다는 것을 알 수 있다.

인과 의는 원래 측은지심과 수오지심이 발현되어 나타나는 덕이다. 하지만 단순히 인과 의라고 하면 자신에게 절실한 것이고, 반드시 따라야 할 덕목이라는 것을 실감하지 못할 수도 있다. 흔히 말하듯이 '그건 내가 아니라 다른 사람에게 해당되는 것이야'라고 하거나, '내 능력으로는 그것을 할 수 없어'라는 자포자기를 하지 않도록 하기 위해 맹자는 '인은 사람의 마음이다'라고 말했다. 인의는 다른 사람의 일이 아닌 바로 나 자신의 일, 내 마음으로 지켜나가야 할 일이라는 것이다.

이렇게 보면 사람에게 가장 중요한 것은 바로 인과 의를 실행하는 마음

다산의 마지막 공부

이다. 곡식에게 가장 중요한 것이 생명의 근원인 싹인 것처럼 사람에게 가장 중요한 것은 바로 마음의 생명성이라고 할 수 있는 인이다. 하지만 사람들은 자신을 사람답게 하는 것, 생명의 근원이 되는 마음을 잃고서도 찾을 줄 몰랐다. 그것이 맹자는 안타까웠다. 《맹자》 〈고자장구 상〉에 보면 사람은 자신이 가장 중요하게 여기는 것을 위해 목숨까지 버릴 수 있다고 실려 있다. 이를테면 자신의 생명을 가장 중요하게 여기면 자신의 생명을 지키기 위해 무슨 짓이라도 한다. 하지만 만약 생명보다 더 소중하게 여기는 것이 있다면 그것을 지키기 위해 생명조차 버릴 수 있다. 맹자는 그것을 모든 사람이 다 가지고 있다고 했는데, 바로 인과 의다. 사람의 선한 마음인 것이다.

하지만 많은 사람들이 목숨보다 더 소중한 것, 이를 이루기 위해 목숨도 내놓을 수 있는 것으로 부와 권력을 꼽는다. 맹자는 그것을 닭과 개로 상징했다. 모두가 소중히 여기지만 사실은 하찮은 것에 불과하다는 것이다. 사람들은 닭이나 개를 잃어버리면 지체 없이 그것을 찾으러 동네를 헤맨다. 하지만 정작 가장 소중한 자신의 마음을 잃고서는 찾을 줄을 모른다. 심지어 그것을 잃어버렸는지조차 모르는 사람도 많다. 닭이나 개를 찾아 헤매는 것은 오늘날의 관점에서 보면 성공주의, 물질주의를 뜻한다. 사람들은 재물을 얻기 위해, 성공하기 위해 자신의 모든 것을 걸지만 정작 인의의 소중함을 깨닫지 못한다. 심지어 인의란 재물을 얻는 데 걸림돌이 된다는 풍조까지 만연하고 있는 실정이다. 이러한 탐욕은 있는 자, 가진 자에게서 더욱 심하게 나타난다.

스스로 뱉은 말과 써내려간 글에
부끄럽지 않은 삶

《맹자》〈등문공 상〉, 〈양혜왕 상〉을 보면 '무항산 무항심無恒産 無恒心'의 고사
가 거듭 나온다. 〈양혜왕 상〉에는 이렇게 실려 있다. 맹자가 양혜왕에게 간
언했던 내용이다.

　"일정한 생업이 없는데도 일정한 마음을 가질 수 있는 것은 오직 선비
만이 가능한 일입니다. 일반 백성들은 일정한 생업이 없으면 일정한 마음
을 가질 수가 없습니다(무항산 무항심). 진실로 일정한 마음이 없으면 방탕,
편벽, 사악, 사치 등 못 하는 짓이 없게 됩니다. 죄에 빠진 다음에 따라가서
형벌을 가한다면 이것은 백성을 속이는 것입니다."

　'무항산 무항심'은 삶을 영위할 수 있는 일정한 재산이나 소득이 없으
면 올바른 마음을 가질 수 없다는 뜻이다. 백성들에게는 올바른 마음을 가
지라고 강제하기 전에 먼저 삶을 영위할 수 있는 소득이 주어져야 한다.
소득을 주지 않는것은 백성들을 죄에 빠뜨리는 일이고, 그렇게 죄인이 된
백성을 형벌로 다스리는 일은 잘못이라는 것이다. 하지만 학문과 수양을
갖춘 사람, 벼슬의 자리에 있는 사람을 뜻하는 선비, 즉 사회지도층에 있
는 사람은 설사 재물이 없어도 자신을 지킬 수 있고 지켜야 한다고 맹자는
말했다. 진정한 선비의 자격은 바로 여기에 있다고 본 것이다.

　하지만 오늘날에는 보다 많은 권한이 주어질수록 재물에 대한 욕심 또
한 더욱 심해지기 쉽다. 사회와 집단을 이끌어가는 이들은 자신의 재력이
나 권력을 이용해서 재물과 권력을 늘리는 데에만 열중하고 있다. 심지어

　　　　　　　　　　　　　　　　　　　다산의 마지막 공부

불법과 부정한 방법까지 동원해 자신의 탐욕을 채워나가는 사람도 적지 않은 것 같다.

맹자는 이런 마음을 바로 잡기 위해서는 학문의 길밖에는 없다고 봤다. 《심경》의 주석에서 주자는 이렇게 말한다. "학문을 하는 일은 진실로 방법이 한 가지만은 아니다. 그러나 모두 본심의 바름을 잃어버리지 않기를 구하는 것일 뿐, 다른 방법이 없다." 정자는 "성현들의 수천 마디 말은 단지 사람들이 이미 놓아버린 마음을 단속해 몸에 다시 돌아오게끔 하는 것이니, 이렇게 하면 자연히 위를 향해가므로 사람의 일을 배워 하늘의 이치에 도달(하학이상달下學而上達)하게 될 것이다"라고 하며 맹자의 생각을 풀이했다. 《심경부주》에 실려 있는 주자의 말은 마치 오늘날의 세태를 꾸짖듯이 더욱 신랄하다.

"오로지 과거공부만 하는 사람이 과거에서 써내려가는 답안지를 보면 모두 성현의 말씀이다. 청렴에 대해 논하라면 잘 할 수 있고, 의에 대해 논해도 마찬가지다. 그러나 스스로는 청렴하지도 의롭지도 않으니, 많은 말을 하지만 단지 종이 위에서만 말하기 때문이다. 청렴도 제목상의 청렴이고, 의도 제목상의 의에 불과하니 모두 자신과는 아무런 관계도 없다."

오늘날에도 사회에서 성공하려면 수많은 시험을 거쳐야 한다. 대학시험을 통해 명문대에 들어가려고 애쓰고 입사시험을 통해 좋은 회사에 취직하는 데 모든 것을 건다. 학교를 졸업하고 사회생활을 할 때도 마찬가지다. 시험에서 좋은 성적을 거둘 수 있어야 다른 사람보다 일찍 승진할 수 있다. 하지만 이런 과정에서 배우는 것은 모두 좋은 직업을 선택하거나 직업에서 성공하기 위해 필요한 전문지식이다. 자기계발을 통해 쌓는 지식

역시 인맥을 쌓는 법이나 처세술, 커뮤니케이션 능력 등과 같이 사회에서의 성공을 보장하는 외적인 능력을 키우는 데 집중되어 있다. 그러나 바른 삶을 살기 위한, 스스로 성찰하고 내면의 힘을 키우고 바로 세우는 공부는 그다지 실용성이 없다고 보고 따로 하지 않는다. 맹자가 말했듯이 인의를 잃어버리고 찾을 생각은 하지 않는 것이다.

오늘날 사회적으로 성공을 거뒀다고 평가받는 사람에게 청렴과 의에 대해 논하라고 한다면 탁월한 글쓰기 능력과 논리력, 표현력으로 멋지게 모범답안을 만들어낼 것이다. 하지만 자신이 써내려간 글을 스스로의 삶에서 얼마나 실천하는가는 전혀 다른 문제다. 최근에 사회적으로 높은 지위에 있는 사람들이 과거에 저질렀던 잘못이 늦게나마 밝혀지는 경우가 많다. 주로 그들로부터 피해를 입은 사람들이 용기를 내어서 고발했기 때문이다. 이 경우에 대부분, 아니 거의 전부의 가해자들은 먼저 자신의 행위를 부인하며 상대방에게 증거를 댈 것을 요구한다. 실제로 자신이 그 일을 저질렀는지, 아닌지는 전혀 고려의 대상이 되지 않는다. 마음을 잃어버린 사람, 양심을 버린 사람들의 행태다.

맹자는 사람에게 사단, 즉 선한 마음이 없으면 사람이라고 할 수 없다고 말했다.

...

**인간이 공부하는 이유는
잃어버린 마음을 찾기 위해서다.**

다산의 마지막 공부

자신에게만 너그러울 때
사람은 괴물이 된다

今有無名之指 屈而不信 非疾痛害事也 如有能信之者 則不遠秦楚之路 指不若人
則知惡之 心不若人 則不知惡 此之謂不知類也
금유무명지지 굴이불신 비질통해사야 여유능신지자 즉불원진초지로 지불약인
즉지오지 심불약인 즉부지오 차지위부지류야

누군가 약손가락이 펴지지 않는다면, 설사 아프지 않고 일을 하는 데 지장이 없어도
그 손가락을 펴 줄 사람을 먼 곳도 마다 않고 찾아다닌다. 손가락 하나가 남들과 달라도
이처럼 싫어하면서 마음이 남과 다른 것은 싫어할 줄 모르니,
이를 일러 일의 경중과 등급을 모른다고 한다.

_《맹자》〈고자장구 상〉

《주역》〈계사전〉에는 "세상은 비슷한 성질을 가진 것들끼리 모이고, 만물
은 무리를 지어서 나뉘어 산다. 길흉이 그로 말미암아 생긴다(방이유취 물이
군분 길흉생의方以類聚 物以群分 吉凶生矣)"라고 실려 있다. '같은 종류들끼리 함께 모
인다'는 뜻의 유유상종과 비슷한 의미다. 《주역》에서는 이로 인해 좋은 일
도 있지만 나쁜 일도 생길 수 있다고 했다. 천하의 각 사물에는 제각각 맡
겨진 일이 있기 때문에 맡겨진 일을 힘을 합쳐서 잘 해내면 좋은 일이지만,
비슷한 것들끼리 휩쓸려 바른 일을 하지 못하거나 잘못된 풍토를 만든다
면 반드시 나쁜 일이 생긴다. 요즘 말하는 동류의식이나 연고주의, 학벌주
의, 인종차별과 같은 것들이 바로 그렇다.

공자는 이를 경계해 "군자는 조화를 이루되 같음을 강요하지 않고, 소인은 같음을 강요하면서 조화를 이루지 않는다(군자화이부동 소인동이불화君子和而不同 小人同而不和)"라고 말했다. 서로 이질적인 것들이 조화를 이루고 함께할 때 더 좋은 세상을 만들 수 있다는 말이다. 오늘날도 마찬가지다. 만약 나와 동류가 아니라고 해서 비난하거나, 다른 생각을 가졌다고 해서 따돌린다면 글로벌 시대, 창의력의 시대에 합당한 사고방식이라고 할 수 없다. 결국 뒤처지고 만다.

삶에서 가장 중요하게 꼽은 가치를
진정으로 중요하게 여기는가?

앞의 인용문에서 '약손가락이 굽은 사람'이란 다른 사람과의 차이로 인해 어려움을 겪는 사람이다. 남들과 다른 자신의 모습이 부끄러워서 비록 살아가는 데 지장이 없고 전혀 고통도 없지만 남들과 같아지기 위해 노력한다. 심지어 광활한 중국대륙을 가로질러 멀리 있는 초나라나 진나라와 같이 먼 곳이라도 찾아가 고치려고 한다. 손가락이 굽어서 펴지지 않는 것은 어떻게 보면 사소한 일이라고 할 수 있다. 하지만 정작 당사자에게는 다른 그 어떤 것보다도 자신의 모습이 참기 어려울지도 모른다. 특히 함께하는 사람들로부터 차별과 멸시를 받게 되면 더더욱 힘이 들 것이다.

맹자는 사람들에게 정말 중요한 것은 손가락이 아니라 마음이 남들과 같지 않은 것이라고 말한다. 그리고 사람들이 남들과 손가락이 다른 것은 아파하면서 마음이 다른 것은 전혀 아무렇지도 않게 여기는 상황을 한탄한다. 여기서 마음이 다르다는 것은 하늘이 준 본성을 잃어버린 상태를 말한다. 즉 사단으로부터 말미암은 선한 삶을 살지 않으면서도 자신이 잘못된 것을 전혀 느끼지 못하는 사람들이다.

〈고자장구 상〉에는 이렇게 실려 있다. "입은 맛에 대해 똑같이 좋아하는 것이 있고, 귀는 소리에 대해 똑같이 듣는 것이 있으며, 눈은 색에 대해 똑같은 아름다움을 느낀다. 그런데 왜 마음에는 똑같이 느끼는 점이 없을까? 마음이 똑같다는 것은 무엇일까? 바로 이치와 의다. 성인들은 우리 마음의 같은 점을 먼저 알았던 사람이다. 이치와 의가 우리 마음을 즐겁게 하는 것은 소와 돼지고기가 내 입을 즐겁게 해주는 것과 같다."

정도의 차이는 있지만 사람들의 희로애락이나 이목구비의 본성은 모두 동일하다. 맛있는 음식과 아름다운 소리, 아름다운 풍경과 모습을 싫어하는 사람은 없다. 하지만 사람들의 마음은 제각각 다르다. 하늘로부터 이와 의를 처음에는 동일하게 받았지만 살아가면서 옳고 그름, 선과 악으로 나뉜다. 그리고 사람들이 본성으로 받은 이치와 의를 행할 때는 마음이 즐거운데, 그것을 행하지 않으면서도 잘못된 것을 모른다면 마음의 병이 있는 것이다. 이러한 상황은 병이 있을 때 맛있는 음식을 먹으면서도 맛을 모르는 것과 같다.

앞의 원문에서 부지류不知類는 '일의 경중과 등급을 모른다'로 해석된다. 주자는 "일의 경중과 등급을 모른다는 것은 어떤 것이 중요하고 시급히 해야 할 일인지를 모른다는 것이다"라고 《심경》〈원주〉에서 풀이했다. 《심경부주》에는 정자의 풀이가 실려 있다. "사람이 몸을 봉양하는 물질에 대해서는 일마다 다 잘되기를 바라면서 정작 자신의 몸과 마음에 있어서는 도리어 좋아지려고 하지 않는다. 외부의 사물이 좋게 되었을 때는 도리어 자신의 몸과 마음이 이미 좋지 않게 되었다는 것을 알지 못한다."

몸을 봉양하는 것은 물질적인 것으로 부와 지위, 권력 등을 말한다. 요즘으로 치면 성공지상주의다. 사람들은 부자가 되기 위해, 지위와 권력을 얻기 위해 모든 노력을 경주한다. 그것을 얻기 위해서 수단방법을 가리지 않고, 남들보다 앞서기 위해 술책을 쓰고 술수를 부린다. 그것이 올바른 일인지, 의로운지는 전혀 염두에 두지 않는 사람도 많다. 그리고 마침내 부와 성공을 손에 쥐었지만 결코 만족하는 법이 없다. 더 많은 재산, 더 높은 지위에 오르기 위해 또다시 탐욕을 부리기 시작하는 것이다. 이 과정에서 그 사람의 마음은 망가진다. 비록 사람들로부터 높임을 받고 부러움을 받을지라도 심각하게 그 인성은 훼손되고 만다.

《순자》를 보면 "부자가 되고 싶은가? 치욕을 참고, 목숨을 걸고, 친구를 버리고, 의로움을 버려라"고 실려 있다. 부자가 되는 방법을 역설적으로 이야기하고 있지만, 수단방법을 가리지 않고 부자가 되었을 때 무엇을 잃어버리는가를 생생하게 이야기하고 있다. 명예와 목숨, 그리고 우정과 의로움 등 우리의 삶에서 가장 소중하고 반드시 지켜야 할 것들을 포기해야 한다는 경고다. "개처럼 벌어서 정승처럼 쓴다"는 속담이 있다. "돈에는 선악이 없다"는 말도 있다. 돈을 버는 데 수단과 방법을 가릴 필요가 없다는 사회적인 풍조를 일컫는 말들이다. 물론 돈 자체는 가치중립적이다. 하지만 내가 벌어서 가진 '돈'은 가치중립적이지는 않다. 어떤 수단으로, 무엇을 포기하고 돈을 가졌는지에 따라서 그 가치는 달라진다. 내가 가지게 된 돈이 나의 삶을 말해준다. 가진 돈을 어떻게 쓰느냐가 나의 가치관, 인생관을 말해준다.

스스로를 보지 못한다면
눈을 감고 걷는 것과 같다

세상에는 몸이 남들과 다른 사람들이 많다. 약손가락이 펴지지 않은 것과 같은 작은 장애도 있고, 정상적인 생활이 어려울 정도의 큰 장애도 있다. 이들 가운데에는 타고난 이들도 있지만 살아가면서 불편함이 새로이 생긴 경우도 있다. 특히 요즘은 사건, 사고로 인해 장애가 발생한 경우가 많다. 이들은 겉모습이 여느 사람들과 조금 다를 뿐이다. 생활에서 상대적으로 불편을 보다 더 겪을 수는 있지만 그로 인해 삶이 망쳐지지는 않는다. 하지만 우리 주위에는 스스로 자신의 삶을 망치면서도 깨닫지 못하는 사람들이 많다. 멋진 외모, 풍부한 지식, 높은 지위와 넉넉한 부를 가지고 있지만 정작 자신의 마음, 뿌리가 병든 것을 모르는 사람들이다.

《장자》에는 정나라의 재상이었던 자산과 형벌로 다리가 잘린 신도가의 이야기가 나온다. 두 사람은 당대의 스승이었던 백혼무인에게 배웠다. 신도가와 함께 배우는 것이 부끄러웠던 자산은 신도가에게 나가 달라고 이야기한다. 만약 나가지 않으면 자기가 나가겠다고 협박하며, 불구인 사람이 자신처럼 높은 지위의 사람과 어떻게 함께 공부할 생각을 할 수 있냐고 비난한다. 그러자 신도가가 말했다.

"스스로 자기 잘못을 변명하며 발이 잘리는 형벌을 받지 말았어야 했다고 말하는 사람은 많아도, 그 잘못을 변명하지 않고 애초에 발이 있어서는 안 되었다고 말하는 자는 적습니다. 형벌을 당한 것이 사람의 힘으로 어쩔 수 없음을 알고, 운명으로 받아들여 마음을 평안히 하는 것은 오직 덕이 있는 사람만 할 수 있습니다. 활의 명수 예가 활을 쏘았을 때 그 사정거리 안에 있으면 화살에 맞기 마련입니다. 만약 맞지 않는다면 운이 좋았던 것입니다. 세상사람 중에는 내 발이 없다고 비웃는 사람이 많이 있습니다. 나는 그 말을 들으면 화가 나지만 스승님께 갔다 오면 모든 것을 잊고 맙니다. 나는 19년 동안 스승님과 함께 지내지만 내가 '병신'이라는 것을 모르고 살았습니다. 당신과 나는 마음으로 사귀는데 당신은 오직 겉모습에서 나를 찾고 있으니 어찌 잘못이 아닙니까?"

신도가의 말을 듣고 자산은 자세를 고치며 말했다. "자네, 부디 그만해 주게나."

자산은 정나라의 명재상으로 명성이 높았다. 《논어》〈공야장〉에는 공자가 자산을 극찬했던 말이 나온다. "자산은 군자의 도 네 가지를 갖추고 있었다. 처신에는 공손하고, 윗사람을 섬길 때는 공경스러웠고, 백성의 살림에는 은혜롭게, 백성을 부릴 때는 의에 맞게 했다."

이처럼 공자로부터 인정을 받았던 사람도 마음이 '불구'였던 적이 있었다. 그만큼 마음을 지켜나가기가 쉽지 않다. 일부 부유층의 '갑질', 권력자의 위선, 공직자의 부패 등 모두가 비난하는 사회악들이 있다. 그러나 손가락질 받는 잘못을 저지르는 이들이 우리와 다른 '괴물'은 아니다. 누군가를 비난하기는 쉽다. 그러나 그 속에서 혹시 내 모습이 비춰지지는 않

다산의 마지막 공부

는지 돌아보는 것은 쉽지 않다. 혹은 평상시의 삶에서 가난한 사람들, 장애를 가진 사람들, 사회적 편견에 시달리는 사람들을 알게 모르게 무시했던 적은 없는지 살펴보아야 한다. 설사 그들을 무시하지 않았어도 방관했다면 그 역시 내 마음이 불구이기 때문인 것이다.

...

누군가의 부족함을 비난하기는 쉽다.
그러나 타인을 비춰
스스로의 부족함을 돌아보는 것은 어렵다.
타인의 부족함에 혹독하고
자신에게 너그러운 이야말로 부족한 사람이다.

이상에 취하지 말고 일상에 몰두하라

아흔이 되니
누군가를 원망하지 않게 되었습니다.
제가 그들의 입장이었을 때,
그들보다 더 선하게 행동했을 것이라고
장담할 수 없기 때문입니다.

_《다 지나간다》 중에서

손해 봐도 좋다는 마음이
더 큰 것을 가져다준다

人之於身也 兼所愛 體有貴賤有小大 無以小害大 無以賤害貴
養其小者爲小人 養其大者爲大人
인지어신야 겸소애 체유귀천유소대 무이소해대 무이천해귀
양기소자위소인 양기대자위대인

사람이 자기 몸은 구석구석 아끼지 않는 데가 없다. 몸에는 귀한 부분과 천한 부분,
큰 것과 작은 것이 있다. 작은 것을 위해 큰 것을 해치지 않아야 하고,
천한 것으로 귀한 것을 해쳐서는 안 된다. 작은 부위를 기르는 자는 소인이 되고,
크고 귀한 부분을 기르는 자는 대인이 된다.
_《맹자》〈고자장구 상〉

전국시대 맹자와 비슷한 시대에 활동하던 양주楊朱의 학파가 있었다. 맹자
의 유가가 인의를 위해서 목숨도 버릴 수 있다고 주장했던 반면에 양주는
극단적인 이기주의, '위아사상爲我思想'을 주창했다. 맹자는 양주에 대해 이
렇게 말했다. "양주는 나를 위하는 것이 가장 좋다고 주장하며, 자기 몸의
한 오라기 털로 천하에 이익을 가져온다고 해도 하지 않는다."

양주는 사람들이 오직 자기를 생각하고 자기 이익만 보전하면 천하가
오히려 잘 다스려진다고 생각했다. "사람마다 천하를 이롭게 하지 않아도
천하는 잘 다스려진다(인인불리천하 천하치의人人不利天下 天下治矣)"라고 주장한
것이다. 또한 "한 올의 털은 살점보다 미미하고 살점은 몸의 한 부분보다

다산의 마지막 공부

미미하다. 그러나 한 올의 털이 모여 살점을 이루고, 살점이 모여 한 부분을 이룬다. 한 올의 털은 본래 몸의 만분의 일이지만 어찌 가볍게 여기겠는가?"라고 말하기도 했다. 겉으로 보면 극단적인 이기주의지만, 그 근저에는 도가가 주장했던 무위의 철학과 유가에서 말하는 자애自愛의 철학이 담겨 있다. 하지만 유가의 자애가 정신적인 추구였다면 양주의 철학은 자기보호에 치우쳤다. 그래서 맹자는 그 과도한 논리와 극단적인 이기주의에 지나치게 치우치는 것을 비난했던 것이다.

이런 이기주의적 성향은 본성적으로 사람들에게 갖춰져 있다. 또한 이기주의적 본성이 세상을 움직이게 하는 동력이 된다고 주장하는 철학사상도 있다. "의사가 남의 상처를 빨고 남의 나쁜 피를 머금는 것은 골육의 정이 있어서가 아니라 이익이 더해지기 때문이다. 관을 짜는 사람이 관을 짜면서 사람들이 일찍 죽기를 바라는 것은 관 짜는 사람이 도적이어서가 아니라 사람들이 죽지 않으면 관이 팔리지 않기 때문이다"라고 했던 한비자의 주장은 진나라의 천하통일을 이루는 기반철학이 되었다.

인간의 이기주의적 본성에 대해서는 한비자로부터 약 이천여 년 후 서양의 도덕철학자의 책에도 비슷한 주장이 등장한다. 현대자본주의의 아버지로 불리는 애덤 스미스는 《국부론》에서 "우리가 저녁식사를 기대할 수 있는 것은 푸줏간 주인, 술집 주인, 빵집 주인의 자비심이 아니라 그들의 자기 이익을 챙기려는 마음 덕분이다. 우리는 그들의 박애심이 아니라 이기심에 호소하며 우리의 필요가 아니라 그들의 이익을 이야기한다"라고 주장했다. 애덤 스미스의 《국부론》은 세계 경제의 비약적 발전을 이루는 근대 경제학의 뿌리가 되었다.

작은 것에 휘둘려
큰 것을 놓치지 말아야 한다

이런 고차원적인 철학을 거론하지 않더라도, 사람들에게는 누구라도 양주와 같은 이기주의적인 성향이 있다. 천하를 위해 털 한 오라기도 뽑아주지 않을 정도는 아니겠지만, 아무리 작은 부분이라고 해도 자기 몸이 상한다면 누구라도 고통스러워하고 힘들어한다. 심지어 곁에서 크게 다친 사람이 있다 하더라도 자기 몸이 상하지 않은 것에 사람들은 안도한다. 그리고 자기 가족들의 안전을 그 무엇보다 우선한다. 사람들은 자기 몸을 비롯해 자기와 가까운 곳에서부터 아끼고 사랑하는 정도가 점점 더 커져가기 마련이다.

하지만 자기 몸에도 중요한 부분이 있고 상대적으로 중요치 않은 부분이 있다. 상처를 입었을 때 간단한 치료만으로 해결될 수 있는 부분도 있지만 큰 수술을 하지 않으면 안 되는 치명적인 부위도 있다. 이런 관점에서 보면 살보다는 뼈가 더 중요하고, 손가락이나 발가락보다는 등이나 어깨가 더 소중하다. 머리와 심장은 더 말할 나위도 없다. 정상적인 사람이라면 누구나 손가락 하나보다는 어깨와 등과 같이 더 중요한 부분을 아끼고 소중히 여긴다. 만약 사소한 것에만 열중하면서 정작 중요한 것을 놓친다면, 맹자의 말에 따르자면 병든 이리처럼 스스로를 돌아보지 못하는 사람이 되고 만다. 원래 이리는 뒤를 자주 돌아보는 속성이 있다. 혹시 닥칠 위험에 대비하고 자신을 지키기 위해서다. 하지만 병든 이리는 돌아볼 수가 없어서 자신을 지키지 못한다.

맹자는 사람 몸의 모든 것 중에서 무엇보다도 귀중한 것은 바로 마음이라고 했다. 신체의 어떤 부분보다도 마음을 길러야 한다는 것이다. 주자는 이 구절을 두고 "천하고 작은 것은 입과 배(구복口腹)요, 귀하고 큰 것은 마음과 뜻(심지心志)이다"라고 말했다. 여기서 입과 배는 욕망을 따르는 것이고, 귀하고 큰 것은 마음과 뜻을 지키는 것이다.

물론 음식을 먹지 않으면 사람들은 생명을 부지하지 못한다. 먹을 것을 찾는 것도 사람의 본성이며, 먹어야 생명을 부지할 수 있다. 따라서 맹자는 먹고자 하는 욕심을 따르는 일이 잘못되었다고 하지는 않았다. 오직 먹고 마시는 데 목적을 두거나, 정도를 벗어나 환락에 빠지면 단순히 한 치의 살이 되고 말 뿐이라는 것이다. 《심경질서》에는 이렇게 실려 있다. "몸이 있으면 저절로 인심이 있게 된다. 무릇 입과 배가 먹고 마시며, 코와 입이 냄새를 맡고 맛을 보는 것은 모두 사람의 마음에 고유한 것으로 처음부터 의를 해치지는 않는다. 그러나 분수를 지나쳐서는 안 되니 맹자의 이른바 명命이 있다는 것이 바로 이를 가리킨다."

입과 배가 먹을 것을 구하는 것이나, 코와 입이 좋은 향기를 찾고 맛을 보는 것은 모두 하늘이 내려준 사람의 본성이다. 하지만 군자는 본성이라고 핑계를 대고 무조건 탐하지 않는다. 반드시 분수를 지키고 덕에 맞는지를 살펴서 먹고 마시는 것을 절제한다. 만약 먹고 마시는 것에 취한다면 그것은 '말단이 근본을 해치는 것'이 되고 만다. 《대학》에 "덕은 근본이고 재물은 말단이다(덕자본야 재자말야德者本也 財者末也)"라고 실려 있듯이, 마음의 덕을 지키는 것이 근본이고 욕망을 탐하는 것은 말단이다. 《논어》에 있는 '본립도생本立道生', 근본이 바로 서야 도가 생겨난다는 구절도 마찬가지다. 욕망이 아니라 마음을 바로잡아야 도를 이룰 수 있다.

더불어 살아가는 것은
군자의 책임이다

맹자는 〈진심 하〉에서 물욕을 다스리는 자세를 이렇게 말했다.

"집의 높이가 몇 길이나 되고, 처마가 몇 자나 된다지만 내가 뜻을 펼친다면 그렇게 만들지 않을 것이다. 앞에 음식을 사방 열 자나 늘어놓고, 시중을 드는 첩이 수백 명이 되는 짓은 내가 뜻을 이뤄도 그렇게 하지 않을 것이다." 맹자가 큰 권력을 지니고 있는 사람들에게 유세를 할 때 지켜야 할 자세를 말해준 것으로 그 처음은 이렇다. "큰 권력을 지닌 사람에게 유세를 할 때는 그 사람을 하찮게 볼 것이며, 자신의 위에 높이 있다고 보지 않아야 한다." 그리고 결론을 이렇게 맺었다. "저들이 가지고 있는 것은 어차피 모두 내가 하지 않을 것들이고, 내가 가진 것은 옛 성현들의 좋은 법도인데 내가 왜 저들을 두려워하겠는가?" 권력과 물질 앞에서 당당한 맹자의 호연지기다.

흔히 높은 지위에 오르고 큰 성공을 거뒀다면 그에 걸맞은 호사를 누리는 것이 당연하다고 여긴다. 호화로운 집에 살며, 산해진미를 즐기고, 권력을 이용해 세상의 쾌락을 마음껏 누리려고 한다. 그리고 사람들의 우러러봄을 당연시한다. 하지만 이러한 욕심과 과시에 빠져 스스로를 지키지 못하면 곧 추락하고 만다. 정약용은 자신의 책 《심경밀험》에서 이렇게 말했다. "자기가 갑자기 죄와 허물에 빠져 부끄럽고 후회스러울 때 점검해보면 재물이 아니면 여색 때문이다. 다른 사람이 갑자기 명성이 추락하고 오명이 세상에 가득할 때 점검해보면 역시 재물이 아니면 여색 때문이다."

맹자는 그런 것들은 모두 천한 것, 작은 것이며 오히려 귀하고 큰 것을 해치는 것들이라고 생각했다. 따라서 재물과 권세로 거들먹거리는 사람들 역시 하찮게 보는 것이다. 맹자가 추구했던 귀하고 큰 것은 바로 선한 마음과 올바른 뜻이다. 선한 마음과 올바른 뜻이 있는 사람은 설사 재물이 많다고 해서 함부로 쓰지 않는다. 자기 배의 살을 한 자, 한 치를 늘리기 위해 혼자만 누리지 않는 것이다.

"옛 사람들은 뜻을 얻으면 그 혜택이 사람들에게 미쳤고, 뜻을 펼치게 되면 천하를 더불어 선하게 만들었다." 역시 맹자의 말이다.

···

**큰 부자들은 기부를 의무이자
특권으로 받아들여 주변과 부를 나눈다.
부를 오직 자신만을 위해 쓴다면
곧 축적한 부에 파묻힐 것이다.**

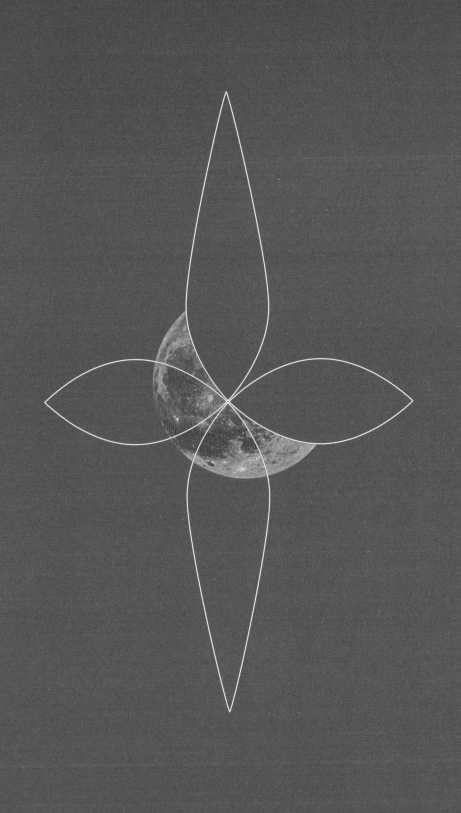

3장

전미개오

轉迷開悟

·····························

껍질에 갇히지 말고
스스로의 중심을 세워라

공부는 얼마나 하는지보다
어떻게 하는지가 중요하다

公都子問曰 鈞是人也 或爲大人 或爲小人 何也 孟子曰 從其大體爲大人 從其小體爲
小人 耳目之官不思而蔽於物 心之官則思 思則得之 不思則不得也 此天之所與我者
공도자문왈 균시인야 혹위대인 혹위소인 하야 맹자왈 종기대체위대인 종기소체위소인
이목지관불사이폐어물 심지관즉사 사즉득지 불사즉부득야 차천지소여아자

공도자가 물었다. "모두 같은 사람인데 왜 누구는 대인이 되고, 누구는 소인이 됩니까?"
맹자가 답했다. "큰 것을 따르면 대인이 되고, 작은 것을 따르면 소인이 된다. 귀와 눈과
같은 기관은 생각을 할 줄 모르니 사물에 가리어진다. 하지만 마음은 생각을 한다. 생
각을 하면 얻지만 생각이 없으면 얻지 못한다. 이것들은 하늘이 우리에게 부여해준 것
이다."

_《맹자》〈고자장구 상〉

공도자公都子는 맹자의 제자로 맹자의 철학과 학문을 모아놓은 책《맹자》에
서 아주 중요한 역할을 하고 있다. 수제자에 속하는 공손추와 만장과 함께
《맹자》에 많이 등장하는 제자인데, 맹자에 대한 세간의 소문을 듣고 와서
말해주기도 하고(〈공손추 하〉), 맹자가 변론을 좋아한다는 소문을 듣고 그
연유를 묻기도 한다(〈등문공 하〉). 하지만 무엇보다도 큰 역할을 한 것은 고
자告子의 '본성에는 선함도 선하지 않음도 없다'는 '성무선무불선性無善無不善'
설에 대응해 맹자 철학의 핵심인 성선설의 근거를 이끌어낸 것이다. 또한
의가 내재한다는 맹자의 주장에 맞서는 맹계자孟季子의 주장에 맹자를 대신

해서 논쟁을 벌이기도 했던 인물이다.

앞에 소개된 구절에서 공도자는 사람의 됨됨이를 나누는 것은 무엇인지 궁금했던 것 같다. 스승인 맹자는 분명히 사람들은 모두 선한 본성을 갖고 태어난다고 가르쳤는데 왜 사람들이 큰 사람과 하찮은 사람으로 나뉘는지 묻고 있다. 맹자는 사람들이 몸의 큰 것(대체大體)을 따르면 큰 사람이 되고, 몸의 작은 것(소체小體)을 따르면 하찮은 사람이 된다고 말해준다. 스승의 너무나 당연한 대답에 공도자는 그 이유를 묻는다.

"모두 같은 본성을 지닌 같은 사람으로 태어났는데 큰 것을 따르는 사람과 작은 것을 따르는 사람은 왜 나누어지는 것입니까?"

그러자 맹자는 비로소 그 이유를 상세히 알려준다.

맹자가 말했던 '몸의 큰 것'은 바로 마음이다. 그리고 '몸의 작은 것'으로는 눈과 귀를 예로 든다. 크고 작은 것으로 나뉘는 차이는 바로 생각하는 능력의 유무에 달려 있다고 한다. 생각할 수 있기 때문에 그 선한 본성에 따라 욕망을 자제하고 바른 길로 갈 수 있다. 따라서 그 마음이 이끄는 대로 따르는 사람은 큰 사람이 될 수 있다. 하지만 눈과 귀와 같은 감각기관은 생각하는 기능이 없기 때문에 보고 듣는 대로 받아들일 수밖에 없다. 결국 외부의 사물이나 그 사물로 인해 생기는 욕망을 절제하지 못해 이끌려가게 되고 하찮은 사람이 되고 만다. 이것을 맹자는 "생각을 하면 얻지만 생각이 없으면 얻지 못한다(사즉득지 불사즉부득야思則得之 不思則不得也)"라는 유명한 말로 표현했다.

내 마음이 삐뚤어지면
세상도 어그러진다

《심경》〈원주〉에서 주자는 이렇게 설명했다.

'관'이란 말은 주관한다는 뜻이다. 귀는 청각을 주관하고 눈은 시각을 주관하지만 둘 다 생각을 할 수는 없다. 그러므로 바깥 사물(외물外物)에 의해 가리어진다. 마음은 생각을 주관하기에 바깥 사물이 가릴 수 없다. 눈과 귀는 작은 것이 되고 마음이 큰 것이 되는 까닭이다. 눈과 귀가 바깥 사물에 가려질 경우 그것 역시 하나의 사물일 따름이다. 따라서 다른 사물이 이 사물에 접촉하면 끌려갈 수밖에 없다. 마음은 큰 것으로서 생각을 하므로 사물에 가려지지 않을 수 있다. 하지만 때로 생각을 하지 않으면 이치를 깨닫지 못하고 눈과 귀가 마음대로 작용해 종국에는 역시 사물에 끌려가고 만다. 따라서 마음과 이목, 이 두 가지는 모두 하늘로부터 부여받은 것이지만 큰 것, 마음을 먼저 세워야 한다.

맹자의 말을 풀어서 설명했지만 여전히 그 뜻은 명확치 못하고 좀 모호하다. 오늘날의 관점에서 보면 감각기관은 모두 뇌와 연결되어 있어서 따로 떼어놓고 생각할 수는 없다. 따라서 마음과 감각기관을 따로 구분해 생각하는 맹자나 주자의 관점을 납득하기가 쉽지는 않다. 맹자보다 약 70여 년 후에 활동했던 유학자 순자의 해석이 우리에게는 훨씬 더 쉽게 납득이 갈 것이다.

"이목구비는 접하는 감각이 각각 달라서 그 기능을 바꿀 수 없다(불상

다산의 마지막 공부

能不相能). 대개 이것을 하늘이 준 기관(천관天官)이라고 한다. 마음은 가운데 빈 곳에 머무르면서 오관을 다스린다. 이것을 하늘이 준 군주(천군天君)라고 한다. 성인聖人은 그 천군을 맑게 하고 천관을 바르게 한다."

여기서 '그 기능을 바꿀 수 없다'는 눈으로 말을 들을 수 없고 귀로 사물을 볼 수 없다는 뜻이다. 즉 각자가 정해진 기능밖에는 수행할 수 없기에 마음에 종속할 수밖에 없다. 마음도 역시 하늘이 부여한 것이지만 생각을 통해 다섯 가지 감각기관을 다스리는 역할을 한다. 즉 감각기관을 다스리라는 역할을 하늘로부터 부여받았기에 몸의 기관 중에서 군주인 것이다. 따라서 뛰어난 성인들은 먼저 마음을 맑게 함으로써 그 종속기관인 오관을 바르게 한다. 만약 마음이 바르지 못하면 그것에 종속된 감각기관 역시 바르게 역할을 할 수 없게 된다.

생각하지 않는 공부는
공부가 아니다

순자의 해석을 통해 우리는 맹자가 말했던 것을 다소 분명하게 알 수 있다. 마음은 몸의 모든 감각기관을 조정하고 통제하는 기능과 역할을 하는 것이다. 그러면 마음을 어떻게 맑게 할 것인가? 마음을 바로 세우기 위해서는 어떤 노력을 해야 할까? 그 해답은 다산 정약용이 다산시문집에 남긴 글을 통해 짐작할 수 있다.

"만일 우리가 배불리 먹고 따뜻하게 입으며 평생토록 근심 없이 지내다가 죽는 날 사람과 뼈가 함께 썩어버리고 한 상자의 글도 전할 것이 없다면, 삶이란 없는 것과 같다. 그런 것을 일컬어 삶이라고 한다면, 그 삶이란 짐승과 다를 바 없다.

세상에서 가장 경박한 사람은 마음을 다스리고 성품을 기르는 일을 가리켜 쓸데없는 일(한사閑事)이라 하고, 책을 읽어 이치를 궁구하는 것을 가리켜 낡아빠진 이야기(고담古談)라고 한다. 맹자가 말하기를 그 대체大體를 기르는 자는 대인이 되고 그 소체小體를 기르는 자는 소인이 된다고 하였다. 저들이 소인됨을 달게 여기는데, 나 또한 어찌할 것인가? … 경전의 뜻이 밝은 뒤에야 도가 드러나고, 그 도를 얻은 뒤에야 마음수양이 바르고, 마음수양이 바른 뒤에야 덕을 이룰 수 있다. 그러므로 경학은 힘쓰지 않으면 안 된다."

정약용은 마음을 수양하고 학문에 증진하는 것을 대체를 따르는 것이라고 하고, 고리타분하다고 멀리 하는 것을 소체를 따르는 일이라고 했다. 그리고 대체를 따르기 위한 방법은 경전, 즉 인문학 공부를 통해 덕을 이루는 일이라고 했다. 질문과 해답을 찾는 과정을 통해서 생각을 거듭하고, 그 생각을 통해 사람과 세상에 대한 통찰을 얻는다. 그리고 자기 삶의 의미를 깨닫고 바른 가치관을 확립한다.

하지만 오늘날 매진하는 좋은 성적을 위한 공부, 출세를 위한 공부에는 지식은 있으나 생각을 통해 얻는 바른 도리는 없다. 이른바 성공한 사람들에게 도덕적 기반이 부족한 경우가 많은 까닭이다. 공자는 "배우기만 하고 생각하지 않으면 어리석어지고, 생각만 하고 공부하지 않으면 위태롭다(학이불사칙망 사이불학즉태學而不思則罔 思而不學則殆)"라고 말했다. "생각하는 대로 살지 않으면 사는 대로 생각하게 된다"는 말도 있다. 유대인의 지혜서 《탈무드》에서도 "책을 읽기만 하고 생각하지 않으면 당나귀가 책을 잔뜩 짊어지고 가는 것과 다를 바 없다"고 하면서 성찰 없는 지식의 축적을 신랄하게 비판하고 있다.

어른 대접을 받고 싶다면 공부와 생각을 통해 먼저 덕을 세워야 한다. 그래야 사람을 바르게 이끄는 사람, 진정한 어른이 될 수 있다. 어른은 많이 아는 이가 아니다. 배운 것을 깊이 고민함으로써 작은 욕망과 세상의 유혹에 쉽게 흔들리지 않는 사람이다.

···

글의 깊은 뜻은 대개 글줄이 아니라
글줄과 글줄 사이, 행간에 있기 마련이다.
글줄이 전하는 정보에만 갇힌
이들을 가리켜 우리는 헛똑똑이라고 한다.

사람이라면
부끄러움을 알아야 한다

孟子曰 飢者甘食 渴者甘飲 是 未得飲食之正也 飢渴害之也 豈惟口腹有飢渴之害 人
心亦皆有害 人能無以飢渴之害爲心害 則不及人不爲憂矣

맹자왈 기자감식 갈자감음 시 미득음식지정야 기갈해지야 기유구복유기갈지해 인심역
개유해 인능무이기갈지해위심해 즉불급인불위우의

맹자는 말했다. "굶주린 자는 달게 먹고 목마른 자는 달게 마신다. 이때는 먹고 마시는
것의 본래 맛을 알 수 없다. 굶주림과 목마름이 맛을 해치기 때문이다. 어찌 입과 배만
이 이처럼 굶주리고 목마름의 해를 입겠는가? 사람의 마음에도 같은 해가 있다. 사람이
굶주림과 목마름의 해로 인해 마음을 해치지 않는다면, 남에게 미치지 못함을 근심하
지 않는다."

_《맹자》〈진심장구 상〉

굶주린 사람은 무엇을 먹어도 맛있다. 목이 마른 사람은 무엇을 마셔도 그
맛이 달다. '시장이 반찬'이라는 속담이 말해주는 바와 같다. 이처럼 긍정
적인 의미로 쓰이기도 하지만, 부정적인 경우도 있다. 만약 맛을 감별해야
하는 요리사가 그렇다면 문제가 된다. 입과 배가 굶주림과 목마름의 영향
을 받으면 객관적으로 정확한 맛을 볼 수 없기 때문이다. 맹자는 그것을 해
를 입었다고 표현했다.

우리 야사에도 비슷한 이야기가 전해온다. 인조가 이괄의 난을 피해 공
주로 피신을 했을 때 먹었던 목어木魚가 너무 맛있어서 그 이름을 은어銀魚
로 바꾸라고 명했다. 이후 궁궐에 돌아와 그 맛이 그리워 다시 찾았다. 하

지만 피난 때와는 달리 맛이 없어서 '도루묵'이라고 이름 붙였다는 이야기다. 궁궐에서 먹은 목어가 맛이 없었던 까닭은 물고기의 맛이 변해서가 아니라 환경과 입맛이 변했기 때문이다. 피난 시절 허기에 지쳐 제대로 끼니를 때우지 못했을 때 먹었던 맛과 산해진미를 매일 접하다가 먹었던 맛이 같을 수가 없는 것이다.

물론 맛없는 것을 맛있게 먹었다고 해서 문제가 될 것은 없다. 나중에 '도로 목해라' 하면 그만이다. 하지만 만약 배가 너무 고파서 상한 것을 먹거나 썩은 물을 마시게 되면 심각한 탈이 난다. 먹고 마시는 것만의 문제가 아니라 사람의 마음에도 똑같은 문제가 생긴다. 몸에는 배고픔과 목마름이 해를 입히지만 사람의 마음을 해치는 것은 부귀에 대한 허기와 갈증이다. 이것은 더 심각하다. 더 큰 것을 잃기 때문이다. 《심경》의 원주에서 주자는 이렇게 말했다.

"입과 배는 굶주림과 목마름에 해를 입기 때문에 먹고 마시는 것을 가릴 겨를이 없어 그 바른 맛을 잃는다. 사람의 마음은 가난하고 천한 것에 해를 입기 때문에 부귀에 대해 가릴 겨를이 없이 그 바른 이치를 잃는다."

"사람이 부귀 때문에 빈천에 염증을 내지 않을 수 있다면 남보다 훨씬 뛰어난 것이다. 이 장은 사람이 작은 것으로 큰 것을 해쳐서는 안 되고, 말단으로 근본을 해쳐서는 안 됨을 말한 것이다."

사람이 마음에 해를 입는 경우는 빈천할 때뿐만이 아니라 부귀를 누릴 때도 마찬가지다. 두 경우 모두 부에 대한 정확한 판단기준을 잃어버리고 올바른 가치관을 갖지 못하게 된다. 부유함에 빠진 사람은 교만하게 되고, 가난한 사람은 비굴해진다. 《논어》〈학이〉에는 유명한 '빈이무첨 부이무교貧而無諂 富而無驕'의 구절이 실려 있다.

자공이 말했다. "가난하면서도 남에게 아첨하지 않고 부유하면서도 다른 사람에게 교만하지 않다면 어떻습니까(빈이무첨 부이무교 하여貧而無諂 富而無驕 何如)?" 공자가 대답했다. "그 정도면 괜찮다. 하지만 가난하면서도 즐겁고 부유하면서도 예의바른 것에는 미치지 못한다(미약빈이락 부이호례자야未若貧而樂 富而好禮者也)."

여기서 자공은 평범한 차원의 도덕성을 이야기한다. 자공은 그 당시 대단한 부자였지만, 그러면서도 교만하지 않은 스스로를 스승에게 칭찬받고 싶었을 것이다. 일반적인 세태로 미루어보면 자공 정도의 자세면 당연히 인정받아야 하고, 심지어 보기 드물다고 할 수 있다. 하지만 공자는 '가난을 즐길 수 있을 정도'인 '안빈낙도安貧樂道'의 도덕성을 이야기한다. 또한 부유할 때도 남에게 뽐내지 않는 정도가 아니라, 부와 가난에 상관없이 사람에 대한 존중과 예의를 차릴 수 있는 사람이 되어야 한다고 가르친다. 그 바탕이 되는 것이 바로 '인의예지'에 근본을 둔 삶의 방식이다. 앞의 예문이 가리키듯이 부와 가난에 휘둘려 마음에 상처를 받지 않는 차원인 것이다.

《심경부주》에도 이에 관한 주자의 말이 실려 있다.

사람의 마음에도 같은 해가 있다는 구절에 대해 조기趙岐는 사람의 마음이 이욕에 의해 해로움을 입는다고 했는데, 매우 좋은 설명이다. 굶주림과 목마름이 맛

다산의 마지막 공부

을 알아내는 감각을 해치면 음식이 비록 달지 않더라도 달다고 생각한다. 이욕이 인의의 본성을 해치면 행하는 것이 옳지 않더라도 옳은 것으로 생각한다.

주자는 여기서 굶주림과 목마름으로 인해 본래의 맛을 모르게 된 상태를 스스로를 속이는 것이라고 생각했다. 마음도 마찬가지다. 욕심과 탐욕이 '인의'의 마음을 해치면 스스로의 잘못도 깨닫지 못하는 자기기만自己欺瞞이 된다.

욕심에 마비되면
부끄러움을 잊게 된다

자기기만은 자기의 잘못, 부도덕으로 인한 죄책감이나 수치심, 자기모멸로부터 자신을 보호하기 위해서 일어난다. 과오를 생각하지 않음으로써 자신의 부끄러움을 인식하지 않도록 하는 것이다. 또한 자기기만은 자신보다는 오히려 다른 사람을 속이는 데 목적이 있다. 남을 속이기 위해서는 먼저 자기 자신부터 속여야 하기 때문이다. 이로 인해 자기가 저질렀던 잘못을 하지 않았다고 여기거나, 자기의 비도덕적인 행동이 도덕적으로 옳은 행동이라고 여기게 된다. 단순히 해놓고 마음에 걸려서 하지 않았다고 우기는 정도가 아니라 정말 하지 않았다고 생각하는 것이고, 자신이 잘못한 것을 알지만 인정하기가 부끄러워서 우기는 것이 아니라 실제로 자기는 옳은 일을 했다고 여긴다. 너무나 놀랄 만큼 자연스럽게 거짓말을 하는 사람의 경우 이러한 중증 자기기만에 빠져 있는 경우가 많다.

자기기만에는 다양한 요인이 있겠지만 가장 큰 원인은 바로 지나치게 이익을 추구하는 마음이다. 정욕과 탐심에 마음을 뺏길 때 남은 물론 자신도 속이게 된다. 점점 더 커지는 욕심 때문에 파멸에 이르기까지 자제할 수 없게 된다. 그만큼 이익을 향한 사람의 욕심은 강력하다.

《한비자》를 보면 제환공과 명재상 관중이 부에 대해 대화하는 장면이 나온다.

춘추오패 중의 한 사람이었던 제나라 환공이 명재상 관중에게 물었다.

"부에는 한계가 있습니까?"

관중이 대답했다. "먼저 물의 경우를 보면 우물은 그 물이 마를 때까지가 한계라고 할 수 있으며, 부의 경우는 부가 충분할 때가 그 한계입니다. 사람들이 부에 대해 만족할 줄 모르기 때문에 계속 욕심을 부리게 되고 파멸에 이르게 됩니다. 부의 한계는 파멸입니다."

부를 좇는 사람들의 탐욕은 아무리 채워도 만족할 줄 모르기 때문에 우물물이 마를 때까지 길어 올려 결국 마르게 하는 것과 같다는 것이다. 결국 우물이 말라 쓸모없어지듯이 사람도 파멸에 이르고 만다. 이처럼 부에 대한 사람의 욕심 자체가 치명적이기도 하지만, 더 극한으로 치닫게 되는 까닭은 다른 사람과 비교하는 마음 때문이다. 곁에 있는 사람이 나보다 더 가지는 것을 견디지 못하는 비교의식 때문에 스스로 견딜 수 없는 것이다. 그런 마음 때문에 나보다 상대방이 더 잘되는 것보다는 함께 망하는 것이 더 낫다는 풍조까지 생기게 된다.

물론 부를 향한 욕망과 다른 사람보다 더 나아지려는 마음을 갖는 것을 오늘날의 관점에서 보면 비난할 일은 아니다. 가난할 때 부유해지고 싶은 마음이 간절해지고, 자신이 가진 부에 만족하지 못하고, 이웃사촌보다 조금은 더 나아지고 싶은 마음에서 누구도 완전히 자유롭기는 어렵다. 하지만 그것이 마음에 해를 입을 정도가 되어서는 안 된다. 욕심이 커지게 되면 탐욕이 되기 때문이다. 이때 마음을 지키려면 반드시 자신을 통제하고 절제할 수 있는 기준이 필요하다. 바로 내 마음의 부끄러움이다.

《맹자》에는 이렇게 실려 있다.

"사람에게 부끄러운 마음이 없어서는 안 된다. 부끄러운 마음이 없다는 것을 부끄러워한다면 부끄러워 할 일이 없다(인불가이무치 무치지치 무치의 人不可以無恥 無恥之恥 無恥矣)." 부끄러울 '치恥'는 귀 이耳와 마음 심心으로 만들어진 글자다. 부끄러운 마음은 내 마음의 소리에 귀를 기울여 들어보는 것이다. 아무도 모르는 은밀한 내 마음이 부끄럽다면 그것은 부끄러운 일이다.

...

오직 인간만이
부끄러움을 안다.

인간의 완성은
사소한 일상에서부터 시작된다

魚我所欲也 熊掌亦我所欲也 二者不可得兼 舍魚而取熊掌者也 生亦我所欲也 義亦我
所欲也 二者不可得兼 舍生而取義者也
어아소욕야 웅장역아소욕야 이자불가득겸 사어이취웅장자야 생역아소욕야 의역아소
욕야 이자불가득겸 사생이취의자야

물고기도 내가 먹고 싶고, 곰 발바닥 요리도 욕심이 나지만 이 둘을 모두 가질 수 없다
면 당연히 물고기는 포기하고 곰 발바닥 요리를 택할 것이다. 삶도 내가 바라는 것이고
의도 내가 역시 바라는 것인데, 이 둘을 함께 취할 수 없다면 삶을 버리고 의를 택한다.
_《맹자》〈고자장구 상〉

곰발바닥 요리는 상어 지느러미, 바다제비집 요리와 함께 중국의 삼대 진
미로 꼽힌다. 중국인들이 죽기 전에 꼭 한 번 먹어보기를 원한다는 요리로,
중국의 황제들이 즐겼던 요리라고 한다. 특히 앞의 인용문은 곰 발바닥 요
리가 맛있고 귀한 요리라는 것을 나타낼 때 많이 쓰인다. 얼마나 맛있고 귀
하면 대철학자인 맹자도 곰발바닥 요리를 원했을까, 하는 뜻에서다. 하지
만 맹자의 의도는 그런 것이 아니다. 그만큼 귀하고 소중한 것이라는 의미
는 맞지만 일반적으로 생각하듯이 죽기 전에 반드시 먹어봐야 할 요리, 이
른바 '버킷 리스트'로 상징되는 갈망은 아니다. 맹자는 자신이 가장 귀하
고 소중하게 여기는 의를 상징하기 위해 곰발바닥 요리를 비유했다. 맹자
는 심지어 삶을 바라는 것보다, 죽음을 싫어하는 것보다 더 의를 바라고 원

다산의 마지막 공부

한다고 했다.

사람이라면 누구나 삶을 바라고 죽음을 싫어하는 감정을 지니고 있다. 너무나 당연한 이야기다. 사람들은 삶을 영위하고 죽음을 피하는 것을 가장 소중한 가치로 여기기 때문에, 살기 위해 수단과 방법을 가리지 않는다. 살기 위해서라면 모든 것을 포기할 것이고, 심지어 가장 소중히 여겼던 부와 명예와 권세도 모두 버릴 수 있다. 평상시에는 '목숨보다 더 소중하다'고 여겼던 것들도 죽음 앞에서는 아무 의미도 없기 때문이다.

삶을 바라고 죽음을 피하고 싶은 것은 맹자도 마찬가지다. 맹자 역시 감정을 지닌 사람이기 때문이다. 하지만 맹자에게는 삶이나 죽음보다 더 소중한, 설사 삶을 거부하고 죽음을 선택하더라도 지키고 싶어 하는 가치가 있었다. 바로 의다. 맹자는 삶을 위해 의를 버리지 않았고, 의를 지키기 위해 죽음을 피하지 않았다. 물론 삶과 죽음을 사람들이 마음대로 선택할 수는 없다. 바로 하늘의 뜻, 천명에 달려 있기 때문이다. 하지만 맹자는 하늘로부터 부여받은 사람들의 선한 마음이 있기 때문에 그것을 천명에 맡기지는 않는다고 했다. 하늘로부터 부여받은 선한 마음인 의에 어긋난다면 삶도 포기할 수 있고, 죽음을 선택할 수도 있다는 것이다.

맹자는 사람이라면 누구나 선한 마음을 타고났다고 말한다. 다만 어진 사람들은 그 선한 마음을 지켰고, 다른 사람들은 살아가면서 잃어버렸기 때문에 그 마음을 지킬 수 없었다고 한다. 여러 고전에서는 사람들이 선한 마음을 지키지 못하는 이유를 이렇게 설명한다.

"부끄러워하는 마음은 사람마다 누구나 가지고 있다. 다만 보통사람은 이욕利慾

에 빠져 그것을 잊어버린다. 오직 어진 사람만이 그것을 보존하여 잃지 않을 수 있다(주자, 《맹자집주》)."

"사람은 찰나의 순간에는 선한 단서善端가 기氣에 가려지지 않고 곧바로 실현된다. 그러나 이리저리 생각하고 계산하고 비교하기 시작하면 반드시 욕구에 이끌린다. 어린아이가 갑자기 우물에 들어가는 것을 보면 측은지심이 바로 나온다. 하지만 잠시 틈을 두면 칭찬을 바라거나 그 부모에게 무언가를 바라는 마음이 생긴다(《경의經義》)."

"중中은 지극히 선한 것이고, 용庸은 지속할 수 있는 것이다. 지극히 선하면서 오래 지속할 수 있으면 '중용'이다. 잠시 눈물을 흘리고 후회하며 선을 지향하는데, 이때는 그 마음이 맑아서 성인이 될 기틀이 있게 된다. 하지만 대부분 오래 지속하지 못하기 때문에 악한 사람이 되고 만다(정약용, 《심경밀험》)."

사람이 선한 본성을 지키지 못하는 까닭은 먼저 이욕에 빠지는 마음 때문이다. 처음에는 측은지심으로 선한 일을 하지만 곧 계산하고 비교하는 마음이 생겨서 초심을 지키지 못하게 된다. 여기서 계산하고 비교하는 마음은 이욕에 빠지는 마음이다. 그 다음 이유는 지속성이다. 다산도 누구나 처음에는 성인에 가까운 마음을 가지지만 오래 지속하지 못하기 때문에 악에 빠진다고 말했다. 여기서 지속한다는 것은 중용의 용에 해당하는데, 그만큼 중용을 지키기 어렵다는 뜻이기도 하다. 결국 애초의 선한 마음을 시간이 지나면서 유지하지 못하게 되는 것이다.

다산의 마지막 공부

오래된 약속도
오늘 뱉은 말처럼 대하라

맹자는 이러한 것들 외에 사람들이 쉽게 본성을 저버리는 이유는 큰 유혹에 넘어가기 때문이라고 했다. 사람들은 작은 유혹에는 쉽게 넘어가지 않는다. 아무리 배가 고파도 멸시하며 먹을 것을 주면 먹지 않는다. 심지어 거지라고 해도 그렇게 건네는 동정을 달갑게 여기지 않는다. 선천적으로 타고난 부끄러워하는 마음(수오지심羞惡之心) 때문이다. 하지만 사람들은 만종萬鍾의 재물, 즉 큰 재물에는 예의염치를 모두 버리고 덥석 받고 만다. 큰 재물의 유혹이 그만큼 크기 때문이다.

맹자는 인간이 큰 재물의 유혹에 쉽게 넘어가는 까닭으로 세 가지를 가질 수 있기 때문이라고 꼽았다. 바로 대궐과 같은 집과 아름다운 처첩들, 그리고 주위의 궁핍한 사람을 도울 수 있는 재력이다. 말하자면 부富와 색色, 그리고 자비심이다. 이 세 가지 모두를 맹자는 본심을 잃어버린 행위라고 질타했다. 여기서 한 가지 의외로 여겨지는 점이 있다. 맹자는 주위의 어려운 사람을 돕는 자선행위도 유혹에 넘어가는 일이라고 했다. 본성에서 우러나오는 순수한 마음이 아니라고 봤기 때문이다. 이것은 우리에게도 흔히 보이는 심리인데, 남을 돕는 일을 은근히 자랑하는 '과시욕', 남보다 내가 더 낫다는 '우월의식', 스스로 나는 좋은 사람이라고 만족하는 '자기만족'과 같은 것들이다. 이런 마음으로 남을 돕는 것은, 맹자가 보기에 부귀영화를 추구하는 마음과 그리 다를 바가 없다.

맹자가 말했던, 삶을 버리고 의를 택할 정도의 사람을 공자는 완성된 사람(성인成人)이라고 했다. 제자 자로가 '완성된 사람'에 대해 묻자 공자가 대답했던 말로,《논어》〈헌문〉에 나와 있다.

"이익을 보면 의로운가를 생각하고, 나라가 위태로운 것을 보면 목숨을 바치고, 오래된 약속일지라도 평소에 했던 말처럼 잊지 않는다면, 또한 완성된 사람이라고 할 수 있다(견리사의 견위수명 구요불망평생지언 역가이위성인야見利思義 見危授命 久要不忘平生之言 亦可以爲成人也)"

우리가 잘 아는 '견리사의 견위수명'의 성어가 나오는 말이다. 앞의 예문에서 맹자가 말했던 의를 위해 목숨을 바치고 큰 부의 유혹에도 흔들리지 않는 사람과도 일치한다. 하지만 이 말들은 도무지 따를 수 없는 수준이다. 아무리 의로운 일이라고 해도 그것을 위해 목숨을 던지고, 커다란 부의 유혹 앞에서 흔들리지 않고 스스로를 지키는 것이 어떻게 쉬운 일이겠는가. '견리사의 견위수명'을 평생의 좌우명으로 삼았던 안중근 의사와 같은 인물이 아니면 누구도 자신하기 어려울 것이다. 하지만 단호했던 맹자와는 달리 공자는 우리가 지킬 수 있는, 아니 지키려고 노력할 수 있는 한 마디의 말을 남겼다. 공자는 '오래된 약속도 평소의 말처럼 지키기 위해 노력한다면 완성된 사람이 될 수 있다'고 했다.

평소의 말과 행동에서 신의를 지키고 날마다 스스로를 돌아보며 성찰한다면, 비록 부와 권세 앞에서 흔들리기는 하지만 선한 마음을 지키려고 노력하는 '의로운' 삶을 살아갈 수 있을 것이다.

다산의 마지막 공부

스스로를 완성해나간다는 것은 요원한 일이다.
그러나 공허한 말이라고 여기고 쉽게 포기한다면,
스스로를 지킬 수조차 없게 될 것이다.

성찰이 없는 공부는
공부가 아니다

雞鳴而起 孳孳爲善者 舜之徒也 雞鳴而起 孳孳爲利者 蹠之徒也
欲知舜與蹠之分 無他 利與善之間也
계명이기 자자위선자 순지도야 계명이기 자자위리자 척지도야
욕지순여척지분 무타이여선지간야

닭이 울면 일어나 부지런히 선한 일을 행하는 자는 순임금의 무리요,
닭이 울면 일어나 부지런히 이익을 추구하는 자는 도척의 무리다.
순임금과 도척을 나누는 차이를 알고 싶은가?
이익을 추구하는 것과 선한 일을 행하는 차이일 뿐이다.

_《맹자》〈진심장구 상〉

도척은 중국의 전설적인 도둑의 우두머리다. 무려 9,000명의 부하를 이끌면서 제후를 공격하고 백성들을 약탈하는 등 지극히 잔혹했던 인물이었다. 《장자》〈잡편雜篇〉 '도척'에는 이렇게 소개되고 있다.

"공자에게 유하혜柳下惠라는 친구가 있었는데, 그의 아우는 이름을 도척盜跖이라 했다. 도척은 9,000명의 부하를 거느리고 천하를 횡행하면서 제후들의 영토를 침범하고 공격했다. 남의 집을 부수고 들어가 소와 말을 훔치고 부녀자들을 약탈했다. 이를 탐하느라 친척도 잊었으며, 부모형제도 돌아보지 않았고, 조상들에게 제사도 지내지 않았다. 그가 지나가는 곳에서는 큰 나라일 것 같으면 성을 지키고, 작은 나라일 것 같으면 성안으로

다산의 마지막 공부

도망쳐 난을 피했다. 그런 까닭에 많은 백성들이 괴로움을 당했다."

심지어 도척은 공자가 교화시키기 위해 만나러 갔을 때 사람의 간을 회로 먹고 있을 정도였다. 사람으로서의 도리는커녕 기본적인 인륜도 저버릴 정도의 극악한 인물이라고 할 수 있다. 물론 출처가 《장자》였던 만큼 그 일화는 사실이 아닐 수도 있다. 장자의 도교는 유교의 사상과 철학에 반하는 무위자연無爲自然의 철학을 기반으로 하고 있었고, 책에는 인간적인 도리에 집착하는 유교와 그 시조인 공자를 조롱하고 비웃는 내용들이 실려 있다. 도척은 유교에서 가장 소중히 하는 사랑과 절제의 삶을 부정하고, 자기 욕망을 채우는 데 충실했던 가장 반유교적이며 비도덕적인 인물이라고 할 수 있다.

순임금은 그에 반해 유교에서 가장 존경하며 추앙하는 인물이다. 요임금과 더불어 이제二帝로 불리며, 전설 속의 인물이기는 하지만 공자와 맹자는 물론 유교의 모든 사람들이 숭배했다. 특히 순임금은 황제가 되기 전 우순虞舜이라는 이름의 평범한 홀아비였다. 아비는 어리석고, 어미는 간악하며, 이복동생은 오만했지만 효성으로 화목을 유지하고, 지극한 정성으로 집안을 잘 다스렸다. 자기 자신으로부터 시작해 가정을 화목하게 하고 천하를 평안하게 이끌고자 하는 유교의 이상에 가장 일치하는 인물이라고 할 수 있다. 결국 요임금에 의해 후계자로 발탁되었고, 우임금에게 보위를 물려줄 때까지 백성들을 잘 다스려 추앙을 받았다. 하늘의 뜻에 따라 백성들을 다스렸고, 지혜로운 인물을 기용해 백성들의 생업이 안정되도록 도왔고, 스스로 권력에 대한 욕심을 버리고 오직 백성의 안녕만을 위해 노력하며 이상적인 정치를 구현했던 것이다.

의로움은 일상에서부터
실천해야 한다

유교에서 도척은 인륜을 저버리는 가장 비도덕적인 인물이고, 순임금은
사랑으로 천하를 평안하게 했던 가장 도덕적인 인물이다. 맹자는 이 둘을
대비하며 그 차이를 간명하게 정리했다. 먼저 아침에 닭이 울 때부터 밤에
잠자리에 들 때까지 도척은 이익을 추구했고, 순임금은 선한 일을 추구했
다. 평상시의 삶에서 무엇을 추구하느냐가 천하의 선한 사람과 악한 사람
을 나누는 차이라는 것이다. 다음으로 이 차이는 결코 엄청난 것이 아니라
지극히 작은 차이에 불과하다. 지극히 선한 사람이 되는 것도, 천하에 악한
사람이 되는 것도 대단한 차이가 있는 것이 아니라 처음 시작할 때의 지극
히 작은 차이에서부터 비롯된다. 선한 일을 추구하다가 약간의 빈틈을 보
이고 어긋난다면 곧 악으로 빠질 수가 있는 것이다. 《도덕경》에는 '천하난
사 필작어이 천하대사 필작어세天下難事 必作於易 天下大事 必作於細'라는 성어가 실려
있다. 세상의 어려운 일은 모두 쉬운 일에서 비롯되고, 세상의 큰일은 반드
시 작은 일에서 시작된다는 뜻이다. 아무리 해결하기 어려운 일이라고 할
지라도 초기에 잡았다면 쉽게 풀어나갈 수 있으며, 세상에서 크고 위대한
일도 그 시작은 미약하므로 작은 일에 최선을 다하라는 뜻이다.

　정자는 이렇게 말했다.

　"순 임금과 도척의 구분은 단지 의로움과 이익의 차이에 달려 있다. 단
지 '의로움과 이익의 차이(간間)'라고 말한 것은 서로 떨어짐이 멀지 않아
서 차이가 털끝만큼밖에 되지 않는 것을 의미한다. 의로움과 이익의 차이

는 공公과 사私다. 조금이라도 의로움에서 벗어나면 바로 이익을 말하는 것이다. 단지 저 계산하고 비교하는 것(계교計較)은 이로움과 해로움이 있기 때문이다. 만약 이해관계가 없다면 무엇하러 서로 견주어보고 따지겠는가? 이해라는 것은 세상 사람들의 인지상정이다. 사람은 모두 이익을 추구하고 해를 피할 줄 안다. 단지 성인聖人이 이해를 논하지 않고, 의로움의 관점에서 해서는 안 되는지를 살핀다."

정자는 이로움과 이익의 차이를 공과 사의 차이로 알기 쉽게 정의해준다. 이익을 위해 비교하고 계산하는 마음은 개인의 이익을 먼저 추구하는 마음이고, 의로움을 추구하는 마음이 바로 공익을 위하는 마음이다. 그리고 조금이라도 의로움에서 벗어난다면 사익을 추구하는 마음이라고 했다. 둘 사이에 어떤 중간지대도 용납하지 않았다. 하지만 정자는 이익을 추구하는 것은 사람으로서 어쩔 수 없는 감정이라고 말해준다. 단지 성인의 경지에 이른 사람만이 이해관계에 얽매이지 않고, 오직 의로움의 관점에서 판단하고 행동할 수 있다는 것이다.

평범한 우리로서는 참 위로가 되는 말이 아닐 수 없다. 하지만 이익을 추구하는 것이 보통사람들의 한계라고는 해도 언제나 내 이익, 내 욕심만을 추구하며 산다는 것은 결코 바람직하지 않다는 것을 우리는 안다. 처음에는 작은 욕망을 채우기 위해서라고 해도 시간이 지나고 욕심이 커져 나가면서 도척과 같은 인물이 되는 것을 쉽게 볼 수 있다. 비록 순임금과 같은 성인은 될 수 없을지 몰라도 적어도 도척이 되지 않으려면 탐욕과 의로움을 민감하게 구분해 지킬 수 있도록 노력해봐야 한다. 특히 작은 일에서 유혹에 넘어가는 일이 거듭되면 의로움을 지켜야 한다는 마음이 점차 무더지고 만다. '바늘도둑이 소도둑 된다'는 우리 속담이 허튼 소리가 아닌 것이다. 따라서 평상시의 삶에서, 작은 일에서부터 스스로를 지켜나가는 것을 습관처럼 삼아야 한다. 이처럼 의로움을 쌓아나가면 '호연지기浩然之氣'를 얻을 수 있다고 맹자는 말했다.

뜻 없는 공부는
공부하는 이를 집어삼킨다

의로움을 지키나가기 위해 해야 할 또 한 가지는 바로 공부다. 시험의 등락이나 출세만을 위한 지식쌓기가 아니라 올바른 삶, 의로운 삶을 살기 위한 깊은 공부를 해야 한다. 《심경부주》에 실려 있는 상산 육구연象山 陸九淵의 말이다.

> 오늘날 선비 된 자들은 진실로 과거 시험장에서 이해득실이나 따지는 수준을 면치 못하므로, 그 재능은 관리들이 좋아할지 싫어할지 눈치를 보는 데에만 치우쳐 있다. 이러한 것으로 군자와 소인을 나눌 수는 없다. 하지만 과거공부를 숭상해 높이 받드느라 빠져나올 줄 모르니 종일토록 성현의 글을 공부한답시고 노력해도 성현의 뜻과는 어긋나는 꼴이 된다. 이를 미루어볼 때 지위가 올라가면 오로지 관직의 높고 낮음과 녹봉의 많고 적음만을 계산하니, 어찌 나라의 일과 백성의 고통에 몸과 마음을 다할 수 있겠으며, 일을 맡긴 군주를 저버리지 않을 수 있겠는가?

마치 공부를 위한 공부를 하는 오늘날 우리의 풍조를 꾸짖는 듯하다. 오직 시험에 합격하는 데에만 뜻을 두고 공부하고, 승진과 출세만을 위해서만 책과 씨름하는 것은 진정한 공부라 할 수 없다. 깊이 성찰하는 기회 없이 그저 정보를 효율적으로 정리하는 데에만 치중했던 사람은 설사 높은 자리에 올랐다고 해도 남을 위해 제대로 일을 할 수 없을 것이다. 자기에게 이익이 되는지 아닌지에만 관심을 쏟기 때문이다. 겉으로는 그럴듯한 모습으로 꾸미고 있지만, 자신의 이익과 출세를 위해 수단과 방법을 가리지 않는 사람들을 우리는 너무도 많이 봐왔다. 자기폐쇄적으로 공부를 하다가 도둑질을 하면서도 자신의 행동과 도를 그럴듯하게 포장한 도척과 같은 도둑이 되고 만 것이다. 《장자》에는 도척과 부하가 도에 대해 대화하는 이야기가 실려 있다.

도척의 부하가 도둑질에도 도가 있느냐고 물었다. 그러자 도척이 대답했다. "도가 없는 곳이 어디 있겠느냐. 방 안에 무엇이 있는가를 아는 것이 성聖이다. 몰래 들어갈 때 맨 앞에 서는 것이 용勇이다. 나올 때는 맨 뒤에 있는 것이 의義고, 될지 안 될지를 아는 것이 지知다. 그리고 분배를 공평하게 하는 게 인仁이다. 이 다섯 가지를 갖추지 않고 큰 도둑이 된 이는 하나도 없다."

하지만 이 모든 도를 아우르는 결과인 도둑질이 불의라는 것은 말하지 않는다. 제대로 배우지 못했기에 알지 못하는 것이고, 흉내만 낼 뿐이다. 그러면 어떻게 공부를 해야 할까?

육산이 이어서 말하는 것에 해답이 있다.

"진실로 소인이 되어서는 안 된다는 것을 깊이 새겨 이익과 욕심을 위한 배움을 마음 아파해야 한다. 오로지 의로움을 쌓는 데 힘써서, 널리 배우고 자세히 질문하고 신중하게 생각하고 분명하게 구별하고 독실하게 행해야 한다. 이를 기반으로 삼아 과거를 보면 그 문장은 반드시 평소의 학문과 가슴속의 생각을 모두 말하게 되어 성인의 도리에 어긋남이 없을 것이다. 또 이를 기반으로 벼슬을 하게 되면 반드시 맡은 바 직책을 잘 수행하게 되고, 부지런히 일하고, 나라와 백성을 마음에 두고 일신의 이익을 꾀하지 않을 것이니, 어찌 군자라 이르지 않을 수 있겠는가?"

...

기왕 공부를 하기로 했다면
오직 나만을 위한 공부가 아니라
타인에게도 이득이 되는
큰 공부를 해야 한다.

마음은 버리는 것이 아니라
기르는 것이다

孟子曰 養心莫善於寡欲 其爲人也寡欲 雖有不存焉者 寡矣 其爲人也多欲
雖有存焉者 寡矣
맹자왈 양심막선어과욕 기위인야과욕 수유부존언자 과의 기위인야다욕
수유존언자 과의

맹자가 말했다. 마음을 수양함에 욕심을 줄이는 것보다 좋은 것은 없다.
그 사람됨이 욕심이 적다면
설사 그 본래의 마음을 보존하지 못하더라도 잃는 정도가 적다.
그 사람됨이 욕심이 많다면 본래의 마음을 보존하더라도 보존됨이 적다.
_《맹자》〈진심장구 하盡心章句下〉

《맹자》에는 마음에 관한 많은 글들이 실려 있다. '잃어버린 마음을 구하라'
고 했고, 그 '마음을 보존하라'고도 했다. '잃어버린 마음을 구하라(구방심求
放心)'는 앞의 인용문에서도 소개되었던 글이다. 인仁이 곧 사람의 마음이며,
공부는 잃어버린 마음을 찾아가는 과정이라고 말하고 있다.

'마음을 보존하라(존기심存其心)'는 〈진심 상〉의 맨 앞에 실려 있는 글이다.

"자신의 선한 마음을 다 드러내는 자는 자신의 선한 본성을 안다. 자신
의 선한 본성을 알면 하늘을 아는 것이다. 선한 마음을 보존하고 선한 본
성을 기르는 것은 하늘을 섬기는 일이다(존기심 양기성 소이사천야存其心 養其性
所以事天也)."

이 구절들에서 사람의 마음은 사람의 선한 본성(사단四端)을 말한다. 맹자는 사람의 선한 본성을 지키고 보존해야 한다고 하며, 이렇게 살아가는 것이 하늘의 뜻에 맞는 삶이라고 했다.

하지만 사람의 본성에는 사단만 있는 것이 아니다. 칠정七情이라고 해서 《예기禮記》〈예운禮運〉에 나오는 희喜, 노怒, 애哀, 구懼, 애愛, 오惡, 욕欲의 일곱 가지 감정도 있다. 앞의 인용문에서는 칠정 중에서 욕欲, 즉 욕망을 절제할 수 있어야 사람의 선한 본성을 잘 보존할 수 있다고 말하고 있다. 하지만 사람이라면 누구에게나 욕망이 없을 수 없고 절제하기도 어렵다. 평범한 사람들은 물론 성인이라고 해도 다를 바 없다. 주자는 이렇게 말했다. "욕망이란 입, 코, 귀, 눈과 사지가 원하는 바를 말한다. 이것이 사람에게 없을 수는 없지만 조절하지 않으면 그 본래의 선한 마음을 잃지 않을 자가 없다. 배우는 자는 마땅히 경계해야 한다."

맹자는 〈진심 하〉에서 이에 관해 알기 쉽게 설명해주고 있다.

"입이 좋은 맛을 구하고, 눈이 아름다운 미색을 구하고, 귀가 아름다운 소리를 구하고, 코가 향기를 구하고, 몸이 편안함을 구하고 좋아하는 것은 본성이다. 하지만 거기에는 명이 있기 때문에 군자는 본성이라고 하지 않는다(군자불위성야君子不謂性也)."

이목구비와 사지는 하늘로부터 부여받은 것이고, 사람들은 누구나 욕구가 있다. 바로 색色, 성聲, 향香, 미味, 촉觸의 다섯 가지 욕망(오욕伍欲)으로, 사람들은 여기서 자유로울 수 없다. 하지만 거기에는 명命이 있다. 명은 우리가 흔히 이야기하는 운명으로, 사람이 주관적으로 결정하거나 자기 마음대로 조종할 수 없는 것이다. 즉 삶의 통제권이 주어지지 않는 것을 가리킨다. 또 다른 측면으로는 설사 욕구를 즐길 여건이 주어진다고 하더라도 그 본능을 무한하게 추구해서는 안 되는 도덕성을 말하는 것이기도 하다. 이를 통해 보면 맹자의 본성론本性論은 사람들의 선택에 달려 있다는 것을 알 수 있다. 사람이 선한 본성을 추구할지, 아니면 욕구를 선택할지는 전적으로 그 사람에게 달려 있다. 맹자는 '구하면 얻을 수 있고, 얻으면 유익한 것은 선한 본성'이고, '욕구는 구한다고 해서 반드시 얻을 수도 없고 설사 얻었다고 해도 무익할 뿐'이라고 알려준다.

"구하면 얻게 되고 버리면 잃게 되니 구해서 얻음에 유익한 것은 나에게 있는 것을 구함이다. 구하는 데는 도가 있고, 얻는 것은 운명에 달려 있다. 따라서 구해서 얻음에 무익한 것은 나의 밖에 있는 것을 구하기 때문이다(〈진심 상〉)." 여기서 내 안에 있는 것은 하늘로부터 받은 선한 본성이고, 내 밖에 있는 것은 외부의 일이나 사물에 의해 자극을 받아 생겨난 욕구다. 내 안의 선한 본성은 원래 내게 있던 것이므로 구하는 대로 얻을 수 있고, 그 얻음은 유익하다. 하지만 나의 밖에 있는 것을 구하는 욕심은 구한다고 해도 얻을 수 있다는 보장이 없고 설사 얻는다고 해도 무익할 뿐이다.

군자는 의로움에 밝고
소인은 이익에 밝다

다산 정약용은 《심경밀험》에서 욕망을 없앨 수는 없으나, 이록利祿(재물과 벼슬)을 좇는 탐욕만은 없애야 한다고 말했다.

"인간의 영체靈體(마음) 안에는 본래 욕구의 단서가 있다. 만약 이 욕심이 없다면 세상만사에 대해 아무 일도 할 수 없을 것이다. 이익에 밝은 자는 욕심이 이록을 좇아가며, 의리에 밝은 사람은 욕심이 도의를 추구해간다. 욕구가 극에 달하면 두 가지 모두 설사 몸이 죽더라도 후회하지 않는다. 탐욕스러운 사람은 재물을 좇다 죽고 열사는 명예를 지키기 위해 죽는다. 일찍이 어떤 사람을 본 적이 있는데 마음이 담백하고 욕심이 없어 선을 행할 수도 없고, 악을 행할 수도 없었으며 문장을 지을 수도 없었고 생산 활동도 할 수 없었다. 다만 그렇게 된다면 세상에 하나 버려진 물건과 다름 없을 것이니, 사람이 어찌 욕망이 없을 수 있겠는가? 맹자가 가르친 것은 대개 이록의 욕망일 뿐이다."

다산은 사람이 욕망을 가지는 것은 사람으로서 역할을 하기 위해 반드시 필요하다고 강조했다. 만약 사람이 욕망이나 욕심이 없으면 마치 생명이 없는 허수아비처럼 아무런 일도 할 수 없다는 것이다. 다산이 말했던 사람은 오늘날의 관점에서 보면 정신적으로 아픔이 있는 사람이었을 것이다. 다만 다산은 무조건 욕심을 버리는 것이 아니라 재물과 벼슬과 같은 이익을 좇는 욕망을 다스리라고 밝히고 있다. 그러면서 《논어》에 실려 있는 "군자는 의로움에 밝고, 소인은 이익에 밝다(군자유어의 소인유어리君子喩於義 小人喩於利)"를 예로 들고 있다. 군자는 의로움의 욕구를, 소인은 이익의 욕구를 좇는 것이다. 심지어 의로움을 좇든 이익을 좇든 이 두 가지 모두 다 극에 달하면 목숨을 바치기도 한다. 의로움을 좇는 사람은 인의를 위해 목숨을 거는 살신성인殺身成仁의 삶을 사는 것이고, 탐욕을 좇는 사람들은 자신의 이익과 욕망을 충족하기 위해 목숨을 건다. 〈명심보감〉에 실려 있듯

다산의 마지막 공부

이 "사람은 재물 때문에 죽고 새는 먹이 때문에 죽는다(인위재사 조위식망人
爲財死 鳥爲食亡)".

이익에만 민감한 조직은
결코 발전할 수 없다

《맹자》의 맨 첫머리를 보면 양혜왕梁惠王과 맹자의 대화가 나온다. 양혜왕이
맹자를 보고 "어르신께서 먼 데서 오셨으니 우리나라를 이롭게 할 만한 것
이 있겠지요?"라고 묻자, 맹자는 이렇게 대답한다. "왕께서는 하필이면 이
익에 대해 말씀하십니까? 오직 인의만이 있을 뿐입니다." 왕의 의례적인
질문에 대해 대단히 파격적이고 무례하기까지 한 대답이다. 맹자는 이어
서 자신이 왜 그렇게 대답했는지를 설명한다. 왕이 자신의 이익만을 추구
하는 것은 자신은 물론 나라 전체가 망하는 길이라는 것이다.

"왕께서 '어떻게 해야 내 나라가 이로울 것인가' 하면, 그 밑의 대부大
夫는 '어떻게 해야 내 집안에 이로울 것인가?'라고 하고, 선비나 평민들은
'어떻게 해야 나에게 이로울 것인가?' 하고 말하게 됩니다. 위와 아랫사람
이 제각기 서로 이익을 취하게 되면 나라가 위태로워질 것입니다. 만 대의
전차를 소유한 나라에서 왕을 시해할 자는 그 밑에서 천 대의 전차를 소유
한 집안일 것이고, 천 대의 전차를 소유한 나라에서 왕을 시해할 자는 그
밑에서 백 대의 전차를 소유한 집안일 것입니다. … 만약 의를 뒤로 하고
이익을 앞세운다면 빼앗지 않고는 만족하지 못합니다."

오늘날 개인주의가 지극한 이기주의로 변질되는 현실에서 되새겨봐야 할 경구다. 윗사람이 아랫사람의 것을 빼앗고, 권력자가 약자의 것을 빼앗을 때에는 힘과 권력을 동원한다. 윗사람들이 욕심을 챙기는 데에만 몰두할 때 아랫사람들 또한 그것을 그대로 배워 부정과 부패로 자기 이익을 챙기기 바쁘게 된다. 결국 사회의 모든 계층이 자기 이익만 챙기게 되고, 이런 극단적 이기주의가 팽배한 조직이나 나라는 망하고 만다. 물론 오늘날에는 맹자의 주장과 같은 극단적인 일은 일어나지 않을지도 모른다. 하지만 극단적인 이기주의를 기반으로 하는 극단의 경제학으로 인해 인류가 멸망할 수도 있다는 미래학자들의 경고 또한 새삼스럽지 않은 것이 지금의 현실이다.

2,300년 전 맹자는 그 해법을 제시했다. 바로 저마다 욕심을 줄이고 선한 본성을 회복해야 한다는 주장이었다. 《채근담》에는 "하늘은 한 사람을 부요케 하여 사람들의 가난을 구제케 했으나, 세상은 제 부요함에 취해 가난한 사람을 능멸한다"고 실려 있다. 그리고 "이런 사람들은 천벌을 받는다"라고 결론내렸다.

…

삶에서 목적이란 완성을 실현하려는 의지이며
목표는 목적을 위해 거치는 과정이다.
목적과 목표를 혼동한다면 길을 잃고 헤매게 된다.

다산의 마지막 공부

인간에게는 마음을
회복할 수 있는 힘이 있다

周子養心說曰 孟子曰 養心 莫善於寡欲 予謂養心 不止於寡而存耳 蓋寡焉以至於無
無則誠立明通 誠立 賢也 明通 聖也 是 聖賢 非性生 必養心而至之
주자양심설왈 맹자왈 양심 막선어과욕 여위양심 부지어과이존이 개과언이지어무 무즉
성립명통 성립 현야 명통 성야 시 성현 비성생 필양심이지지

주자가 〈양심설〉에서 말했다. "맹자가 말하기를 '마음을 수양함에 욕심을 줄이는 것보
다 좋은 것은 없다'고 했다. 내가 생각하건대 마음을 길러냄은 욕심을 줄이는 데 그치는
것이 아니고, 욕심을 완전히 줄여 하나도 남겨두지 않는 것이다. 욕심이 없게 되면 진실
함이 확립되고, 밝음이 통하게 된다. 진실함이 확립되면 현賢이요, 밝음이 통하는 것은
성聖이다. 이를 보면 성인과 현자는 천성이 아니요, 마음을 길러서 이르게 되는 경지다."

_《주자周子》

《맹자》〈진심 하〉에는 이렇게 실려 있다. "《서경書經》을 맹신하는 것은《서
경》이 없는 것만 못하다(진신서즉 불여무서盡信書則不如無書)."

　《서경》은 사서삼경의 하나로 고대 중국의 가장 오래된 역사서다. 공자
가 편찬한 책으로서 중국 인문학의 결정판이라고 해도 과언이 아니다. 지
금도 중요한 고전으로 꼽히지만 맹자가 살던 때에도 가장 권위 있는 책이
었다. 공자와 맹자를 비롯한 그 당시 최고의 학자들은《서경》의 글들을 인
용하면서 자신의 글에 권위를 더했고, 정당성을 부여하기도 했다. 하지만
맹자는《서경》이 위대한 책이기는 하지만 그것을 무조건적으로 맹신해서

는 안 된다고 말한다. 예를 들어 《서경》〈무성〉의 내용 중에서 '피가 강처럼 흘렀다'는 지나치게 과장된 말이라고 지적했다. 오직 인의만이 진정한 가치일 뿐 세상의 권위를 인정하지 않는 맹자의 철학이 잘 드러나는 구절이다. 맹자의 말에서 또 한 가지 생각해야 할 점은 책을 읽고 대하는 올바른 자세다. 아무리 훌륭한 책, 권위가 있는 책이라고 해도 그 책의 내용을 무조건 맹신해서 받아들이는 것은 결코 좋은 공부의 자세가 아니다. 책의 좋은 내용은 생각과 적용의 과정을 통해 나 자신의 것으로 받아들이되 의구심이 생기는 내용은 반드시 비판적 검증을 거쳐야 하는 것이다.

주자는 본명이 주돈이周敦頤로 북송의 유교사상가다. 성리학의 기초를 닦았으며 이정二程, 정호程顥와 정이程頤 형제의 스승으로도 잘 알려져 있다. 앞의 인용문에서 주자도 공자와 더불어 아성亞聖으로까지 추앙받는 맹자의 말을 그대로 받아들이지 않았다. 맹자가 이야기한 '욕심을 줄여야 한다'고 하는 것에 그쳐서는 안 되고, '욕심을 완전히 줄여서 하나도 남겨둬서는 안 된다'고 주장했다. 맹자가 《서경》의 글이 과장되었다고 했다면, 주자는 맹자의 말이 미흡하다고 본 것이다.

욕심이 전혀 없다면
더 이상 사람이 아니다

앞의 인용문은 주자(주돈이)가 이름을 붙인 양심정養心亭이라는 정자의 취지문이다. 유교의 성인으로 불리는 맹자의 주장에 이견을 표했던 것으로 많은 유학자들이 다양한 의견을 제시했던, 일종의 문제적 글이라고 할 수 있다. 주돈이와 정호, 정이의 학설을 이어받은 주자朱子는 이렇게 말했다.

"주자周子는 '욕심을 줄여나가 욕심이 없는 데까지 이른다'고 말했다. 사람들이 욕심을 줄이는 것을 쉽게 할 수 있다고 여길까 염려해, 줄이는 것에 만족하지 말고 반드시 없애는 경지까지 이르러야 한다고 말한 것이다. 그러나 없애는 공부는 반드시 줄일 수 있음에서 비롯된다. 욕심이 없는 경지에 이르는 것은 성인이 아니면 할 수 없다."

주자朱子의 제자의 제자로 《근사록近思錄》 해설서인 《근사록집해近思錄集解》를 쓴 엽채葉采는 이렇게 해석했다.

"맹자가 말했던 욕심이란 눈, 귀, 코, 입과 사지의 욕구로서 사람에게는 없을 수 없는 것이다. 하지만 너무 많음에도 절제하지 못하면 마음에 해가 된다. 주돈이의 경우는 마음이 욕심으로 흐르는 것을 지적했으니 이것은 있어서는 안 될 일이다. 가리키는 것에 각각 깊음과 얕음은 있지만, 맹자의 '욕심을 줄임'을 근본으로 삼으면 주돈이의 '욕심 없음'에 다다를 수 있다."

주자와 엽채 두 사람 모두 주돈이의 학문을 이어받아 성리학을 확립했던 대학자로서 주돈이의 주장을 지지하는 입장이다. 일종의 비판적 지지라고 할 수 있겠다. 주자朱子는 욕심을 없애는 경지는 성인이 아니면 할 수 없지만, 없애기 위해서는 반드시 줄일 수 있는 단계를 거쳐야 한다고 했다. 엽채는 이목구비와 사지의 욕구는 없을 수는 없지만, 마음이 욕심으로 흐르는 것은 안 된다고 했다. 그가 보았을 때 주돈이가 없애야 한다고 주장한 것은 바로 마음의 욕심이다. 그리고 주돈이의 '욕심 없음'의 경지에 이르려면 반드시 맹자가 말했던 욕심을 줄이는 것을 근본으로 삼아야 한다고 강조했다.

하지만 다산을 비롯한 조선의 학자들은 욕심을 없애는 경지에 가야 한다는 것은 문제가 있다고 보았다. 인간이라면 이목구비와 사지의 욕심이 없을 수가 없는데, 욕심을 완전히 없애는 단계로 가야 한다는 주장은 실천하기가 불가능한 요구라는 것이다. 특히 엽채가 주돈이와 맹자의 차이를 깊고 얕음으로 본 것은 사리에 맞지 않다고 보았다. 다산 정약용은 이렇게 말했다.

"몸이 존재하면 몸뚱이는 구차하게라도 따뜻하기를 구하지 않을 수 없고, 배는 구차하게라도 부르기를 구하지 않을 수 없고, 사지는 구차하게라도 편안하기를 구하지 않을 수 없다. 어떻게 욕심이 완전히 없을 수 있겠는가? 맹자의 설이 실천할 만하다."

다산은 단호하게 주돈이의 주장은 실천 가능성이 없다고 말했다. 다산은 실학자로서 성리학의 형이상학적인 주장에 대해 비판적인 입장을 취했다. 대국의 학문이라고 해서 무조건적으로 수용한 것이 아니라 반드시 비판적인 검증의 과정을 거쳐 선별적으로 받아들인 것이다.

욕심을 억누르지 말고
다만 나답게 회복하라

다산의 주장이 훨씬 현실적이기는 하지만, 주돈이의 주장을 끝까지 읽어보면 그 주장을 어느 정도 수긍할 수는 있다. 주돈이는 성현이란 천성이 아니라 수양을 통해 이를 수 있는 경지라고 보았고, 선비로서 도달해야 할 목표로 삼았다. 그 전제가 되는 것이 바로 욕심을 완전히 없애는 것이다. 예문을 보면 주돈이는 욕심을 없앰으로써 진실이 확립(성립誠立)되고, 밝음이 통할(명통明通) 수 있게 된다고 보았다. 진실이 확립되면 현인의 경지가 되고, 밝음이 통하면 성인의 경지가 된다는 것이다. 진실이 확립되고 밝음이 통하는 것은,《중용》〈21장〉에서 근거를 찾을 수 있다.

"성誠으로부터 밝음에 이르는 것을 본성이라 하고, 명에서 성에 이르는 것을 가르침이라고 한다. 진실하면 밝아지고 밝히면 진실해진다(성즉명의 명즉성의誠則明矣 明則誠矣)."

여기서 밝음(명明)은 천지에 모두 미치는 것으로, 천부적(성性)으로 얻을 수 있는 것이다. 즉 하늘의 도라고 할 수 있는 성인의 덕이다. 하지만 이에 이르기 위해서는 반드시 사람의 본바탕에 있는 진실함(성誠)으로 말미암아야 한다. 진실함은 가르침과 배움으로 얻을 수 있는 사람의 도로서 현인의 덕이다. 하지만 사람들이 진실함에 이르기 위해서는 반드시 그 본성에 있는 밝음, 즉 선함으로 말미암아야 한다. 따라서 이 둘은 상호적이다. 성인과 현인으로 나뉘기는 하지만 본성적으로, 또 가르침으로 서로를 지향해 나가는 것이다. 주돈이는 이를 근거로 사람들은 마음을 기름으로써 성인과 현인의 경지로 나아갈 수 있다고 보았다. 마음의 선한 본성과 마음의 수양이 함께한다면 욕심이 사라지고 성인과 현인 모두에 이를 수 있다는 것이다. 하지만 사람들이 스스로 노력은 하지 않고 타고난 천성이 부족한 탓이라고 핑계를 대고 있는 것을 꾸짖고 있다.

공자, 맹자와 같은 성현들은 이구동성으로 사람들은 선한 본성을 타고난다고 말하고 있다. 설사 험한 삶을 살아가면서 이 본성을 잃었다고 해도 괜찮다. 탐욕의 마음으로 스스로를 포기하거나 해치지 않는다면 누구나 끊임없는 공부와 수양으로 선한 본성을 회복할 수 있다. 특히 맹자는 평단지기平旦之氣를 통해 날마다 회복할 수 있는 힘을 얻는다고 말했다. 평단지기란 이른 새벽에 얻을 수 있는 맑고 신선한 기운이다. 사람과의 관계에서, 이익과 욕심을 좇는 마음으로 상처나고 무너진 마음을 회복시키는 생명의 기운이다.

...

새벽의 시간,
날마다 스스로 회복해나갈 때
평단지기가 우리를 돕는다.
욕심을 완전히 없애지는 못해도,
선한 본성은 점차 회복해나갈 수 있다.

다산의 마지막 공부

스스로에 대한 확신은
배움에서 나온다

周子通書曰 聖可學乎 曰可 有要乎 曰有 請問焉 曰一爲要 一者 無欲也 無欲則靜虛動
直 靜虛則明 明則通 動直則公 公則溥 明通公溥 庶矣乎
주자통서왈 성가학호 왈가 유요호 왈유 청문언 왈일위요 일자 무욕야 무욕즉정허동직
정허즉명 명즉통 동직즉공 공즉부 명통공부 서의호

주자가 《통서》에서 말했다. "'탁월함은 배울 수 있습니까?' '있다.' '그 요체가 있습니
까?' '있다.' '그것을 청해 듣기 원합니다.' '마음을 하나로 통일하는 것이다. 하나로 통
일한다는 것은 욕심이 없는 것이다.' 욕심이 없으면 고요할 때 텅 비고, 움직일 때는 곧
고 바르다. 고요할 때 텅 비면 밝고, 밝으면 통한다. 움직일 때 곧으면 공명정대해지고,
공명정대하면 넓다. 밝아서 통하고 공명정대해서 넓어지면 거의 탁월함에 가깝다고 할
수 있다."

_《통서通書》

《맹자》〈진심 하〉에는 맹자와 제자 호생불해浩生不害의 대화가 나온다.

호생불해가 악정자樂正子의 인물됨을 묻자, 맹자는 선한 사람이고 신실
한 사람이라고 대답했다. 호생불해가 선善은 무엇이고 신信이 무엇이냐고
묻자 맹자가 이렇게 알려준다.

"사람됨이 바람직한 것을 선이라고 하고, 선을 가진 것을 신이라고 하
며, 가득 차서 충실한 것을 미美라고 하고, 겉으로 드러나 광채가 나는 것을
대大, 크면서도 사람들을 감화시킬 수 있는 것을 성聖이라 하며, 성스러우
면서 알 수 없는 것을 신神이라고 한다." 사람을 여섯 개의 차원으로 나눴

고, 악정자는 그 중에서 첫 번째와 두 번째에 있는 사람이라는 것이다.

마지막 단계인 신은 사람을 넘어선 신의 차원이다. 사람으로서는 도저히 알 수 없고 헤아릴 수 없으니 사람이 도달할 수 없다. 성은 사람으로서 이룰 수 있는 최고의 차원이고 신의 경지 바로 아래에 있다. 하지만 쉽게 도달하기는 어렵다. 공자가 이야기한 '마음이 하고자 하는 대로 좇았으되 법도에 어긋나지 않았다(종심소욕 불유구從心所慾 不踰矩)'가 성인의 차원이라고 할 수 있다. 굳이 노력하거나 의식적으로 추구하지 않아도 완전히 몸에 동화되어 도덕적인 삶을 살 수 있는 단계다. 이 단계에 있는 사람들은 그 존재만으로 다른 사람들을 감화시킬 수 있다. 하지만 공자 스스로는 성인의 차원에는 미치지 못한다고 거듭해서 말했다.

"나는 태어나면서부터 안 사람이 아니라, 옛것을 좋아해서 부지런히 그것을 추구한 사람이다(《논어》〈술이〉)."

"어찌 감히 내가 성인聖人과 인인仁人이 된다고 할 수 있겠는가? 다만 그 도리를 배우고 본받는 데 싫증내지 않고, 그것을 다른 사람에게 가르치는 데 게을리하지 않는다고는 말할 수 있다(《논어》〈술이〉)."

"대재가 자공에게 물었다. '공자께서는 성인이십니까? 어찌 그리 다재다능하신지요?' 자공이 말했다. '본디 하늘이 그분을 성인으로 삼으셨기에 또한 다재다능하신 것입니다.' 공자가 이 말을 듣고 말했다. '대재가 나를 아는가? 나는 젊었을 때 천하게 살았기 때문에 여러 비천한 일에 능한 것이다(〈자한〉).'"

다산의 마지막 공부

많은 사람들이 성인으로 칭송하고 있지만 유독 공자 자신은 스스로 성인이 되기에는 부족하다고 말하고 있다. 자신은 배움과 가르침, 그리고 다양한 경험을 통해 학문과 수양을 추구했던 사람일 뿐이라는 것이다. 하지만 공자는 최고의 경지에 도달했던 스승으로서 여러 제자는 물론 다양한 계층의 사람들로부터 존경을 받았다.

누구나 충분히
성인이 될 수 있다

유가儒家에서는 학문과 수양의 목표를 성인이 되는 데 두었지만, 아무리 뛰어난 사람이라고 해도 성인의 경지에 도달하기는 어렵다. 따라서 많은 유학자들은 과연 '성인의 단계에 도달할 수 있는가? 만약 가능하다면 어떤 방법이 있는가?'라는 의문을 품고 있었다. 앞의 인용문에서 주자周子는 명쾌하게 '도달할 수 있다'고 밝혀준다. 그 요체는 마음을 하나로 통일하는 것이다. 마음을 다른 데 쓰지 않고 오직 하나로 하게 되면 욕심을 없앨 수 있고, 성인에 가까워질 수 있다는 것이다. 주자朱子는 이렇게 해설했다.

"하나(일一)라는 것은 욕심이 없음이다. 욕심이 없을 때 어찌 마음이 하나가 되지 않겠는가? 사람이 욕심을 가지기만 하면 이 마음은 곧 천 갈래, 만 갈래가 된다."

여기서 하나는 욕심이 없는 마음의 결과로 나타난 것이다. 욕심이 없음은 마음을 하나로 할 수 있는 시작이자 통로다. 만약 욕심이 깃들게 되면 마음이 여러 갈래로 나뉠 수밖에 없다. 마음이 욕심에 휘둘릴 때 온갖 잡 념들이 들끓는 것을 미루어보면 충분히 짐작할 수 있을 것이다.

허상에 삶이 휘둘리지 않는다면 성공했다고 할 수 있다

욕심이 없는 데에서 성에 이르는 것을 주자^{朱子}는 다음과 같은 단계를 거친 다고 설명했다.

"고요할 때 텅 비면 밝고, 밝으면 통한다(명즉통^{明則通}). 움직일 때 곧으면 공명정대해지고, 공명정대하면 넓다(공즉부^{公則溥}). 밝아서 통하고 공명정대 해서 넓어지면 거의 성^聖에 가깝다고 할 수 있다."

고요할 때 텅 빈다는 것은 마음 그 자체의 상태를 말한다. 고요하고 평 온해서 세상의 그 어떤 것도 틈타지 않은 상태가 되면 하늘의 이치와 통하 게 된다. 세상의 이치도 깨칠 수 있기 때문에 어두운 곳이 없이 밝아진다. 바로 '중용'이 가르쳐주는 바와 같다. 움직일 때 곧다는 것은 마음이 겉으 로 드러날 때 의를 기반으로 하는 것이다. 맹자가 '의란 사람이 걸어야 할 올바른 길이다'라고 말했듯이 모든 행동을 바르게 하는 것이다. 그럴 때 모든 행사는 공명정대해지고, 사람과 사물에 두루 의로움이 미칠 수 있다. 결국 안으로 밝게 통하고, 밖으로 공정하고 넓으면 스스로 완성에 가깝게 될 뿐 아니라 세상 사람들의 존경과 사랑을 받게 된다. 성인에 가깝게 될 수 있는 것이다.

인간으로서의 최고의 경지를 뜻하는 성聖은 서양 철학의 '아레테arete'의 개념과 일맥상통하다. 흔히 '탁월함'이라고 번역되는데, '사물이나 사람이 가지고 있는 탁월하고 유능한 성질'을 뜻한다. 좁은 의미로는 '인간의 도덕적 탁월성'이다. 플라톤의 《메논》을 보면 소크라테스와 소피스트인 젊은 귀족 메논이 '탁월함'이 가르쳐질 수 있는 것인가를 주제로 대화를 나눈다. 소크라테스는 특유의 문답법으로 메논의 논리를 철저히 무너뜨린다. 그리고 영혼불멸과 윤회사상에 입각해 '배움'이란 자신의 선험적 지식을 상기하는 것임을 입증한다. 이를 근거로 소크라테스는 '탁월함이 인식이라면 탁월함은 가르쳐질 수 있다'고 가설에 동의하지만 한 가지 전제를 단다. 바로 '탁월함'을 가르칠 수 있는 '탁월함의 교사'가 없기 때문에 탁월함은 배울 수 없다는 것이다. 또한 탁월함을 만드는 다른 요소인 '참된 확신' 역시 인식이 뒷받침하지 않기 때문에 결국 탁월함은 신적인 영역에 속한다고 결론을 내린다. 이 논리를 통해 소크라테스는 그 당시 탁월함의 교사라고 자부하던 소피스트들이 진정한 교사가 아니라 단지 돈만 밝히는 지식 장사꾼에 불과하다고 질타했다.

사람들은 누구나 남들보다 더 뛰어나기를 원하고, 성장을 추구한다. 그것은 동양과 서양을 막론하고, 시대의 변화와 상관없이 인류가 본성적으로 추구했던 속성과도 같다. 옛날 뛰어난 철학자들은 '성' 혹은 '탁월함'이라는 도덕적 완성을 추구했다. 하지만 그 당시는 물론 오늘날에도 마찬가지로 대다수 사람들은 보다 세속적인 가치들을 얻기 위해 집중한다.

이와 같이 생존경쟁처럼 '성공'이라는 탁월함을 맹렬하게 추구한 끝에는 대개 허무함이 놓여 있다. 실패해서 뒤처진 것뿐만 아니라 경쟁에서 우위를 확보해 높은 자리에 올라도 마찬가지다. 실패한다면 좌절감과 열등감에 시달리고, 성공한다고 해도 언젠가 추락할지도 모른다는 불안감으로 끊임없이 더 높은 자리에 오르려 하는 채워지지 않는 욕망 때문에 마음의 갈증에 시달리는 것이다.

마음의 평안과 안정을 얻기 위해서 무엇보다도 마지막까지 추구해야 할 것은 도덕적 탁월함이다. 도덕적 탁월함으로 가기 위한 첫걸음은 바로 욕심을 버리는 것이다. 서양의 경우는 참된 확신이다. 그 길을 변함없이 꾸준히 갈 수 있다면, 설사 성인의 경지에는 오르지 못했다 하더라도 '성공'이라는 허상 때문에 스러지지는 않을 것이다.

...

먼 길을 앞당길 수 있는 유일한 방법은
지치지 않는 것이다.
당장 끓어오르는 두려움과 욕심을 버리고
쉬엄쉬엄 가다 보면
어느덧 도착지가 보인다.

다산의 마지막 공부

나를 만들어나가는 것은
다름아닌 나 자신이다

其視箴曰 心兮本虛應物無迹 蔽交於前其中則遷 制之於外以安其內 其聽箴曰 知誘物
化遂亡其正 卓彼先覺知止有定 其言箴曰 人心之動因言以宣 發禁躁妄內斯靜專 其動
箴曰 哲人知幾誠之於思 志士勵行守之於爲 順理則裕 從欲惟危
기시잠왈 심혜본허응물무적 폐교어전기중즉천 제지어외이안기내 기청잠왈 지유물화
수망기정 탁피선각지지유정 기언잠왈 인심지동인언이선 발금조망내사정전 기동잠왈
철인지기성지어사 지사려행수지어위 순리즉유 종욕유위

먼저 보는 것의 잠언이다. 마음은 본래 텅 비어 있어 사물을 대해도 흔적이 없다. 보는
것이 물욕으로 가리어지면 마음이 따라 떠나가니 밖을 제어함으로써 마음을 평안하게
해야 한다. 다음은 듣는 것의 잠언이다. 지성은 유혹에 이끌리면 물질에 동화되며 이로
인해 바른 도리를 잃게 된다. 그러나 탁월한 선각자들은 그 그쳐야 할 때와 가야 할 길
을 알았다. 다음은 말의 잠언이다. 마음의 움직임은 말을 통해 밖으로 드러나므로 말을
할 때는 조급함과 망령됨을 막아야 마음이 고요하고 한결 같게 된다. 끝으로 행동의 잠
언이다. 명철한 사람은 조짐을 알기에 생각을 정성스럽게 하고, 뜻이 있는 사람은 실행
하는 데 힘써 자신의 뜻을 지켜낸다. 바른 이치에 순종하면 여유가 있고, 욕심을 따르면
위험에 빠지게 된다.

_〈정자程子〉

공자는 수제자였던 안연이 인仁에 대해 묻자 '극기복례克己復禮', 스스로를 극
복하고 예로 돌아감을 말해준다. 안연이 그 구체적인 실천방법을 다시 묻
자 대답했던 말이 '네 가지 해서는 안 될 일(사물四勿)'이다. '예가 아니면 보
지도, 듣지도, 말하지도, 행하지도 말라'는 것이다. 인은 공자가 평생을 두
고 추구했던 도의 핵심이다. 하지만 공자는 '인이 무엇이다'라고 확실한

정의를 내려주지는 않았다. 따라서 많은 제자들이 인을 알기 위해 공자에게 물었고, 공자는 제자의 학문과 수양의 수준에 맞춰 알기 쉽게 인을 설명해줬다. 그 가운데 수제자로 학문과 수양의 수준이 가장 높았던 안회에게 가르쳐준 인이 가장 핵심적이라고 할 수 있다.

정자는 '네 가지 해서는 안 되는 일'을 풀어서 어떻게 실천해야 하는지를 알려준다. 배움을 추구하는 사람들은 마땅히 이를 따라야 한다는 것이다. 하지만 공자나 안회와 같은 최고의 경지에 이른 사람들이 거쳐온 수양의 길을 보통사람들이 따르기는 힘들다. 그 핵심을 이해하기도 어렵고, 당연히 따르기도 힘든 법이다. 그래서 정자는 그 '네 가지 해서는 안 되는 일'을 잠언으로 풀어서 알려주고 있다. 단순히 다른 사람에게 가르쳐주는 것만이 아니라 '스스로를 경계하는 글(자경문自警文)'로도 삼고자 했다. 가르침과 배움은 함께 성장한다는 '교학상장敎學相長'이나 가르침은 배움의 반이라는 '효학반斅學半'의 성어가 가르치는 바와 같이, 다른 사람을 가르치는 글을 지음으로써 스스로도 수양과 학문의 경계로 삼고자 했던 것이다.

정자는 성리학을 확립하는 데 중요한 역할을 했던 중국 송시대의 대표적인 학자다. 형인 정명도程明道와 함께 이정二程으로 불리며, 성리학의 원류로 꼽는다. 성리학을 집대성한 것으로 알려진 주자가 자신의 학설을 정립할 때 크게 도움을 받았다. 정자의 학문은 유교와 《역경》을 폭넓게 어우르지만 우리에게는 삶의 통찰을 보여주는 '인생삼불행人生三不幸'으로 널리 알려져 있다.

소년등과少年登科, 어린 나이에 출세하는 것. 석부형제지세席父兄弟之勢, 권세 있는 부모형제를 만나는 것. 유고재능문장有高才能文章, 재능과 문장이 뛰어난 것. 오늘날 가장 큰 행운이라고 하는 세 가지가 긴 인생에서 보면 오히려 불행이 된다는 것이다. 젊어서 일찌감치 출세 길에 올라 명성을 날리던 뛰어난 사람들이 여러 가지 요인으로 인해 추락하는 요즘의 현실이 이를 잘 보여주고 있다. 하늘로부터 받은 재능이나 운보다는 차곡차곡 내실과 실력과 경험을 쌓아서 이룩하는 것이 진정한 성공이 되고, 이러한 경륜이 있어야 쉽게 무너지지 않는다는 소중한 통찰이다.

외부로부터
나를 지킨다는 것

정자의 사잠四箴은 공자가 말했던 바와 같이 먼저 보는 것(시잠視箴)에서부터 시작한다. 사람이 살아가면서 눈을 감고 살지 않는 한 눈에 보이는 것을 통제할 수는 없다. 보기 싫어도 어쩔 수 없이 봐야 하는 것이 있다. 또한 이미 본 것을 되물릴 수도 없다. 예가 아니면 보지 말라는 것은 선하지 않는 것, 깨끗하지 않은 것에 마음을 두지 말라는 뜻이다. 사람들은 무엇을 보는가에 따라서 마음이 달라진다. 그 반대로 마음의 상태에 따라서 보는 것이 달라지기도 한다. 마음이 맑고 깨끗한 상태면 아름답고 좋은 것을 찾아서 보게 되고, 마음이 정욕과 욕망에 미혹되어 있다면 욕망을 충족하는 것을 찾아서 보게 된다.

　정자는 이처럼 보는 것에 의해 마음이 가리어지는 것을 경계했다. 마음은 원래 텅 비어 있어서 설사 사물에 의해 영향을 받고 가려져도 그 자취가 남지 않는다. 하지만 일단 마음이 가리어지면 속마음이 옳지 못한 곳으로 가게 되므로 바깥, 즉 보는 것을 제어함으로써 그 마음을 안정되게 해야 한다는 것이다. 바로 이것이 극기복례의 공부이고, 이 공부를 계속하게 되면 '마음이 진실해진다(성誠)'고 정자는 말한다.

시잠이 마음을 다스리기 위함이라면 듣는 것을 제어하는 청잠聽箴은 올바른 천성을 지키는 것이다. 듣는 것은 보는 것보다 더 어렵다. 처음 들을 때는 그 말이 올바른 것인지 판단하기 어렵기 때문이다. 그 말이 교언영색인지, 진실한 말인지는 잘 듣고 심사숙고하기 전에는 알지 못하는 경우가 많다. 그래서 많은 현자들은 진실한 말을 가려듣기를 가르쳤다. 또한 그 말 속에 담겨 있는 진정한 뜻을 잘 헤아려 생각하기를 권했다. 공자가 말했던 "교언영색을 하는 사람은 인한 사람이 없다"나 《명심보감》에 실려 있는 "나에게 좋은 말을 하는 사람은 도둑이요, 나를 나쁘게 말하는 사람은 스승이다"와 같은 말들은 당장 귀에 달콤한 말을 좇는 성향을 경계하는 말이다.

말과 행동은
모든 일의 중심이다

시잠과 청잠은 외부의 일과 사물, 그리고 사람들로부터 자신을 지키는 것이다. 외부의 일이나 물질 등 유혹하고 어지럽히는 것들로부터 마음과 천성을 지키는 계율이라고 할 수 있다. 즉 바깥을 제어해 안을 지키는 것을 말한다. 반면에 언잠言箴과 동잠動箴은 나의 속으로부터 나오는 언행을 제어해 예에 어긋나는 일을 하지 않는 것이다.

흔히 말은 마음에 있는 것을 밖으로 표현하는 것이라고 한다. 따라서 마음이 격해지면 말도 격해지고, 마음이 평온하면 말도 평온해진다. 하지만 정자는 역으로 말하는 것을 제어해야 마음도 평안해진다고 했다. 속마음과 겉으로 하는 말이 서로 연결되어 상호작용을 하기 때문이다. 큰 소리로 대화를 주고받다가 자신도 모르게 점차 감정이 격해지는 상황을 경험해본 적이 있을 것이다. 그래서 조급하거나 망령되이 함부로 말하는 것만 경계해도 마음도 고요하고 한결같아질 수 있다고 보았다.

정자는 말이란 추기樞機, 곧 모든 일의 중추이므로 반드시 신중하게 해야 한다고 말한다. 추기는 《주역》에 실려 있는 "말과 행동은 군자의 추기다(언행 군자지추기言行 君子之樞機). 군자가 천지를 움직이는 방법이니 어찌 삼가지 않을 수 있겠는가?"에서 비롯되었다. 말은 싸움을 일으키기도 하고 우호를 낳기도 하며, 길흉과 영욕을 모두 불러온다. 지나치게 소홀히 하면 엉성해지고, 지나치게 번잡하면 지루하게 된다. 또한 자기가 함부로 하면 남으로부터 오는 말도 함부로 오기 마련인 것이다. 따라서 《논어》를 비롯해 많은 고전에서는 말의 신중함과 진실함을 가르치는 경구들이 수없이 많이 실려 있다.

"사달이이의辭達而已矣, 말은 뜻을 전달하면 그만이다《논어》."

"선행기언이후종지先行其言而後從之, 먼저 실천하고 그 다음에 말하라《논어》."

"다언삭궁불여수중多言數窮不如守中, 말이 많으면 빨리 궁해지니 차라리 속을 비워 지키느니만 못하다(《도덕경》)."

"언유소화야言有召禍也, 말이 많으면 반드시 화를 불러온다(《순자》)."

"군자약언소인선언君子約言小人先言, 군자는 말을 아끼지만 소인은 말을 앞세운다 (《예기》)."

이처럼 말이 곧 그 사람이고, 말을 통해 사람의 됨됨이를 알 수 있으므로 '말을 신중히 해야 한다'고 많은 경전들은 말해준다. 그래서 정자는 언잠의 마지막을 이렇게 맺었다.

"법도에 맞지 않으면 말하지 말지니, 가르침의 말을 명심하고 공경하라!"

행동이 반복되면 습관이 되고, 습관이 오래 되면 본성이 된다

마지막으로 동잠은 생각(사思)과 뜻(지志)을 통해 행동을 제어할 것을 권한다. 지혜로운 사람은 행동하기 전에 먼저 생각함으로써 행동의 진실함을 구한다. 행동을 하기 전에 먼저 바르게, 진실하게 해야 할 것을 생각한다면 당연히 그 행동도 바르게 된다. 마찬가지로 뜻이 있는 사람(지사志士)은 행동을 할 때 자신의 뜻을 지켜나간다. 뜻 있는 사람이 자신의 뜻을 지켜나가는 것은 바로 의의 길을 걷는 것이다. 그런 행동들이 습관이 되도록 몸에 익히고, 몸에 익어 본성처럼 된다면(습여성성習與性成) 성현과 같이 될 수 있다고 정자는 말하고 있다.

습여성성은 《서경》에 나오는 고사성어로, 원전에서는 '나쁜 습관이 본성이 된다'는 좋지 않은 의미로 쓰였다. 하지만 여기서는 올바른 도리와 이치를 따르는 것이 본성으로 자리잡도록 연마한다는 뜻이다. '인의仁義'라는 올바른 도리를 습관이 되도록 연마해 애초에 하늘로부터 부여받은 것과 같은 천성을 회복할 수 있다면 성인이나 현인과 같이 되는 일도 어렵지 않다는 것이다.

옛 선비들도 버거워했던 가르침을 우리가 온전히 따르기는 어려울 것이다. 현대사회를 살아가는 보통사람으로서 성현이 되기 위해 치열하게 수양하고 절제했던 삶을 지킨다고 생각하면 우선 까마득해진다. 예가 아니면 보지도, 듣지도, 말하지도, 행하지도 말라니, 그렇게 살라고 하면 우리는 아무것도 할 수 없을지도 모른다.

하지만 인간이란 자신이 본 것, 들은 것으로 이뤄진 존재다. 본 것, 들은 것은 우리가 공부와 경험을 통해 받아들이는 것들을 말한다. 이처럼 보고 들은 것들이 마음을 이루고 생각과 가치관을 만들어간다. 그리고 이러한 마음과 생각과 가치관이 우리의 말이 되고 행동이 된다. 이런 말과 행동들이 점차 쌓여서 습관이 되고, 그 습관이 천성이 된다. 하지만 습여성성의 고사에서 보듯이 바르지 못한 일을 쌓아나가면 나쁜 습관이 되고, 나쁜 습관은 나쁜 본성이 되고 만다.

옛 성현들을 따르기는 버겁다. 그러나 선한 습관을 쌓아나가는 일까지 포기할 수는 없다. 그 첫 번째가 바로 보고, 듣고, 말하고, 행동하는 것에 대한 절제다. 우리가 굳이 찾지 않더라도 우리가 살고 있는 지금은 수많은 유혹이 보고 들리는 시대다. 보고 들리는 것을 선택할 수는 없지만 어떤 것에 마음을 둘지는 우리가 선택할 수 있다. 그리고 어떤 것을 선택하느냐에 따라서 우리의 삶이 결정된다. 바르고 선한 것을 취하면 바르고 선한 것이 우리를 만들어가고, 그 속에서 나오는 말과 행동은 바르고 선해질 수 있다. 그리고 그것을 쌓아서 습관으로 만들면 곧 천성이 될 수 있는 것이다.

...

인간은 자신이 경험하고
마주하는 무수한 것들에 물들고,
반대로 주변의 존재들에게
스스로를 물들이기도 하는 존재다.
우리는 물들고 물들이는 색을 선택할 수 있다.

사는 대로 생각하면
인간은 멈춰진다

茫茫堪興俯仰無垠 人於其間眇然有身 是身之微太倉稀米 參爲三才曰惟心爾 往古來
今孰無此心 心爲形役乃獸乃禽
망망감여부앙무은 인어기간묘연유신 시신지미태창제미 참위삼재왈유심이 왕고래금
숙무차심 심위형역내수내금

아득하고 아득한 천지여, 굽어보고 우러러 보아도 끝이 없다. 사람은 그 사이에 지극히
미미한 몸뚱이 하나 갖고 있으니 이 몸의 미미함은 마치 큰 창고에 한 톨 낱알에 불과
하다. 그래도 하늘과 땅과 함께 삼재의 하나가 되었음은 오직 마음이 있기 때문이다. 예
로부터 지금까지 누군들 이 마음이 없었겠느냐마는 마음이 물질의 부림을 당하니 짐승
이 되는 것이다.

_〈심잠心箴〉

도저히 가늠할 길이 없는 천지의 크기에 비해 사람 하나는 지극히 작은 존
재다. 비록 오늘날 과학이 밝혀낸 것과 같은 끝없는 우주, 아니 아직도 채
밝혀내지 못한 우주의 크기를 그 옛날의 철학자들 또한 구체적으로 알 수
없었다고 해도 이미 충분히 느낄 수는 있었다. 하늘은 신령한 것으로 제쳐
놓았다고 해도, 태산에만 올라서 봐도 자기 존재의 미미함을 절감했을 것
이다. 이처럼 자기 존재의 작음을 인식하고 깨우친 사람들은 철학자로서
인간 존재에 대해 깊은 사유를 할 수 있었다. 하지만 대부분의 평범한 사람
들은 오직 자기의 삶을 영위하는 데 집중할 뿐 다른 세상은 안중에 없었다.
오직 나라의 임금을 하늘로 여기고, 그가 먹고 입고 사는 것을 보장해주면

그것으로 만족하고 살았다. 장자가 우화로 말했던 것처럼 망망대해의 크기를 듣고 놀라 기절하는 '우물 안의 개구리(정저지와井底之蛙)'와 같은 삶을 살았던 것이다.

앞의 인용문에서 범준范浚이 말했던 태창제미太倉稊米는 천지의 크기에 비해 지극히 미미한 사람을 비유한 말이다. 나라의 곡식을 모아두는 엄청나게 큰 창고, 그 안에 끝도 없이 쌓여 있는 쌀들 중에 한 톨에 불과한 존재라니 얼마나 미미한가. 더구나 그 쌀 한 톨도 제대로 된 쌀이 아니라 돌피쌀, 제대로 성장하지도 못한 가라지와 같은 존재라고 하니 말할 것도 없다. 인간 존재의 미미함은 이외에도 많은 비유가 있다. 넓고 큰 바다 가운데 한 알의 좁쌀을 뜻하는 '창해일속滄海一粟', 아홉 마리 소들 가운데 박힌 털 하나라는 '구우일모九牛一毛' 등이 있지만 이 역시 광대한 우주 속의 인간을 뜻하기에는 상상력이 빈곤하다고 할 수밖에 없다.

사유하니까 인간이다

하지만 이처럼 미미한 존재인 인간은 삼재三才 가운데 하나다. 하늘과 땅과 함께 사람이 천하에 가장 중요한 존재라는 것이다. 사람이 삼재 가운데 하나가 될 수 있었던 까닭은 '마음'을 가지고 있기 때문이다. 삼재의 재才는 흔히 알고 있는 것처럼 재능이 아니라 기본, 근본의 의미를 가진다. 즉 천하를 이루는 근본인 것이다. 맨 위의 획은 하늘, 가운데 획은 사람, 그리고 마지막 획은 땅을 뜻한다.

　사람이라면 누구나 가지고 있는 마음 때문에 인간이 소중한 존재가 될 수 있다는 것은 이미 많은 현자들이 말하고 있다. 특히 맹자는 사람의 마음에 관해 깊은 연구와 통찰로 본성을 이루는 네 가지 마음을 설파했다. 측은惻隱(남의 불행을 슬피 여김), 수오羞惡(옳지 못함을 부끄럽게 여김), 사양辭讓(양보하고 예의를 지킴), 시비是非(옳고 그름을 가림)의 네 가지는 하늘로부터 타고난 선한 본성이고, 이러한 본성이 있기에 사람은 귀한 존재로서의 가치를 가진다는 것이다. 동양철학에서 마음 자체를 논했다면 서양의 철학은 마음을 통한 작용, 즉 생각을 할 수 있기에 사람은 소중한 존재라고 했다. '인간은 생각하는 갈대다'라는 유명한 명언이 담고 있는 의미다. 이 말을 남긴 철학자 파스칼은《팡세》에서 이렇게 말했다.

　인간은 자연에서 가장 연약한 한 줄기 갈대일 뿐이다. 그러나 인간은 생각하는 갈대다. 그를 박살내기 위해 온 우주가 무장할 필요가 없다. 한 번 뿜은 증기, 한 방울의 물이면 그를 죽이기에 충분하다. 그러나 우주가 그를 박살낸다고 해도 인간은 그를 죽이는 것보다 더 고귀할 것이다. 인간은 자기가 죽는다는 것을, 그리고 우주가 자기보다 우월하다는 것을 알기 때문이다. 그러므로 우리의 모든 존엄성은 사유로 이뤄져 있다. 우리가 스스로를 높여야 하는 것은 여기서부터이지, 우리가 채울 수 없는 공간과 시간에서가 아니다. 그러니 올바르게 사유하도록 힘쓰자. 이것이 곧 도덕의 원리다.

　인간은 한낱 갈대와 같이 미약한 존재지만 사유를 하기 때문에 존엄성을 지닌다. 사유를 통해 인간은 자신의 한계와 미약함을 알게 되고, 스스로 올바른 도덕성을 지켜나간다. 이러한 주장은 하늘로부터 선한 본성을 받았기에 인간은 존엄하고, 또 이러한 마음을 지켜나감으로써 그 존엄성을 유지할 수 있다는 동양철학과 일맥상통한다.

인간은 하늘로부터 선한 마음을 타고났다. 누구나 빠짐없이 이러한 마음을 받았기에 하늘은 공평한 것이다. 하지만 어떤 사람은 선한 마음을 간직해 자신의 존엄성을 지켜나간다. 어떤 사람은 살아가며 세속적인 욕심에 휘둘리면서 선한 마음을 지키지 못한다. 범준은 그렇게 인간이 스스로를 잃게 되면 짐승과 다를 것이 없어진다고 질타한다.

하지만 자신의 선한 본성을 잘 지켜나가는 것은 결코 쉬운 일이 아니다. 한낱 작고 미미한 마음을 수많은 물욕이 틈타고 있기 때문이다. 마음을 바르게 지키지 못하면 이목구비와 사지가 물욕의 유혹을 받고 결국 마음을 병들게 한다. 《심경경의心經經義》에서는 이 구절을 이렇게 풀이하고 있다.

"마음이 보존되면 이목구비와 사지 등 모든 몸이 명령을 따르지 않는 것이 없다. 만일 마음에 약간의 틈을 보이면 곧 그것을 타고 들어가 마음을 병들게 한다. 이는 마치 여색을 멀리하려는 마음을 조금이라도 소홀히 하면 눈의 욕심이 그것을 틈타고, 음란한 음악을 쫓으려는 마음이 조금이라도 누그러지면 귀의 욕심이 그것을 틈타는 것과 같다."

따라서 마음공부에 조금도 해이해져서는 안 된다는 것이다. 하지만 조금도 마음의 틈을 보이지 않고 육신을 단속할 수 있는 사람은 드물다. 수신을 위해 일생을 매진하던 그 당시 선비들조차 마음을 지킬 수 있는 경우는 드물었다고 범준은 말하고 있다.

대부분의 사람들이 삶의 목적을 물욕과 이익의 추구에 두고 있는 오늘날은 더 말할 나위가 없다. 물론 그 당시처럼 이익의 추구가 죄악시되거나 마음의 병이라고 할 수는 없다. 적절한 욕망의 추구를 오히려 권장하기도 하는 시대다. 욕망에 충실한 것, 그것이 오히려 마음의 병으로부터 자신을 지킬 수 있다는 주장도 있다. 하지만 이익과 욕망을 추구하더라도 타협해서는 안 되는 것이 있다. 그리고 반드시 지켜야 하는 것은 옛날과 지금이 다를 바 없다. 바로 사랑과 배려의 인, 정의의 의, 질서를 위해 지켜야 할 예, 인격의 완성과 바른 판단을 위해 필요한 지다.

물론 오늘날에는 이러한 기준을 꼭 지켜야 한다고 강제되지는 않는다. 그 선택은 개개인에게 달려 있고, 법에서 제한하는 것만 넘지 않는다면 어떤 처벌도 받지 않는다. 하지만 어떤 선택을 하느냐에 따라 인생의 결이 달라지는 순간들이 있다. 비록 법이 규제하는 범위 안에서라고 해도 이익과 욕망을 취하는 데 수단과 방법을 가리지 않는 삶과 스스로의 양심에 따른 삶은 그 가치와 품격이 다르다.

살얼음을 걷듯
조심스러운 성인의 길

범준은 이 글의 마지막에서 삶을 살아가는 데 필요한 기준을 다음과 같이 제시하고 있다.

"군자가 정성을 보존해 능히 근심하고 삼간다면 내 몸이 평안하고 안정되어서 온 몸이 마음의 명령을 따를 것이다."

몇 번을 거듭해서 말하지만 성(誠)은 《중용》에서 가장 핵심이 되는 단어다. 정성 혹은 진실 등으로 해석되는데 여기서는 정성으로 풀이했다. 자연은 특별히 애쓰거나 노력하지 않아도 저절로 이뤄진다. 인위적인 노력을 가하지 않아도 조화를 이룬다. 그것이 바로 성이며 하늘의 도리다. 하늘의 도리인 성을 따르는 것은 사람으로서 마땅히 따라야 할 도리다. 반드시 선을 택해서 그것을 굳게 지키는 것이 성을 따르는 자, 바로 성인의 길이다. 그리고 범준은 그것을 위해 필요한 두 가지 길이 바로 염(念)과 경(敬)이라고 말해준다.

여기서 염(念)은 생각이다. 무슨 일을 하든지 그 일의 의미와 가치를 생각해야 한다는 것이다. 공자가 《논어》에서 말했던 견리사의(見利思義), 견득사의(見得思義)가 이를 잘 표현한 성어다. 만약 이익 앞에서 올바른 이치를 생각하지 않는다면 사람들은 이익과 정욕을 얻기 위해 수단과 방법을 가리지 않게 된다. 탐욕스러운 인간이 되고 마는 것이다. 또한 생각은 공부와 수양을 완성하는 데 반드시 필요한 과정이며 절차다. 공부란 단순히 지식만을 취해서는 진정한 내 것이 될 수 없다. 내 삶과 일에 쓸 수 있는 지식이 되려면 반드시 생각이라는 과정을 통해서 내 몸에 체득해야 한다.

다음으로 경(敬)은 삼감이다. 해야 할 일은 경건하게 하고, 해서는 안 될 일은 하지 말아야 한다. 사람들은 흔히 무엇을 이루기 위해서는 어떤 일을 해야 한다고 생각한다. 하지만 그때 반드시 지켜야 할 것은 해서는 안 되는 일, 옳지 않은 일을 먼저 생각해서 가려야 한다는 것이다. 단지 목적을 이루고 목표를 달성하는 데에만 모든 것을 건다면 그 과정과 절차의 원칙과 정당성을 잃게 된다. 자신의 탐욕을 채우기 위해 수단방법을 가리지 않는 괴물이 될 수도 있다.

먼저 생각을 통해 올바른 이치를 알고, 해서는 안 될 일을 삼감으로써 마음을 굳게 지키고 일을 이루는 데 성실을 다해야 한다. 그래야 올바른 성공, 정의로운 승리를 거둘 수 있다.

···

인간답게 살아가기 위해서는
무엇을 해야 하는지 못지않게
무엇을 하지 말아야 하는지를 알아야 한다.

무난하게 사는 것이야말로
많은 노력을 필요로 한다

正其衣冠尊其瞻視 潛心以居對越上帝 足容必重手容必恭 擇地而蹈折旋蟻封 出門如
賓承事如祭 戰戰兢兢罔敢或易 守口如瓶防意如城 洞洞屬屬罔敢或輕 不東以西不南
以北 當事而存靡他其適 惟心惟一萬變是監 從事於斯是曰持敬
정기의관존기첨시 잠심이거대월상제 족용필중수용필공 택지이도절선의봉 출문여빈
승사여제 전전긍긍망감혹이 수구여병방의여성 동동촉촉망감혹경 부동이서불남이북
당사이존미타기적 유심유일만변시감 종사어사시왈지경

의관을 바르게 하고, 보는 것을 엄격하게 하라. 마음을 차분하게 해 생활하되 마치 상제
를 대하듯 하라. 발걸음은 무겁게 하고 손모양은 공손하게 하며 땅을 밟을 때 가려서 개
미 뚝도 돌아서 가라. 문밖에 나가 사람을 대할 때 귀한 손님을 대하듯 하고, 일을 행할
때는 큰 제사를 받들 듯 경건히 하며, 조심하고 삼가 혹시라도 함부로 하지 마라. 입을 지
키기를 병마개처럼 하고, 뜻을 지키기를 성문과 같이 하며, 삼가고 조심해 혹시라도 가
벼이 하지 마라. 동으로 가다가 서로 가지 말며, 남으로 가다가 북으로 가지 마라. 일을
당해서는 마음을 보존해 다른 곳으로 가지 마라. 오직 한마음으로 온갖 변화를 제대로
살펴라. 이렇게 함을 '삼감을 보존한다(지경持敬)'라고 한다.

_《주자》

주희朱熹는 중국 송시대 철학자로 주자로 높여서 부른다. 성리학은 주자학朱
子學으로 불릴 정도로 주자에 의해 집대성된 학문이다. 주자는 공자와 맹자
등 유가 학자들의 경전을 새롭게 해석하고, 사상적인 약점을 보완하고, 형
이상학적인 체계를 확립해, 성리학을 완성했다. 특히 그의 학문은 단지 중
국에만 그치는 것이 아니라 우리나라와 일본에까지 큰 영향을 미쳤다. 조

선에서는 지식인으로서의 학문일 뿐 아니라 지배계층의 학문으로 나라의 경영과 통치의 기반이 되었다. 특히 마음을 다스리는 학문인 심학心學에 대해 완전히 체계적이지는 않지만 본격적인 학문적 논의의 단초를 제공했다는 점에서도 훗날 퇴계 이황, 율곡 이이 등 조선의 학자들에게 많은 영향을 주었다. 앞의 글은 주자의 '경재잠敬齋箴' 가운데 일부로 경재잠은 마음을 삼가고 경계하기 위해 지은 글이다. 주자는 이 글을 자신의 서재에 붙이고 항상 읽으며 일상의 삶을 돌아보았다.

마음을 다스리기 위해
우선 몸가짐부터 정돈하라

주자가 여기서 가장 먼저 이야기하는 것, '의관을 바르게 하고, 보는 것을 엄격하게 하라'는 바로 겉모습을 단정히 하는 것이다. 몸이 비록 마음에 의해 움직이는 것이기는 하지만 그 반응은 상대적이라고 할 수 있다. 마음이 맑고 깨끗하면 겉모습이 단정하게 드러나지만, 겉모습이 깨끗해야 마음역시 맑은 상태를 유지할 수 있다. 마음과 몸을 지키는 것은 상대적인 것이다. 이 문장은 《논어》〈요왈〉에도 실려 있다. 제자 자장子張이 "정치에 종사하는 사람은 어때야 합니까?"라고 묻자, 공자가 대답했던 말이다. 공자는 정치인으로서 지녀야 할 다섯 가지 미덕을 이야기해주는데 그 가운데 하나가 '위엄이 있으면서도 사납지 않은 것'으로, 그 구체적인 모습이 바로 의관을 바르게 하고 보는 것을 엄격하게 하는 것이다. 올바른 복장과 엄숙한 눈빛은 위엄이 있는 이미지를 드러내는 외양이다. 그렇게 할 때 사람들이 그를 보며 어려워하게 되는데, 거칠고 위압적으로 하지 않아도 위엄을 지키는 모습이다. '마음을 차분하게 해 생활하되 마치 상제를 대하듯 하라'는 평상시 가져야 할 마음자세다. 마치 하늘의 임금을 대하듯이 생활하는 것이니 진실해야 하며 평안하면서도 엄숙해야 한다.

'땅을 밟을 때 가려서 개미 뚝도 돌아서 가라'는 걸을 때의 자세다. 개미 뚝은 원문으로 의봉蟻封이라고 하는데, 개미가 구멍을 파서 울퉁불퉁한 작은 봉우리 같은 모양이다. 이곳을 밟게 되면 몸이 균형을 잃게 되고 절도를 지키지 못하게 된다. 이런 세세한 것까지 지킬 필요가 있을까, 생각할 수도 있다. 하지만 말 그대로 해석할 것이 아니라 평상시 지켜야 할 삶의 자세로 삼으면 된다. 《여씨춘추》에는 "사람들은 산에 걸려 넘어지지 않지만 개미 뚝에 걸려 넘어진다"라고 실려 있다. 크고 중요한 일에 집중하면서 작고 사소한 일은 경시하는 사람들을 깨우치는 글이다. 모든 큰일은 작은 일을 소홀히 함으로써 일어나기에 큰일을 하고 싶다면 작은 일에 최선을 다해야 한다. 사람의 미래는 평상시의 모습에서 드러난다.

매사에 전전긍긍하며
쉽게 마음을 바꾸지 마라

'문밖에 나가 사람을 대할 때 귀중한 손님을 대하듯 하고, 일을 행할 때는 큰 제사를 받들듯 경건히 하라'는 것은 사회생활을 할 때 취해야 하는 자세다.《논어》〈안연〉에서 공자가 제자 중궁仲弓에게 인仁을 가르친 말 중에 있다. 일과 생활에서 만나는 상대를 배려하고 존중하는 것을 마치 두려워 떨듯이 해야 한다는 것이다. 인용문의 '조심하고 삼가라'의 원문은 전전긍긍戰戰兢兢이다. '몹시 두려워하고 벌벌 떨며 조심함'의 뜻인데, 그 어원은《시경》〈소아小雅〉에 나오는 '소민小旻'이라는 시다. 폭군과 간신이 다스리는 나라에서 살아가기 위해서는 반드시 조심하고 삼가야 한다는 당부다.

이 구절은《논어》〈태백〉에서 병상에 누워 있던 증자가 인용함으로써 잘 알려져 있다. 옛날에는 부모에게서 받은 몸을 상하게 되면 큰 불효로 간주했다. 그래서 몸을 아끼기를 '두렵고 삼가기를 마치 못가에 서 있듯, 살얼음을 밟듯이 해야 한다'는 것이다. 증자 자신은 이제 임종의 때가 가까웠으므로 그런 걱정에서 벗어나게 되어 홀가분하다는 뜻으로 제자들에게 말했다.

다음으로 "입을 지키기를 병마개처럼 하고, 뜻을 지키기를 성문과 같이 하라(수구여병방의여성守口如甁防意如城)"는 주문공이 했던 말로 주자가 인용해서 썼다.《명심보감》에도 실려 있는데, 말을 신중하게 하고 한 번 세운 뜻은 쉽게 꺾지 말라는 가르침이다. 말을 함부로 하지 않고 신중하게 하는 것은 군자의 필수 요건이다. 말은 속에 지니고 있는 뜻을 바깥에 공표하는 것이기 때문이다. 말의 신중함은 머릿속에 있는 뜻과 생각의 신중함이라고 할 수 있다. 말이 가벼운 사람은 그만큼 생각이 가벼운 사람이며, 쉽게 말을 어기고 함부로 생각과 의지를 바꾸는 사람이다. 따라서 옛 선비들은 특별히 말의 가벼움을 경계했다. 공자는 심지어 "먼저 실천한 다음 그에 따라 말해야 한다(선행기언이후종지先行其言而後從止)"라고 말할 정도였다.

"동으로 가다가 서로 가지 말며, 남으로 가다가 북으로 가지 마라. 일을 당해서는 마음을 보존해 다른 곳으로 가지 마라. 둘로 만들지도 말고, 셋으로 만들지도 말라"는 것은 오직 마음을 한결같이(주일主一) 해 쉽게 변하지 말라는 것이다. '남으로 가다가 북으로 가지 마라'는 일을 할 때의 마음 자세다. 한 가지 일에 집중하지 못하고 이 일 저 일을 기웃거리다가는 어떤 일도 제대로 마무리할 수 없게 된다. 이것은 수양을 할 때도 마찬가지다. 수양을 할 때는 오직 마음을 안정되게 하고 잡념이나 사욕에 흔들려서는 안 된다. 만약 다른 곳에도 마음을 쓰게 되면 마음이 두 갈래, 세 갈래로 나눠질 수밖에 없다. 일이나 생활에서 하나로 마음을 두지 못하면 마음이 안정될 수 없고, 상황의 변화나 주위의 환경을 제대로 볼 수 없다. 결국 아무것도 이루지 못하게 된다.

악마는 마음을 놓친
찰나에 들어온다

여기까지 이야기를 종합해 주자는 '삼감을 보존한다(지경持敬)'라고 정리했다. 몸과 마음을 지키고 보존하는 모든 일들이 결국 삼감(경敬)에 달려 있고, 일을 이루기 위해 움직일 때나, 수양을 위해 마음을 고요하게 할 때도 어겨서는 안 된다. 잠시라도 틈을 주지 말라는 것(수유지간須臾之間)은 단 한 순간도 어겨서는 안 된다는 것이다. 만약 잠깐이라도 방심해 마음을 놓치게 되면 만 가지 생각이 일어나 걷잡을 수 없게 된다. 우리는 흔히 많은 생각으로 머릿속이 복잡할 때 '오만가지 생각을 다 한다'라고 한다. 그럴 때는 도무지 마음이 안정되지 않으므로 쉽게 마음을 정할 수 없다. 주자는 이러한 상태를 '불길이 없어도 뜨거워지고, 얼음 없이도 차가워진다'라고 시적으로 표현했다.

여기까지 읽은 독자들은 짐작했겠지만 이 글은 주자가 《논어》를 비롯해 많은 경전에서 마음을 다스리는 법을 인용해 작성했다. 그 구절들은 특별한 도의 경지를 말했다기보다는 일상에서 몸과 마음을 지켜나가자는 권유다. 개인의 몸가짐에서부터 사람을 대하는 자세, 일에 임하는 마음가짐까지 평범한 일상에서 지켜야 할 법도다. 하지만 이러한 소소한 사건들이 조금이라도 어긋난다면 천하가 뒤바뀌는 엄청난 일이 벌어질 수도 있다는 가르침이기도 하다.

흔히 분야를 막론하고 위대함의 경지에 도달하려면 비범하고 탁월한 노력이 따라야 한다고 생각한다. 혹은 사람으로서 가능할 수 없는 영감이 떠올라야 한다고도 한다. 그래서 사람들은 무언가를 이루기 위해 남다른 비상함을 추구하고, 새로움을 찾는 데 매진한다.

하지만 진정 위대한 경지는 남다른 것이 아니라 본질에 충실한 것이다. 마음도 마찬가지다. 《채근담》에는 "문장이 경지에 이르면 별다른 기발함이 있는 것이 아니라 다만 적절할 뿐이고, 인품이 경지에 이르면 별다른 특이함이 있는 것이 아니라 다만 자연스러울 뿐이다(문장주도극처 무유타기 지시흡호 인품주도극처 무유타이 지시본연文章做到極處 無有他奇 只是恰好 人品做到極處 無有他異 只是本然)"라고 실려 있다.

주자도 마음을 다스리기 위해서는 평범한 일상에서 빈틈없이, 또 한결

같이 자신을 가다듬어야 한다고 권한다. 도를 얻기 위해 산에 들어갈 필요는 없다. 하루의 삶에서 스스로를 지키고, 오늘 하루를 겪으며 만나는 사람들에게서 근본에 충실할 때 도를 이룰 수 있다. 《논어》에서 말했던 '본립도생本立道生'이 바로 그것이다.

...

쉽게 이뤄진 것 같은 평범함 안에는
무수한 어려움을 거치며
형성된 비범함이 숨어 있다.

마음은 내 것이지만
내 마음대로 되지는 않는다

求放心齋銘曰 天地變化其心孔仁 成之在我則主于身
其主伊何神明不測 發揮萬變立此人極
구방심재명왈 천지변화기심공인 성지재아즉주우신
기주이하신명불측 발휘만변입차인극

주자가 구방심재명에서 말했다. "천지는 변화하고 그 마음은 지극히 인자하다.
그 같은 인자함을 이루는 것은 나 자신에게 있으니, 마음은 몸의 주인이 된다.
주인이 되는 것은 무엇인가? 신명해 도무지 측정할 수 없으며
만 가지 변화를 일으켜 사람의 근본을 세운다."

_《주자》

구방심재명은 주자朱子가 제자인 정정사程正思를 위해 썼다고 스스로 밝히고 있다. 구방심은 '잃어버린 마음을 찾는다'는 뜻으로《맹자》〈고자장구 상〉에 실려 있는 유명한 글이다. 이 글 중에서 구방심을 인용해 재실齋室을 지었는데 그곳에 새긴 글이다.《맹자》에 실린 글은 앞에서 소개했지만 좋은 글이니 다시 한 번 보기로 하자.

"인은 사람의 마음이요, 의는 사람이 걸어가야 할 길이다. 그 길을 버리고 따라갈 생각도 않고, 그 마음을 놓아버리고 찾으려 하지도 않으니 슬프다! 사람들은 자신이 기르던 닭이나 개를 잃어버리면 그것을 찾으려 하면서도 잃어버린 마음은 찾을 줄 모른다. 학문의 길은 다른 데 있는 것이 아

니라 잃어버린 마음을 찾는 데 있다."

이 글에서 맹자는 사람들이 하늘로부터 받은 선한 본성인 인의를 잃고도 찾으려 하지 않는 것을 한탄하고 있다. 하물며 닭과 개와 같은 작은 재물도 잃어버리면 온 동네를 돌며 여기저기 묻고 찾으러 다니면서, 가장 소중한 마음을 잃어버렸으면서도 찾으려 하지 않는 세태를 꾸짖고 있다. 그리고 학문과 수양이란 다른 게 아니라 바로 잃어버린 선한 마음을 찾는 것(구방심求放心)이라고 말한다. 흔히 말하듯이 출세를 하고 명예를 얻기 위해 지식을 쌓고 글 솜씨를 닦는 공부가 아니라, 사람이 마땅히 거주해야 할 집과 같은 인의 정신, 마땅히 걸어가야 할 의의 정신을 회복하는 것이 바로 진정한 학문이라는 것이다.

주자는 구방심재명에서 구방심 글의 당위성을 설명하고 그 구체적인 방법론을 말해주고 있다. 맨 앞에 나오는 구절 "천지의 변화와 함께하는 그 마음은 지극히 인자하다. 그 같은 인자함을 이루는 것은 나 자신에게 있으니 그래서 마음은 몸의 주인이 된다"는 맹자가 말했던 인의의 길을 지키는 것이 바로 자신의 마음에 달려 있고, 마음이 몸을 주관한다는 것을 말해준다.

다음 구절 "신명은 도무지 측정할 수 없으며 만 가지 변화를 일으켜 사람의 근본을 세운다"는 마음의 형이상학적인 현상을 말하는 것으로, 마음이 몸을 주재하는 것이 어떤 것인지 설명한다. 여기서 신명神明은 신령한 것이라는 의미로, 따라서 마음은 측정할 수 없고 변화무쌍하다는 뜻이다. 또한 마음은 사람의 근본, 즉 인극人極을 바로세우는 존재다. 인극이란 주돈이의 《태극도설太極圖說》에 나오는 개념으로 태극이 우주만물의 준칙이라

다산의 마지막 공부

면 인극은 인간으로서 지켜야 할 최고의 준칙을 말한다.

하지만 마음은 이목구비의 욕망과 희로애락의 감정으로 인해 끊임없이 유혹을 받는다. 만약 단 한순간이라도 마음을 놓아버리게 되면 천리 바깥으로 달아나 회복하기 어려워진다. 하지만 그 마음을 보존해 지키는 것이나 혹은 마음을 놓치는 것은 바로 자기 자신에게 달렸다. 원문 구방심재명에 실린 '누가 놓아버렸고 누가 찾았는가? 누가 잃어버렸고, 누가 가졌는가?'가 바로 그것이다. 마치 팔을 굽히고 펴는 것은 내 팔뚝이 하는 것이고, 손바닥을 엎고 뒤집는 것이 다른 누군가가 아닌 내 손이 하는 것과 마찬가지인 것이다.

하늘로부터 받은
가치를 보존하라

성과 경은 마음을 지키는 요체로서 앞에서도 계속 강조했던 가치다. 성은 공자의 손자인 자사가 쓴 《중용》의 가장 핵심적인 개념 가운데 하나다. 《중용》〈25장〉에는 성에 대한 풀이가 되어 있다.

"성은 스스로 이루는 것이요 도는 스스로 행하는 것이다. 성은 사물의 시작과 끝이니, 정성스럽지 못하면 사물이 없게 된다. 그러므로 군자는 성을 귀하게 여긴다. 성이란 스스로를 완성하는 것만을 의미하지는 않는다. 그것은 사물을 완성하는 것이기도 하다. 자기를 완성하는 것은 인이요, 사물을 완성하는 것은 지이니, 그것은 본성의 덕이고, 안과 밖이 결합되는 방법이다. 따라서 때에 따라 행함이 적절하다."

성이란 스스로 존재하는 것으로 하늘로부터 받은 진실한 마음이다. 또한 만물의 시작과 끝, 즉 모든 사물이 가지는 의미와 가치를 말한다. 따라서 성이 아니면 사람도 사물도 그 존재의 의미가 없게 된다. 사람은 인의 덕성으로 스스로를 수양해나가고 지의 덕성으로 사물과 다른 사람을 올바르게 볼 수 있다. 결국 성이란 인의예지의 덕성을 모두 갖춘 것으로 곧 중용의 도다. 군자들은 성을 통해 선한 마음을 지켜나가고, 때에 맞춰 행하는 절제와 균형의 삶을 살아간다.

경은 삼감으로 해석되는데 마음을 보존하기 위해 군자들이 취해야 하는 자세로 앞에서 많이 언급되었다. 공자는 마음이란 스스로 붙잡지 않으면 곧 어디로인지도 모르게 가버린다고 했다. 따라서 군자들은 삼감으로써(경敬) 마음을 보존하려고 했던 것이다.

그것을 위해 가장 핵심적으로 해야 할 일은 '은미할 때 막고 홀로 있을 때 조심(방미근독防微謹獨)'하는 것이다. '은미할 때 막는다'는 것은 마음이 이욕에 휩쓸리지 않도록 그 시초부터 막아 작은 틈을 주지 않는 것이다. '홀로 있을 때 조심'하는 것은 스스로에게 엄격한 자세를 요구하는 것이다. 남이 볼 때 근신하는 차원을 넘어서 혼자 있을 때도 존엄성을 잃지 말라는《중용》의 가르침이다. 근독謹獨, 신독愼獨이 그 원문인데 많은 고전에 실려 끊임없이 경계할 것을 권하고 있다. 그만큼 군자의 수양에서 중요한 개념인 것이다.

마음을 잃어버릴까
수시로 돌아보는 사람을 두려워하라

그 다음 필요한 것이 '절실하게 묻고 가까이 생각하라(절문근사切問近思)'다. '절문근사'는 공자의 제자 자하가 공부하는 자세를 가르친 말로 《논어》에 실려 있다. 절실하게 묻는다는 것은 간절한 자세로 배움을 구하고 뜻을 명확히 하는 것이다. 가까이 생각하라는 것은 일상적인 삶에서부터 실천하는 자세를 말한다. 일상의 삶에서 구현되지 않는 배움은 현실에서 괴리되어 실천하기 어렵다. 《중용》〈12장〉에서는 "군자의 도는 넓고도 은미하다. 평범한 어리석음으로도 알 수 있으나, 지극한 이치에 이르러서는 성인이라도 알 수 없는 것이 있다"라고 실려 있다. 지극한 이치를 이루기 위해 처음부터 심오한 철학과 학문만을 추구해서는 이룰 수 없다. 가까운 것에서부터 호기심을 가지고 묻고 해답을 찾으며 학문을 추구할 때 점차 더 깊고 심오한 학문으로 다가갈 수 있다.

맹자는 '잘 길러주면 어떤 사물이라도 자라지 않는 것이 없다(구득기양 무물부장苟得其養 無物不長)'고 했다. 마음도 마찬가지다. 하루하루의 삶에서 날마다 선한 기운을 받고 마음을 자라게 하는 시간을 가진다면 평온하고 온전한 마음으로 회복할 수 있다. 선한 기운을 받는 것은 성찰의 시간을 갖는 것이다. 증자가 하루에 세 번 반성함으로써(일일삼성一日三省) 자신을 돌이켜 보았듯이 날마다 혹 잃어버린 마음은 없는지 돌아보아야 한다.

공부란
마음을 놓치지 않는 것이다.
사람답게 살고자
묻고 배우는 길을 가는 것이다.

마음이 바뀌면
모든 것이 바뀐다

尊德性齋銘曰 維皇上帝降此下民 何以子之曰義與仁 維義與仁維帝之則 欽斯承斯猶
懼弗克 我其監此祇栗厥心 有幽其室有赫其臨
존덕성재명왈 유황상제강차하민 하이여지왈의여인 유의여인유제지칙 흠사승사유구
불극 아기감차지율궐심 유유기실유혁기림

존덕성재명에서 말했다. 상제께서 이 세상에 이 백성들을 내려주면서 무엇을 주셨는가?
오직 의와 인이다. 오직 의와 인이 상제가 이 세상을 다스리는 법칙이니 공경하고 받들
어 오직 제대로 하지 못할까 염려스럽다. 내가 이것을 거울삼아 마음을 삼가고 두려워
하여 방에 홀로 있을 때 훤한 곳에 있는 듯하다.

_《주자》

주자가 친척 동생인 정윤부程允夫를 위해서 지어준 글이다. 《심경부주》에는
주자의 말이 다음과 같이 실려 있다.

"내제內弟인 정윤부가 도문학道問學이라고 재실의 이름을 지었다. 내가 존
덕성尊德性이라고 이름을 바꿔야 한다고 하자, 윤부가 명銘을 청하기에 이것
을 지었다."

도문학과 존덕성은 《중용》〈27장〉에 실려 있는데 학문을 하는 데 있어
서 군자가 따라야 하는 두 가지 큰 줄기다. 《중용》에는 이렇게 실려 있다.

"만일 지극한 덕을 지니지 못하면 지극한 도는 응집되지 않는다. 따라
서 군자는 존덕성과 도문학을 함께 실천해야 한다(고 군자 존덕성이도문학

故 君子 尊德性而道問學)." 여기서는 덕을 이루지 못하면 도가 이루어지지 않는다고 하니 덕성이 우선한다. 주자도 재실의 이름을 도문학에서 존덕성으로 바꾸라고 했던 것에서 보면 존덕성에 더 중점을 둔 것으로 보인다. 하지만 주사는 둘 중 어느 한 쪽에 편중하는 공부를 해서는 안 된다고 거듭 말하고 있다. 도문학은 도리와 이치를 공부하는 것으로, 경전을 공부하는 것이다. 존덕성은 말 그대로 덕성을 높이는 공부로 마음의 수양을 뜻한다. 학문과 수양, 공부와 실천의 균형을 어떻게 잡아나가야 하는가의 문제는 오늘날의 우리들에게도 중요하다. 다음의 글들은 모두 주자가 두 공부를 함께 병행해야 한다는 것을 강조했던 것들이다.

"존덕성과 도문학, '널리 글을 배우고 예로 단속한다'는 것처럼 양 측면에서 공부해 어느 한 편에 치우치지 말아야 한다."

"만약 도리와 이치로 보는 것(도문학道問學)이 정밀하지 못하면 반드시 덕성을 높이는 공부(존덕성尊德性)를 해야 한다. 만약 덕성에 부족함이 있으면 강학에 힘써야 한다. 두 가지를 병행해 서로 일으켜 밝혀주면 광대하고 빛나는 경지에 도달할 수 있다."

널리 글을 배우고
예로 단속하라

주자는 이처럼 도문학과 존덕성, 두 공부가 반드시 병행되어야 한다고 강조하며, 한쪽에 치중해 다른 한쪽을 소홀히 하는 사람들을 경계했다. 하지만 주자가 처음부터 그렇게 주장하지는 않았다. 학문과 수양이 깊어지면서 도문학과 존덕성에 대한 생각도 점차 변화되었던 것이다.

주자는 중년의 시기에는 학문의 기초가 되는 도문학을 더 중시했다. 도문학을 소홀히 하면 학문과 수양이 공허하게 될 것이라고 경계하며 다음과 같이 말했다.

"모든 일은 이치를 파고드는 데 있다(궁리窮理). 상도가 바르지 않고 이치가 밝지 않으면 아무리 지키려 해도 다만 헛될 뿐이다."

"모름지기 먼저 치지致知를 한 후에 함양涵養해야 한다."

여기서 궁리와 치지는 이치를 탐구하고 앎에 이르는 것으로 도문학을 말한다. 함양은 덕의 수양을 뜻하는 것으로 존덕성이다. 주자는 중년의 시기에는 먼저 이치를 탐구한 다음 수양을 해야 한다고 강조했다. 하지만 노년이 되면서 주자의 관점이 바뀌게 된다. 많은 사람들이 오로지 강설(도문학)에만 치중하고 함양(존덕성)은 폐기해 편협한 학문에 그치기 때문이다. 따라서 주자는 존덕성을 더 중시하게 되었고, 아래의 글들로 그 중요성을 가르쳤다.

"존덕성하지 않으면 나태하고 태만해진다. 배움이 무엇을 좇아 진보하겠는가?"

"나는 배우는 사람들이 공허한 것을 담론하고 신묘한 것을 풀어내는 것을 걱정해서 먼저 글의 뜻을 명확히 찾고자 했다. 결국에는 책자에 있는 글만을 굳게 지켜서 오히려 얻는 것은 자기에게 절실하지 않았다. 반드시 절실한 것을 알아서 음미하고 마음에 들여 힘써 실천해야 비로소 유익한 바가 있을 것이다."

이 글들은 주자가 존덕성의 중요성을 깨우쳐 준 것이다. 하지만 글의 맥락에서 보면 존덕성과 도문학, 두 가지를 모두 중요시했다는 것을 알 수 있다. 단지 한 가지를 가르치면 그것에만 집착해 다른 것의 중요성은 폐해 버리는 사람들의 편협함과 어리석음을 안타까워했던 것이다.

군자는 하류에 머무는 것을 꺼린다

앞의 인용문 첫머리에서는 인의가 모든 학문과 삶의 근본이 되어야 한다는 것을 말하고 있다. 인과 의는 하늘로부터 받은 세상의 법칙이니 오직 조심스럽고 공경하는 마음으로 그것을 지켜나가야 한다고 강조한다. 그리고 인용문에는 생략했지만 이러한 하늘의 법칙을 지키지 못하고 천하고 어리석은 행태에 빠지고, 심지어 이를 달콤하게 여겨 하류에 머무는 것을 좋아해 점점 더 흉악한 악의 구덩이로 빠져드는 것을 꾸짖고 있다. 주자의 이 말은 《논어》〈자장〉에서 자공이 말한 "군자는 하류에 머무는 것을 싫어한다. 천하의 악이 모두 그것에 모여들기 때문이다(군자오거하류 천하지악개귀언君子惡居下流 天下之惡皆歸焉)"를 빌려서 사용한 것이다. 그리고 '악이 모여든다'는 말은 역시 《논어》의 "덕은 외롭지 않다. 반드시 이웃이 있다(덕불고 필유린德不孤 必有鄰)"와 비교해서 볼 수 있다. 반대되는 개념이지만 뜻하는 의미는 같다. 덕이 있는 곳에 머물면 반드시 덕이 모여들어 더 큰 덕을 이루는 것처럼, 악이 있는 하류에 처하면 세상의 악이 모여들게 마련이라는 것이다.

따라서 이를 아는 사람들은 한 순간도 마음을 놓쳐서는(방심放心) 안 된다. 혼자 있을 때도 경건함을 잃지 않아야 하고, 어느 한 순간도, 아무리 다급한 순간에도 스스로를 지켜 변함이 없어야 한다. 바로 그때 지켜야 할 자세는 '세상에서 가장 소중한 옥을 다루듯이, 마치 가득 찬 물을 흘리지 않고 옮기는 것 같은 마음가짐'이라야 한다. 이것이 바로 학문과 수양을 평생토록 행하는 진정한 선비가 지켜야 할 도리다.

원문에 나오는 '짐은 무겁고 갈 길이 멀다'는 《논어》〈태백〉에 실려 있는 증자의 말을 인용했다. 증자는 "선비는 도량이 넓고 뜻이 굳세지 않으면 안 된다. 짐은 무겁고 길이 멀기 때문이다. 인을 자신의 맡은 바로 삼으니 어찌 무겁지 않겠는가? 죽은 후에야 그치니 어찌 멀지 않겠는가?(사불가이불홍의 임중이도원 인이위기임 불역중호 사이후이 불역원호士不可以不弘毅 任重而道遠 仁以爲己任 不亦重乎 死而後已 不亦遠乎)"라고 하면서 치열한 선비의 길을 제자들에게 가르쳤다. 주자는 진정한 선비의 길이란 이처럼 평생 지고 가야 하는 무거운 짐과 같으므로 결코 게을리할 수 없다는 것이다.

짐은 무겁고 길은 머니
부지런히, 그러나 쉬엄쉬엄 가라

두려워하고 삼가는 마음(경敬)과 참되고 진실한 마음(성誠)으로 끊임없이 덕과 선한 본성을 함양해나가는 존덕성, 성현의 가르침을 배우고 물어서 올바른 길을 찾아가는 도문학. 어느 것이 더 중요하고 무엇을 우선해야 하는지는 명확한 해답이 없을지도 모른다. 주자도 평생을 두고 생각하고 고뇌했기에 증자의 글을 맨 마지막에 두어 결론으로 삼았을 것이다.

'짐은 무겁고 길은 머니 게을리하지 마라.'

올바른 인성과 가치관을 키워주는 공부는 사라지고 성공과 출세, 치부를 위한 공부만 좇는 오늘날 더욱 새겨야 할 말이다. 끊임없이 이익만 추구하고 욕망을 채우는 데에만 열중하면 마음은 공허해질 수밖에 없다. 욕망은 결코 채워지지 않기 때문이다. 하나를 얻으면 남이 가진 다른 하나가 갖고 싶고, 그것을 얻으면 또 다른 하나가 부족하다고 생각된다. 끊임없이 다른 사람과 비교하고, 스스로 만족하기보다는 남보다 우위에 서는 것을 바라는 마음이 평안하고 행복할 수는 없다. 그래서 찾아야 할 것이 바로 하늘이 준 선한 본성이다. 성인이 되고자 쉼 없이 자신을 채찍질했던 옛 선비들의 차원은 무겁고 멀다. 단지 어렸을 때 배웠지만 살아가면서 잃은 '선을 좋아하고 악을 미워하는 마음'을 찾는 것을 그 시작점으로 삼으면 된다. 다산 정약용은 앞의 인용문에 이렇게 자신의 생각을 덧붙였다.

"우리의 본성을 살펴보면, 선을 즐거워하고 악을 부끄러워하는 마음이 바로 본성에서 생겨난다. 본성에 따르면 인仁에 머무를 수 있고 의에 말미암을 수 있으므로 덕성이라고 이름지은 것이다. 바로 이 덕성이 원래 하늘로부터 받은 것이므로 높이고 받들어야 하며 잃어버려서는 안 된다. 마음의 권형權衡(저울)은 선할 수도 있고 악할 수도 있다. 하지만 실제로는 선하기는 어렵고 악하기는 쉽다. 만약 선을 즐거워하고 악을 부끄러워하는 본성을 따라 선을 즐겁게 여기고 의를 키워나가지 않으면 아무리 죽을힘을 다해 작은 선행을 하려고 해도 실행하기 어렵다."

우리는 다행히 하늘로부터 착한 본성을 선물받았다. '선을 좋아하고 악을 미워하는 너무나 자연스러운 본성'을 따를 수 있다면 평안한 마음으로, 행복한 삶을 살아가는 데 부족함이 없을 것이다.

…
나의 마음이 바뀌면
모든 것이 바뀐다.
모든 것의 시작은
결국 나 자신의 마음에서부터다.

부록

《심경》 전문

1. 帝曰 人心惟危 道心惟微 惟精惟一 允執厥中 _《서경》〈우서〉

   제왈 인심유위 도심유미 유정유일 윤집궐중

   순임금이 말했다. "사람의 마음은 늘 위태롭고, 도의 마음은 잘 드러나지 않는다. 오직 정밀하게 살피고 한결같이 지켜 그 중심을 붙잡아야 한다."

2. 詩曰 上帝臨汝 無貳爾心 又曰 無貳無虞 上帝任汝 _《시경》〈대아〉

   시왈 상제임여 무이이심 우왈 무이무우 상제임여

   《시경》에 이르기를 "상제께서 너에게 임하고 있으니 두 마음을 품지 마라", 또 이르기를 "두 마음을 품지 말고 근심하지 마라, 상제께서 임하여 계신다"라고 했다.

3. 詩曰 視爾友君子 輯柔爾顏 不遐有愆 相在爾室 尚不愧于屋漏 無曰不顯 莫予云覯 神之格思 不可度思 矧可射思 _《시경》〈대아〉 '억'

   시왈 시이우군자 집유이안 불하유건 상재이실 상불괴우옥루 무왈불현 막여운구 신지격사 불가탁사 신가역사

   《시경》에 이르기를 "그대가 군자들과 사귀는 것을 보니 안색을 온화하고 부드럽게 해서, 혹 허물을 짓지 않을까 삼가는구나. 그대가 방에 홀로 있을 때 살펴야 하니 이때는 방구석에도 부끄러움이 없어야 한다. 드러나지 않는 곳이라 하여 보는 이가 없다고 하지 마라. 신이 이르는 것은 헤아릴 수 없으니, 어찌 게을리할 수 있겠는가?"라고 했다.

4. 易乾之九二 子曰 庸言之信 庸行之謹 閑邪存其誠 _《주역》〈문언전〉

   역건지구이 자왈 용언지신 용행지근 한사존기성

《주역》건괘 구이에서 공자가 말했다. "평상시 말할 때는 믿음을 주고 평상시 행동할 때도 근신해 사특함을 막아 그 성실함을 보존해야 한다."

5. 易坤之六二曰 君子敬以直內 義以方外 敬義立而德不孤 直方大不習無不利 則不疑其所行也 _《주역》〈문언전〉

역곤지육이왈 군자경이직내 의이방외 경의립이덕불고 직방대불습무불리 즉불의기소행야

《주역》곤괘 육이에서 공자가 말했다. "군자는 삼감으로써 안을 곧게 하고 의로움으로써 밖을 반듯하게 한다. 삼감과 의로움이 반듯이 서면 덕은 외롭지 않다. 곧고 반듯하고 위대해서 익히지 않아도 이롭지 않음이 없다는 것은 곧 그 행하는 바를 의심하지 않는 것이다."

6. 損之象曰 山下有澤損 君子以懲忿窒慾 _《주역》〈상전〉

손지상왈 산하유택손 군자이징분질욕

손괘의 상 풀이에서 말했다. "산 아래에 못이 있는 것은 덜어냄이니 군자는 이것을 갖고서 화를 누르고 욕심을 막는다."

7. 益之象曰 風雷益 君子以見善則遷 有過則改 _《주역》〈상전〉

익지상왈 풍뢰익 군자이견선즉천 유과즉개

익괘의 상 풀이에서 말했다. "바람과 우레는 더함이니 군자는 이것으로 좋은 것을 보면 바꾸고 허물은 고친다."

8. 復之初九曰 不遠復無祇悔元吉 子曰 安氏之子其殆庶幾乎 有不善未嘗不知 知之未嘗復行也 _《주역》〈계사전〉

복지초구왈 불원복무지회원길 자왈 안씨지자기태서기호 유불선미상부지 지지미상복행야

복괘의 초구에 실려 있다. "멀리 가지 않고 돌아오므로 뉘우침에 이르지 않으니 으뜸으로 길하다." 이에 공자가 말했다. "안씨의 아들 안회는 좋지 못한 점이 있으면 알아차리지 못한 적이 없었고, 알게 되면 그것을 다시 행한 적이 없었다."

9. 子絶四 毋意 毋必 毋固 毋我 《논어》〈자한〉

자절사 무의 무필 무고 무아

공자는 네 가지를 절대로 하지 않았다. 사사로운 뜻을 품지 않았고, 반드시 해야
한다는 일이 없었고, 고집을 버렸고, 아집을 버렸다.

10. 顏淵問仁 子曰 克己復禮爲仁 一日 克己復禮 天下歸仁焉 爲仁由己而由人乎哉 顏
淵曰 聽聞其目 子曰 非禮勿視 非禮勿聽 非禮勿言 非禮勿動. 《논어》〈안연〉

안연문인 자왈 극기복례위인 일일 극기복례 천하귀인언 위인유기이유인호재 안연왈 청문
기목 자왈 비례물시 비례물청 비례물언 비례물동

안연이 인에 대해 묻자 공자가 대답했다. "자기를 이겨내고 예로 돌아가는 것이
인이다. 하루라도 자신을 이겨내고 예로 돌아가면 천하가 인으로 돌아올 것이다.
인을 실천하는 것이 자기에게 달린 것이지 어찌 남에게 달렸겠느냐?"
안연이 또 물었다. "그 구체적인 방법은 무엇입니까?"
공자가 말했다. "예가 아니면 보지 말고, 예가 아니면 듣지 말며, 예가 아니면 말하
지 말고, 예가 아니면 행동하지 말아야 한다."

11. 仲弓問仁 子曰 出門如見大賓 使民如承大祭 己所不欲勿施於人 在邦無怨 在家無
怨 仲弓 曰 雍雖不敏請事斯語矣 《논어》〈안연〉

중궁문인 자왈 출문여견대빈 사민여승대제 기소불욕물시어인 재방무원 재가무원 중궁 왈
옹수불민청사사어의

중궁이 인에 대해 묻자 공자가 말했다. "집밖을 나가서는 큰 손님을 대하듯 하고,
백성을 부릴 때는 큰 제사를 받들듯이 하며, 자기가 바라지 않는 일을 남에게 하
지 말아야 한다. 이렇게 하면 나라에 있어도 원망하는 이가 없고, 집안에서도 원
망하는 이가 없다." 중궁이 말했다. "제가 비록 총명하지 못하나, 이 말씀을 명심
하겠습니다."

12. 中庸 天命之謂性 率性之謂道 修道之謂教 道也者 不可須臾離也 可離 非道也 是故
君子 戒愼乎其所不睹 恐懼乎其所不聞 莫見乎隱 莫顯乎微 故君子愼其獨也 喜怒

哀樂之未發 謂之中 發而皆中節 謂之和 中也者 天下之大本也 和也者 天下之達道
也 致中和 天地位焉 萬物育焉 《중용》〈제1장〉

중용 천명지위성 솔성지위도 수도지위교 도야자 불가수유리야 가리 비도야 시고 군자 계신
호기소부도 공구호기소불문 막현호은 막현호미 고군자신기독야 희로애락지미발 위지중 발
이개중절 위지화 중야자 천하지대본야 화야자 천하지달도야 치중화 천지위언 만물육언

《중용》에서 말했다. 하늘이 명한 것을 본성이라 하고, 본성을 따르는 것을 도라고
하며, 도를 닦는 것을 가르침이라고 한다. 도라는 것은 잠시도 떠날 수 없는 것이
니, 떠날 수 있으면 도가 아니다. 이런 까닭으로 군자는 보지 않는 것에도 경계하
여 삼가며, 그 듣지 않는 것에도 무서워하고 또 두려워한다. 숨어 있는 것만큼 잘
드러나는 것이 없으며, 미미한 것만큼 잘 나타나는 것이 없다. 그러므로 군자는 그
홀로 있을 때 삼간다.

희로애락이 아직 발하지 않은 것을 중이라 하고, 그것들이 발해 모두 절도에 맞는
것을 화라고 하니, 중이란 천하의 큰 근본이고, 화란 천하의 이루어야 할 도이다.
중과 화에 이른다는 것은 하늘과 땅이 제자리를 지키고, 만물이 잘 길러지는 것과
같다.

13. 詩云 潛雖伏矣 亦孔之昭 故 君子 內省不疚 無惡於志 君子 之所不可及者 其惟人之所
不見乎 詩云 相在爾室 尙不愧于屋漏 故 君子不動而敬 不言而信 《중용》〈제33장〉

시운 잠수복의 역공지소 고 군자내성불구 무오어지 군자 지소불가급자 기유인지소불견호
시운 상재이실 상불괴우옥루 고 군자부동이경 불언이신

《시경》에 이르기를 "잠기어 비록 엎드려 있으나 또한 심히 밝다"고 했다. 그러므
로 군자는 안을 살펴도 거리낌이 없고 그 뜻에 조금도 부끄러움이 없으니, 군자에
게 미치지 못하는 것은 오직 다른 사람이 보지 못하는 데 있다.

《시경》에 이르기를 "네가 홀로 방에 있을 때 깊이 살펴볼 것이니, 이때에는 방구
석에도 부끄러움이 없어야 한다"고 했다. 그러므로 군자는 움직이지 않아도 공경
을 받고, 말하지 않아도 믿음을 얻는다.

14. 大學所謂 誠其意者毋自欺也 如惡惡臭 如好好色 此之謂自謙 故君子·必慎其獨也
小人閒居為不善 無所不至 見君子 而後厭然 揜其不善 而著其善 人之視己 如見其
肺肝然 則何益矣 此謂誠於中 形於外 故君子·必慎其獨也 曾子曰 十目所視 十手所
指 其嚴乎 富潤屋 德潤身 心廣 體胖 故君子·必誠其意 _《대학》〈전 6장〉

대학소위 성기의자무자기야 여오악취 여호호색 차지위자겸 고군자필신기독야 소인한거
위불선 무소부지 견군자 이후염연 엄기불선 이저기선 인지시기 여견기폐간연 즉하익의 차
위성어중 형어외 고군자필신기독야 증자왈 십목소시 십수소지 기엄호 부윤옥 덕윤신 심광
체반 고군자필성기의

그 뜻을 성실히 한다는 것은 스스로 속이지 않는 것이니 나쁜 냄새를 싫어하는 것
과 같이 하며 좋은 빛을 좋아하는 것과 같이 한다. 이것이 스스로 삼감이니, 군자
는 반드시 홀로 있을 때 신실해야 한다. 소인은 한가하게 있을 때에 못하는 짓이
없다가 군자를 보고 난 뒤에 슬며시 나쁜 행실을 가리고 선한 것만 드러내지만,
사람들이 알아보기를 마치 자신의 폐부를 보는 듯 환히 볼 것인데 그렇다면 무슨
유익함이 있겠는가. 이를 일컬어 '내면의 성실함이 겉으로 드러난다'고 하는 것이
다. 때문에 군자는 반드시 홀로 있을 때 삼간다. 증자는 "열 눈이 보고 열 손이 가
리키니 무섭구나"라고 했다. 부는 집을 윤택하게 하고 덕은 몸을 윤택하게 한다.
마음이 넓고 몸은 편안하니 군자는 반드시 그 뜻을 성실히 해야 한다.

15. 所謂修身 在正其心者 身有所忿懥則不得其正 有所恐懼則不得其正 有所好樂則不
得其正 有所憂患則不得其正 心不在焉 視而不見 聽而不聞 食而不知其味 此謂修
身 在正其心 _《대학》〈전 7장〉

소위수신 재정기심자 신유소분치즉부득기정 유소공구즉부득기정 유소호락즉부득기정 유
소우환즉부득기정 심부재언 시이불견 청이불문 식이부지기미 차위수신 재정기심

수신이 그 마음을 바르게 함에 있다는 것은, 몸에 분하고 노여워하는 바가 있다면
그 바름을 얻을 수 없고, 두려워하는 바가 있어도 그 바름을 얻을 수 없고, 좋아하
고 즐기는 바가 있어도 그 바름을 얻을 수 없고, 근심하고 걱정하는 바가 있어도 얻
을 수 없다. 마음이 없으면 보아도 보이지 않고, 들어도 들리지 않고, 먹어도 그 맛
을 알지 못한다. 이를 일러 수신이라 하니 그 마음을 바르게 함에 있다.

16. 樂記 君子曰 禮樂不可斯須去身 致樂以治心則易直子諒之心油然生矣 易直子諒之
心生則樂 樂則安 安則久 久則天 天則神 天則不言而信 信則不怒而威 致樂以治心
者也 致禮以治躬則莊敬 莊敬則嚴威 中心斯須不和不樂而鄙詐之心入之矣 外貌斯
須不莊不敬而易慢之心入之矣 故 樂也者動於內者也 禮也者動於外者也 樂極和禮
極順 內和而外順則 民瞻其顏色而弗與爭也 望其容貌而民不生易慢焉 故 德輝動
於內而民莫不承聽 理發諸外而民莫不承順 故曰 致禮樂之道擧而錯之天下 無難
矣 《예기》〈악기〉

악기 군자왈 예악불가사수거신 치악이치심즉이직자량지심유연생의 이직자량지심 생즉락
락즉안 안즉구 구즉천 천즉신 천즉불언이신 신즉불로이위 치락이치심자야 치례이치궁즉
장경 장경즉엄위 중심사수불화불락이비사지심입지의 외모사수부장불경이이만지심입지
의 고 악야자동어내자야 예야자동어외자야 악극화례극순 내화이외순즉 민첨기안색이불
여쟁야 망기용모이민불생이만언 고 덕휘동어내이민막불승청 이발제외이민막불승순 고왈
치예악지도거이착지천하 무난의

〈악기〉에서 군자가 말했다. "예와 악은 잠시라도 몸에서 떠날 수 없다. 음악을 이
뤄 마음을 다스리면 조화롭고 곧고 자애롭고 신실한 마음이 솟아난다. 조화롭고
곧고 자애롭고 신실한 마음이 생겨나면 즐겁고, 즐거우면 편안하고, 편안하면 오
래가고, 오래가면 그것이 곧 하늘이고, 하늘이면 신령스럽다. 하늘은 말을 하지 않
아도 신실하고, 신실하면 노하지 않아도 위엄이 있다. 즉, 음악을 이룸으로써 마음
을 다스리는 것이다.

예를 이뤄 몸을 다스리면 장중하고 삼가게 된다. 장중하고 삼가면 엄숙하고 위엄
이 있게 된다. 마음이 잠시라도 조화롭지 않고 즐겁지 않으면 비루하고 사악한 마
음이 틈을 타서 들어오게 되고, 겉모습이 잠시라도 장중하지 않고 삼가지 않는다
면 경솔하고 태만한 마음이 속으로 들어온다.

그러므로 음악은 안에서 움직이고 예는 밖에서 움직인다. 음악은 조화를 중시하
고 예는 순응함을 중시한다. 안이 조화롭고 겉이 순하면 백성들이 그 얼굴빛을
보면서 서로 다투지 않고 겉모습을 바라보면서 감히 태만함을 드러내지 않는다.
덕의 광채가 마음속에서 움직이므로 백성이 받들어 경청하지 않을 수 없고, 바
른 도리가 겉으로 드러나니 백성이 받들어 따르지 않을 수 없다. 그래서 말하기

를 "예와 악으로 천하를 다스리면 천하를 다스리는 일이 어렵지 않다".

17. 君子 反情以和其志 比類以成其行 姦聲亂色不留聰明 淫樂慝禮不接心術 惰慢邪
僻之氣不設於身體 使耳目鼻口心知百體 皆由順正以行其義 《예기》〈악기〉

군자 반정이화기지 비류이성기행 간성난색불류총명 음락특례부접심술 타만사벽지기불 설 어신체 사이목비구심지백체 개유순정이행기의

군자는 바른 성정을 회복함으로써 뜻을 조화롭게 하고, 좋은 무리를 따라서 그 행
실을 이룬다. 간사한 소리와 마음을 어지럽히는 색을 눈과 귀에 머물게 하지 않고,
음란한 음악과 사특한 예를 마음에 접하지 않도록 한다. 게으르고 교만하며 간사
하고 편벽된 기운을 신체에 베풀지 않도록 하고, 이목구비와 마음과 온몸을 다해
올바른 길을 따라서 의로움을 행한다.

18. 君子樂得其道 小人樂得其欲 以道制欲則樂以不亂 以欲忘道則惑而不樂 《예기》
〈악기〉

군자락득기도 소인락득기욕 이도제욕즉락이불난 이욕망도즉혹이불락

군자는 그 도를 얻으면 즐거워하고, 소인은 그 욕망을 얻으면 즐거워한다. 도로써
욕망을 제어하면 즐거우면서도 어지럽지 않고, 욕망에 빠져 도를 잊으면 미혹될
뿐 즐겁지 않다.

19. 孟子曰 人皆有不忍人之心 先王有不忍人之心 斯有不忍人之政矣 以不忍人之心
行不忍人之政 治天下可運之掌上 所以謂人皆有不忍人之心者 今人乍見孺子 將
入於井 皆有怵惕惻隱之心 非所以內交於孺子之父母也 非所以要譽於鄕黨朋友
也 非惡其聲而然也 由是觀之 無惻隱之心 非人也 無羞惡之心 非人也 無辭讓之
心 非人也 無是非之心 非人也. 惻隱之心 仁之端也 羞惡之心 義之端也 辭讓之心
禮之端也 是非之心 智之端也 人之有是四端也 猶其有四體也 有是四端而自謂不
能者 自賊者也 謂其君不能者 賊其君者也 凡有四端於我者 知皆擴而充之矣 若火
之始然 泉之始達 苟能充之 足以保四海 苟不充之 不足以事父母. 《맹자》〈공손
추장구 상〉

맹자왈 인개유불인인지심 선왕유불인인지심 사유불인인지정의 이불인인지심 행불인인지
정 치천하가운지장상 소이위인개유불인인지심자 금인사견유자 장입어정 개유출척측은지
심 비소이내교어유자지부모야 비소이요예어향당붕우야 비오기성이연야 유시관지 무측은
지심 비인야 무수오지심 비인야 무사양지심 비인야 무시비지심 비인야 측은지심 인지단야
수오지심 의지단야 사양지심 예지단야 시비지심 지지단야 인지유시사단야 유기유사체야
유시사단이자위불능자 자적자야 위기군불능자 적기군자야 범유사단어아자 지개확이충지
의 약화지시연 천지시달 구능충지 족이보사해 구불충지 부족이사부모

맹자는 말했다. "사람은 누구나 남에게 차마 모질게 하지 못하는 마음을 갖고 있
다. 선왕들은 남에게 차마 모질게 하지 못하는 마음이 있어서 모질게 하지 않는
정사를 펼친 것이다. 남에게 차마 하지 못하는 마음으로 차마 모질게 하지 못하는
정사를 펼친다면 천하를 손바닥 다스리듯 할 것이다. 사람이 모두 차마 하지 못하
는 마음을 갖고 있는 것은, 어린아이가 우물로 들어가는 것을 보았을 때 누구라도
깜짝 놀라며 불쌍히 여기는 마음이 들기 때문이다. 이는 그 부모와 가까이 할 마
음이 있어서도 아니고, 주위 사람으로부터 명예를 얻기 위해서도 아니며, 나쁜 평
판을 두려워해서도 아니다. 이를 바탕으로 살펴본다면 불쌍한 마음이 없으면 사
람이라 할 수 없고, 잘못을 부끄러워하고 악을 미워하는 마음이 없으면 사람이라
고 할 수 없고, 사양하는 마음이 없으면 사람이라고 할 수 없고, 옳고 그름을 가리
는 마음이 없으면 사람이라고 할 수 없다.
불쌍히 여기는 마음은 인의 실마리요, 잘못을 부끄러워하고 악을 미워하는 마음
은 의로움의 실마리요, 사양하는 마음은 예의 실마리요, 옳고 그름을 가리는 마음
은 지혜의 실마리다.
사람이 이 네 가지 실마리를 가지고 있다는 것은 마치 사람이 사지를 가지고 있
는 것과 같다. 이 네 가지 실마리를 가지고 있으면서도 자신은 이를 행하는 데 능
하지 못하다고 한다면 스스로를 해치는 사람이다. 마찬가지로 자기 군주가 그렇
다고 말하는 사람은 그 군주를 해치는 사람이다. 무릇 나에게 있는 네 가지 실마
리를 넓혀서 채워줄 수 있다면 불이 처음 타오르고 샘이 처음 솟아나오는 것과 같
다. 만일 능히 네 가지 실마리를 넓혀서 채울 수 있다면 온 천하도 감싸안기에 충
분할 것이요, 채우지 못한다면 부모도 제대로 모시지 못할 것이다."

20.　孟子曰 矢人豈不仁於函人哉 矢人唯恐不傷人 函人唯恐傷人 巫匠亦然 故術不可
　　不愼也 孔子曰 里仁爲美擇不處仁焉得智 夫仁天之尊爵也 人之安宅也 莫之禦而
　　不仁 是不智也 不仁 不智 無禮 無義 人役也 人役而恥爲役 由弓人而恥爲弓 矢人
　　而恥爲矢也 如恥之莫如爲仁 仁者如射 射者正己而後發 發而不中 不怨勝己者 反
　　求諸己而已矣 《맹자》〈공손추장구 상〉

맹자왈 시인기불인어함인재 시인유공불상인 함인유공상인 무장역연 고술불가불신야 공
자왈 이인위미택불처인언득지 부인천지존작야 인지안댁야 막지어이불인 시부지야 불인
부지 무례 무의 인역야 인역이치위역 유궁인이치위궁 시인이치위시야 여치지막여위인 인
자여사 사자정기이후발 발이부중 불원승기자 반구저기이이의

맹자는 말했다. "화살 만드는 사람이라고 해서 어찌 갑옷 만드는 사람보다 어질
지 않겠는가? 화살 만드는 사람은 사람을 상하게 하지 못할까 걱정하고, 갑옷 만
드는 사람은 사람이 상할까 두려워한다. 무당이나 관 만드는 사람도 마찬가지다.
그렇기 때문에 일을 선택함에도 신중하지 않으면 안 된다.

공자가 말하기를 '마을도 인한 곳이 아름다우니 사람이 인한 곳에 거처하지 않는
다면 어찌 지혜롭다고 하겠는가?'라고 했으니 무릇 인은 하늘이 내린 귀한 벼슬
이요, 사람에게는 편안한 집과 같다. 하지만 이것을 막는 이가 없는데도 인하지 않
으니 이는 지혜롭지 못한 것이다.

인하지 않고, 지혜롭지 않고, 예의가 없고, 의롭지 않다면 남의 부림을 받는 사람
이다. 남의 부림을 받는 노예 짓을 하며 부끄러워하는 것은 마치 활 만드는 사람
이 부끄러워하고 화살 만드는 사람이 부끄러워하는 것과 같다. 만약 노예 짓이 부
끄럽다면 인을 행하는 것밖에 길이 없다. 인은 활쏘기와 같아서 스스로 바로잡은
후에 활을 쏘고, 비록 적중하지 않더라도 자신을 이긴 자에게 분노하지 않고 먼저
스스로를 돌아볼 뿐이다."

21.　孟子曰 大人者 不失其赤子之心者也 《맹자》〈이루장구 하〉

맹자왈 대인자 불실기적자지심자야

맹자는 말했다. "대인이란 어린아이의 마음을 잃지 않은 사람이다."

22. 孟子曰 牛山之木嘗美矣 以其郊於大國也 斧斤伐之 可以爲美乎 是其日夜之所息 雨露之所潤 非無萌蘗之生焉 牛羊又從而牧之 是以 若彼濯濯也 人見其濯濯也 以 爲未嘗有材焉 此豈山之性也哉 雖存乎人者 豈無仁義之心哉 其所以放其良心者 亦猶斧斤之於木也 旦旦而伐之 可以爲美乎 其日夜之所息 平旦之氣 其好惡與人 相近也者幾希 則其旦晝之所爲 有梏亡之矣 梏之反覆 則其夜氣不足以存 夜氣不 足以存則 其違禽獸 不遠矣 人見其禽獸也 而以爲未嘗有才焉者 是豈人之情也哉 故 苟得其養 無物不長 苟失其養 無物不消 孔子曰 操則存 舍則亡 出入無時 莫知 其鄕 惟心之謂與 _《맹자》〈고자장구 상〉

맹자왈 우산지목상미의 이기교어대국야 부근벌지 가이위미호 시기일야지소식 우로지소 윤 비무맹얼지생언 우양우종이목지 시이 약피탁탁야 인견기탁탁야 이위미상유재언 차기 산지성야재 수존호인자 기무인의지심재 기소이방기양심자 역유부근지어목야 단단이벌지 가이위미호 기일야지소식 평단지기 기호오여인상근야자기희 즉기단주지소위 유곡망지의 곡지반복 즉기야기부족이존 야기부족이존즉 기위금수 불원의 인견기금수야 이이위미상 유재언자 시기인지정야재 고 구득기양 무물부장 구실기양 무물불소 공자왈 조즉존 사즉망 출입무시 막지기향 유심지위여

맹자는 말했다. "우산의 나무들은 원래 아름다웠는데 큰 나라에 가까이 있어 사람들이 도끼로 베어버리니 무성할 수 있었겠는가? 밤낮으로 자라게 해주고 비와 이슬이 적셔주어 새로운 싹과 움이 싹텄지만 소와 양이 뜯어버려 결국 민둥산이 되어 버렸다. 사람들은 그 민둥산을 보고 '일찍이 그 산에 좋은 재목이 없었구나' 한다. 하지만 어찌 이것이 원래 산의 본성이겠는가?

사람의 본성에도 어찌 인의의 마음이 없었겠느냐마는 사람들이 자신의 선량한 마음을 풀어놓아버려 도끼로 나무를 베어버리는 것과 같으니, 날마다 베어버리면 결코 아름다울 수 없다. 그런 사람의 마음도 밤낮으로 자라게 해주는 것이 있고 새벽의 기운도 얻지만 그의 좋고 싫어하는 바가 다른 사람들과 비슷한 경우가 드문 것은 낮에 하는 못된 소행이 선량한 마음을 가둬버리기 때문이다. 그리고 이 일을 반복하게 되면 밤의 기운도 부족하고, 밤의 기운이 부족해지면 금수와 다를 바 없어진다. 사람들은 이런 모습을 보고 '원래 그 사람은 훌륭한 자질이 없었구나'라고 하는데 이것이 어찌 그 사람의 본 모습이겠는가?

그렇기 때문에 만일 제대로 키움을 얻는다면 자라지 못할 것이 없고, 키움을 얻지 못하면 소멸해버리지 않는 것이 없다. 공자께서 '마음을 지키면 보존되고, 놓으면 사라진다. 때 없이 들고 나기에 그 거처도 알 수 없다'고 했는데 이는 사람의 마음을 두고 한 말이다."

23. 孟子曰 仁人心也 義人路也 舍其路而不由 放其心而不知求 哀哉 人有鷄犬放則知求之 有放心而不知求 學問之道無他求其放心而已矣 _《맹자》〈고자장구 상〉

맹자왈 인인심야 의인로야 사기로이불유 방기심이부지구 애재 인유계견방즉지구지 유방심이부지구 학문지도무타구기방심이이의

맹자는 말했다. "인은 사람의 마음이요, 의는 사람이 걸어가야 할 길이다. 그 길을 버리고 따라갈 생각도 않고, 그 마음을 놓아버리고 찾을 줄 모르니 슬프다! 사람들은 자신이 기르던 닭이나 개를 잃어버리면 그것을 찾으려 하면서도 잃어버린 마음은 찾을 줄 모른다. 학문의 길은 다른 데 있는 것이 아니라 잃어버린 마음을 찾는 데 있다."

24. 孟子曰 今有無名之指 屈而不信 非疾痛害事也 如有能信之者 則不遠秦楚之路 爲指之不若人也 指不若人 則知惡之 心不若人 則不知惡 此之謂不知類也 _《맹자》〈고자장구 상〉

맹자왈 금유무명지지 굴이불신 비질통해사야 여유능신지자 즉불원진초지로 위지지불약인야 지불약인 즉지오지 심불약인 즉부지오 차지위부지류야

맹자는 말했다. "누군가 약손가락이 펴지지 않는다면, 설사 아프지 않고 일을 하는 데 지장이 없어도 그 손가락을 펴 줄 사람을 찾아다닌다. 진나라와 초나라와 같이 먼 곳도 마다하지 않는 것은 약손가락이 다른 사람과 다르기 때문이다. 손가락 하나가 남들과 달라도 이처럼 싫어하면서 마음이 남과 다른 것은 싫어할 줄 모르니, 이를 일러 일의 경중과 등급을 모른다고 한다."

25. 孟子曰 人之於身也 兼所愛 兼所愛 則兼所養也 無尺寸之膚 不愛焉 則無尺寸之膚 不養也 所以考其善不善者 豈有他哉 於己取之而已矣 體有貴賤有小大 無以小害大 無以賤害貴 養其小者爲小人 養其大者爲大人 今有場師 舍其梧檟 養其樲棘 則爲賤

場師焉 養其一指而失其肩背而不知也 則爲狼疾人也 飮食之人則人賤之矣 爲其養小以失大也 飮食之人無有失也 則口腹 豈適爲尺寸之膚哉 _《맹자》〈고자장구 상〉

맹자왈 인지어신야 겸소애 겸소애 즉겸소양야 무척촌지부 불애언 즉무척촌지부불양야 소이고기선불선자 기유타재 어기취지이이의 체유귀천유소대 무이소해대 무이천해귀 양기소자위소인 양기대자위대인 금유장사 사기오가 양기이극 즉위천장사언 양기일지이실기견배이부지야 즉위낭질인야 음식지인즉인천지의 위기양소이실대야 음식지인무유실야 즉구복 기적위척촌지부재

맹자는 말했다. "사람이 자기 몸은 구석구석 아끼지 않는 데가 없다. 아끼지 않는 데가 없기 때문에 구석구석 기르고 잘 보살피는 것이다. 한 자, 한 치의 피부라도 아끼지 않음이 없다는 것은 한 자 한 치의 피부라도 잘 기르지 않는 데가 없다는 뜻이다. 잘 기르고 못 기르는지를 살펴보는 것이 어찌 다른 데 있겠는가? 오직 자신에게 달려 있다.

몸에는 귀한 부분과 천한 부분, 큰 것과 작은 것이 있다. 작은 것을 위해 큰 것을 해치지 않아야 하고, 천한 것으로 귀한 것을 해쳐서는 안 된다. 작은 신체부위를 기르는 자는 소인이 되고, 크고 귀한 부분을 기르는 자는 대인이 된다. 지금 정원사가 귀한 오동나무와 가래나무는 버리고 작은 멧대추나무나 가시나무와 같은 싸구려 나무를 기른다면 그는 천한 정원사가 될 것이다. 사람이 손가락 하나를 기르느라 어깨와 등이 망가져도 모른다면 그는 병든 이리처럼 뒤돌아볼 줄 모르는 사람이다.

먹고 마시는 데에만 치중하는 사람을 남들이 천하게 여긴다. 작은 부분에 치중해 큰일을 망치기 때문이다. 먹고 마시는 것을 좋아하더라도 큰 것을 잃어버리지 않는다면 먹고 마시는 것이 어찌 한 자, 한 치의 살을 위해서겠는가?"

26.　公都子問曰 鈞是人也 或爲大人 或爲小人 何也 孟子曰 從其大體爲大人 從其小體爲小人 曰 鈞是人也 或從其大體 或從其小體 何也 曰 耳目之官不思而蔽於物 物交物則引之而已矣 心之官則思 思則得之 不思則不得也 此天之所與我者 先立乎其大者 則其小者 弗能奪也 此爲大人而已矣 _《맹자》〈고자장구 상〉

공도자문왈 균시인야 혹위대인 혹위소인 하야 맹자왈 종기대체위대인 종기소체위소인 왈 균시인야 혹종기대체 혹종기소체 하야 왈 이목지관불사이폐어물 물교물즉인지이이의 심지관즉사 사즉득지 불사즉부득야 차천지소여아자 선립호기대자 즉기소자 불능탈야 차위

대인이이의

공도자가 물었다. "모두 같은 사람인데 왜 누구는 대인이 되고, 누구는 소인이 됩니까?"

맹자가 답했다. "큰 것을 따르면 대인이 되고, 작은 것을 따르면 소인이 된다."

"다 같은 사람인데 왜 어떤 이는 큰 것을 따르고 어떤 이는 작은 것을 따릅니까?"

"귀와 눈과 같은 기관은 생각을 할 줄 모르니 사물에 가리어진다. 생각 없는 사물인 눈과 귀가 사물을 만나게 되면 서로 끌어당기게 된다. 하지만 마음은 생각을한다. 생각을 하면 얻지만 생각이 없으면 얻지 못한다. 이것들은 하늘이 우리에게부여해준 것이다. 먼저 큰 것을 바로 세우면 작은 것은 빼앗아갈 수 없다. 이것이대인이 되는 이유다."

27. 孟子曰 飢者甘食 渴者甘飮 是 未得飮食之正也 飢渴害之也 豈惟口腹有飢渴之害 人心亦皆有害 人能無以飢渴之害爲心害 則不及人不爲憂矣 _《맹자》〈진심장구 상〉
맹자왈 기자감식 갈자감음 시 미득음식지정야 기갈해지야 기유구복유기갈지해 인심역개유해 인능무이기갈지해위심해 즉불급인불위우의

맹자는 말했다. "굶주린 자는 달게 먹고 목마른 자는 달게 마신다. 이때는 먹고 마시는 것의 본래 맛을 알 수 없다. 굶주림과 목마름이 맛을 해치기 때문이다. 어찌입과 배만이 이처럼 굶주리고 목마름의 해를 입겠는가? 사람의 마음에도 같은 해가 있다. 사람이 굶주림과 목마름의 해로 인해 마음을 해치지 않는다면, 남에게 미치지 못함을 근심하지 않는다."

28. 魚我所欲也 熊掌亦我所欲也 二者不可得兼 舍魚而取熊掌者也 生亦我所欲也 義亦我所欲也 二者不可得兼 舍生而取義者也 生亦我所欲 所欲有甚於生者 故不爲苟得也 死亦我所惡 所惡有甚於死者 故患有所不辟也 如使人之所欲莫甚於生 則凡可以得生者 何不用也 使人之所惡莫甚於死者 則凡可以辟患者 何不爲也 由是則生而有不用也 由是則可以辟患而有不爲也 是故所欲有甚於生者 所惡有甚於死者 非獨賢者有是心也 人皆有之 賢者能勿喪耳 一簞食一豆羹 得之則生 弗得則死 嘑爾而與之 行道之人弗受 蹴爾而與之 乞人不屑也 萬鐘則不辨禮義而受之 萬鐘

다산의 마지막 공부

於我何可焉 爲宮室之美 妻妾之奉 所識窮乏者得我與 鄉爲身死而不受 今爲宮室
之美 爲之鄉爲身 死而不受 今爲處妾之奉 爲之鄉爲身 死而不受 今爲所識窮乏者
得我而爲之 是亦不可以已乎 此之謂失其本心 《맹자》〈고자장구 상〉

어아소욕야 웅장역아소욕야 이자불가득겸 사어이취웅장자야 생역아소욕야 의역아소욕야
이자불가득겸 사생이취의자야 생역아소욕 소욕유심어생자 고불위구득야 사역아소오 소
오유심어사자 고환유소불피야 여사인지소욕막심어생 즉범가이득생자 하불용야 사인지소
오막심어사자 즉범가이피환자 하불위야 유시즉생이유불용야 유시즉가이피환이유불위야
시고소욕유심어생자 소오유심어사자 비독현자유시심야 인개유지 현자능물상이 일단사일
두갱 득지즉생 불득즉사 호이이여지 행도지인불수 축이이여지 걸인불설야 만종즉불변예
의이수지 만종어아하간언 위궁실지미 처첩지봉 소식궁핍자득아여 향위신사이불수 금위
궁실지미 위지향위신 사이불수 금위처첩지봉 위지향위신 사이불수 금위소식궁핍자득아
이위지 시역불가이이호 차지위실기본심

맹자는 말했다. "물고기도 내가 먹고 싶고, 곰 발바닥 요리도 욕심이 나지만 이 둘
을 모두 가질 수 없다면 당연히 물고기는 포기하고 곰 발바닥 요리를 택할 것이
다. 삶도 내가 바라는 것이고 의도 내가 역시 바라는 것인데, 이 둘을 함께 취할 수
없다면 삶을 버리고 의를 택한다.

삶도 당연히 내가 바라는 것이지만 삶보다 더 간절히 원하는 것이 있기 때문에 구
차하게 삶을 구하지 않는다. 죽음도 역시 내가 싫어하는 것이지만 죽음보다 더 싫
은 것이 있기에 환란을 굳이 피하지 않는다. 만약 사람이 원하는 것 중에 삶보다
더 간절한 것이 없다면 살기 위해 무슨 수라도 쓰지 않겠는가? 만약 사람들이 싫
어하는 것 중에 죽음보다 더 싫은 것이 없다면 환란을 피하기 위해 무슨 짓인들
못하겠는가? 그렇기에 이렇게 하면 살 수 있다 해도 하지 않는 일이 있고, 환란을
피할 수 있어도 쓰지 않는 수단이 있다.

이처럼 생명보다 더 간절한 것이 있고 죽음보다 더 싫은 것이 있으니, 이런 마음
은 뛰어난 인물들만 가진 것은 아니다. 사람이라면 누구나 이런 마음을 가지고 있
으나 오직 뛰어난 자만이 이런 마음을 잘 간직해 잃어버리지 않는다.

밥 한 그릇, 국 한 그릇만 있으면 죽지 않고, 없으면 굶어죽을 사람이 있다고 하자.
하지만 멸시하고 야단을 치며 그것을 준다면 허기진 행인도 받지 않을 것이고, 발
로 차서 준다면 거지도 달갑게 여기지 않을 것이다. 하지만 매우 많은 녹봉을 준

다고 하면 사람들은 예에 맞는지, 의로운지 따지지 않고 덥석 받는다. 그 많은 녹봉이 나에게 무엇을 보태줄 수 있을까? 집을 호화롭게 꾸미고, 처첩의 시중을 받고, 주위의 궁핍한 자들에게 도움을 베푸는 정도일 것이다.

전에는 죽어도 받지 않더니 이번에는 집을 호화롭게 꾸미기 위해 받고, 전에는 죽어도 받지 않더니 이번에는 처첩의 시중을 누리기 위해 받고, 전에는 죽어도 받지 않더니 이번에는 주위의 궁핍한 자들이 나에게서 얻어가게 하려고 받는다면 이것이 과연 그만둘 수 없는 일인가? 이것을 일러 그 본래의 마음을 잃었다고 하는 것이다."

29. 孟子曰 鷄鳴而起 孳孳爲善者 舜之徒也 鷄鳴而起 孳孳爲利者 蹠之徒也 欲知舜與蹠之分 無他 利與善之間也 《맹자》〈진심장구 상〉

맹자왈 계명이기 자자위선자 순지도야 계명이기 자자위리자 척지도야 욕지순여척지분 무타 이여선지간야

맹자는 말했다. "닭이 울면 일어나 부지런히 선한 일을 행하는 자는 순임금의 무리요, 닭이 울면 일어나 부지런히 이익을 추구하는 자는 도척의 무리다. 순임금과 도척을 나누는 차이를 알고 싶은가? 이익을 추구하는 것과 선한 일을 행하는 차이일 뿐이다."

30. 孟子曰 養心莫善於寡欲 其爲人也寡欲 雖有不存焉者 寡矣 其爲人也多欲 雖有存焉者 寡矣 _《맹자》〈진심장구 하〉

맹자왈 양심막선어과욕 기위인야과욕 수유부존언자 과의 기위인야다욕 수유존언자 과의

맹자는 말했다. "마음을 수양함에 욕심을 줄이는 것보다 좋은 것은 없다. 그 사람됨이 욕심이 적다면 설사 그 본래의 마음을 보존하지 못하더라도 잃는 정도가 적다. 그 사람됨이 욕심이 많다면 본래의 마음을 보존하더라도 보존됨이 적다."

31. 周子養心說曰 孟子曰 養心 莫善於寡欲 其爲人也寡欲 雖有不存焉者 寡矣 其爲人也多欲 雖有存焉者 寡矣 予謂養心 不止於寡而存耳 蓋寡焉以至於無 無則誠立明通 誠立 賢也 明通 聖也 是 聖賢 非性生 必養心而至之 養心之善有大焉 如此 存乎

其人而已 《주자周子》

주자양심설왈 맹자왈 양심 막선어과욕 기위인야과욕 수유부존언자 과의 기위인야다욕 수유존언자 과의 여위양심 부지어과이존이 개과언이지어무 무즉성립명통 성립 현야 명통 성야 시 성현 비성생 필양심이지지 양심지선유대언 여차 존호기인이이

주자가 〈양심설〉에서 말했다. "맹자가 말하기를 '마음을 수양함에 욕심을 줄이는 것보다 좋은 것은 없다. 그 사람됨이 욕심이 적다면 설사 그 본래의 마음을 보존하지 못하더라도 잃는 정도가 적다. 그 사람됨이 욕심이 많다면 본래의 마음을 보존하더라도 보존됨이 적다'고 했다. 내가 생각하건대 마음을 길러냄은 욕심을 줄이는 데 그치는 것이 아니고, 욕심을 완전히 줄여 하나도 남겨두지 않는 것이다. 욕심이 없게 되면 진실함이 확립되고, 밝음이 통하게 된다. 진실함이 확립되면 현賢이요, 밝음이 통하는 것은 성인이다. 이를 보면 성인과 현자는 천성이 아니요, 마음을 길러서 이르게 되는 경지다. 마음을 길러냄이 이처럼 좋지만, 오직 스스로에게 달려 있을 뿐이다."

32. 周子通書曰 聖可學乎 曰可 有要乎 曰有 請問焉 曰一爲要 一者 無欲也 無欲則靜虛動直 靜虛則明 明則通 動直則公 公則溥 明通公溥 庶矣乎 《통서》

주자통서왈 성가학호 왈가 유요호 왈유 청문언 왈일위요 일자 무욕야 무욕즉정허동직 정허즉명 명즉통 동직즉공 공즉부 명통공부 서의호

주자가 《통서》에서 말했다. "'탁월함은 배울 수 있습니까?' '있다.' '그 요체가 있습니까?' '있다.' '그것을 청해 듣기 원합니다'라고 하기에 '마음을 하나로 통일하는 것이다. 하나로 통일한다는 것은 욕심이 없는 것이다'라고 대답했다. 욕심이 없으면 고요할 때 텅 비고, 움직일 때는 곧고 바르다. 고요할 때 텅 비면 밝고, 밝으면 통한다. 움직일 때 곧으면 공명정대해지고, 공명정대하면 넓다. 밝아서 통하고 공명정대해서 넓어지면 거의 탁월함에 가깝다고 할 수 있다."

33. 程子曰 顏淵問 克己復禮之目 子曰 非禮勿視 非禮勿聽 非禮勿言 非禮勿動 四者身之用也 由乎中而應乎外 制於外所以養其中也 顏淵事斯語 所以進於聖人 學者宜服應而勿失也 因箴以自警 其視箴曰 心兮本虛應物無迹 操之有要視爲之則 蔽

交於前其中則遷 制之於外以安其內 克己復禮久而誠矣 其聽箴曰 人有秉彝本乎天
性 知誘物化遂亡其正 卓彼先覺知止有定 閑邪存誠非禮勿聽 其言箴曰 人心之動
因言以宣 發禁躁妄內斯靜專 矧是樞機興戎出好 吉凶榮辱惟其所召 傷易則誕傷煩
則支 己肆物忤出悖來違 非法不道欽哉訓辭 其動箴曰 哲人知幾誠之於思 志士勵
行守之於爲 順理則裕 從欲惟危 造次克念戰兢自持 習與性成 聖賢同歸 〈정자程子〉

정자왈 안연문 극기복례지목 자왈 비례물시 비례물청 비례물언 비례물동 사자 신지용야 유
호중이웅호외 제어외소이양기중야 안연사사어 소이진어성인 학자의복웅이물실야 인잠이
자경 기시잠왈 심혜본허웅물무적 조지유요시위지칙 폐교어전기중즉천 제지어외이안기내
극기복례구이성의 기청잠왈 인유병이본호천성 지유물화수망기정 탁피선각지지유정 한사
존성비례물청 기언잠왈 인심지동인언이선 발금조망내사정전 신시추기흥융출호 길흉영욕
유기소소 상이즉탄상번즉지 기사물오출패래위 비법부도흠재훈사 기동잠왈 철인지기성지
어사 지사려행수지어위 순리즉유 종욕유위 조차극념전긍자지 습여성성 성현동귀

정자가 말했다. "안연이 극기복례의 실천세목을 묻자 공자는 '예가 아니면 보지
말고, 예가 아니면 듣지 말고, 예가 아니면 말하지 말고, 예가 아니면 행동하지 말
아야 한다'고 대답했다. 이 네 가지는 사람 몸의 쓰임인데, 마음으로 말미암아 겉
으로 드러나는 것이므로 겉을 제어해 그 속을 기르려 하는 것이다. 안연이 이 말씀
에 따르겠다고 한 것은 성인으로 나아가고자 함이었다. 배우는 사람은 마땅히 이
를 명심하여 잊어서는 안 된다. 따라서 이를 바탕으로 잠언을 지어 스스로 경계하
려 한다.

먼저 보는 것의 잠언이다. 마음은 원래 비어 있어 사물에 응하여도 흔적이 없다.
그것을 제어하는 데는 요점이 있으니 먼저 보는 것으로 법칙을 삼아야 한다. 보는
것이 물욕으로 가리어지면 마음이 따라 떠나가니 밖을 제어함으로써 마음을 평
안하게 해야 한다. 극기복례를 따르면 오래도록 진실할 수 있다.

다음은 듣는 것의 잠언이다. 사람은 반드시 지켜야 할 도리를 가지고 있는데 그것
은 천성을 근본으로 한다. 지성은 유혹에 이끌리면 물질에 동화되며 이로 인해 바
른 도리를 잃게 된다. 그러나 탁월한 선각자들은 그 그쳐야 할 때와 가야 할 길을
알았다. 사사로움을 막고 성실한 마음을 지키기 위해 예에 어긋나면 듣지 말라고
했다.

다음은 말의 잠언이다. 마음의 움직임은 말을 통해 밖으로 드러나므로 말을 할 때는 조급함과 망령됨을 막아야 마음이 고요하고 한결같게 된다. 말은 모든 일의 중추로 전쟁을 일으키기도 하고 호의를 만들기도 하며 길흉과 영욕이 생겨난다. 말을 쉽게 하면 신실함이 없고, 수다스러우면 지루하고, 방자하면 거슬리게 되고, 가는 말이 무례하면 오는 말도 무례해진다. 말이 도리와 법규에 어긋나면 하지 말아야 하고, 가르침의 말을 공경하고 명심해야 한다.

끝으로 행동의 잠언이다. 명철한 사람은 조짐을 알기에 생각을 정성스럽게 하고, 뜻이 있는 사람은 실행하는 데 힘써 자신의 뜻을 지켜낸다. 바른 이치에 순종하면 여유가 있고, 욕심을 따르면 위험에 빠지게 된다. 급박할 때도 깊이 생각하고 조심하는 마음으로 스스로를 지켜라. 이를 익혀 천성이 되게 한다면 성현의 경지에 도달할 수 있을 것이다.”

34. 范氏心箴曰 茫茫堪輿俯仰無垠 人於其間眇然有身 是身之微太倉稊米 參爲三才曰惟心爾 往古來今孰無此心 心爲形役乃獸乃禽 惟口耳目手足動靜投間抵隙爲厥心病 一心之微衆欲攻之 其與存者嗚呼幾希 君子存誠克念克敬 天君泰然百體從令
_〈심잠心箴〉

범씨심잠왈 망망감여부앙무은 인어기간묘연유신 시신지미태창제미 참위삼재왈유심이 왕고래금숙무차심 심위형역내수내금 유구이목수족동정투간저극위궐심병 일심지미중욕공지 기여존자명호기희 군자존성극념극경 천군태연백체종령

범씨가 마음을 경계하는 글에서 말했다. “아득하고 아득한 천지여, 굽어보고 우러러 보아도 끝이 없다. 사람은 그 사이에 지극히 미미한 몸뚱이 하나 갖고 있으니 이 몸의 미미함은 마치 큰 창고에 한 톨 낱알에 불과하다. 그래도 하늘과 땅과 함께 삼재의 하나가 되었음은 오직 마음이 있기 때문이다. 예로부터 지금까지 누군들 이 마음이 없었겠느냐마는 마음이 물질의 부림을 당하니 짐승이 되는 것이다. 오직 이목구비와 수족, 그리고 움직임과 고요함이 물욕의 틈에 던지어져 마음의 병이 된다. 한 마음의 미미함을 온갖 욕심이 공격하니 그 마음을 보존하는 사람이 참으로 드물구나! 군자가 정성을 보존해 능히 생각하고 삼간다면 내 몸이 평안하고 안정되어서 온 몸이 마음의 명령을 따를 것이다.”

35. 朱子敬齋箴曰 正其衣冠尊其瞻視 潛心以居對越上帝 足容必重手容必恭 擇地而蹈
折旋蟻封 出門如賓承事如祭 戰戰兢兢罔敢或易 守口如瓶防意如城 洞洞屬屬罔敢
或輕 不東以西不南以北 當事而存靡他其適 弗貳以二 弗參以三 惟心惟一萬變是監
從事於斯是曰持敬 動靜弗違表裏交正 須臾有間私慾萬端 不火而熱不氷而寒 毫釐
有差天壤易處 三綱旣淪九法亦斁 於乎小子念哉敬哉 墨卿司戒敢告靈臺 《주자》

주자경재잠왈 정기의관존기첨시 잠심이거대월상제 족용필중수용필공 택지이도절선의봉
출문여빈승사여제 전전긍긍망감혹이 수구여병방의여성 동동촉촉망감혹경 부동이서불남
이북 당사이존미타기적 불이이이 불삼이삼 유심유일만변시감 종사어사시왈지경 동정불
위표리교정 수유유간사욕만단 불화이열불빙이한 호리유차천양역처 삼강기륜구법역두 어
호소자염재경재 묵경사계감고영대

주자가 삼가고 경계하는 말에서 말했다.

"의관을 바르게 하고, 보는 것을 엄격하게 하라. 마음을 차분하게 해 생활하되 마
치 상제를 대하듯 하라. 발걸음은 무겁게 하고 손모양은 공손하게 하며 땅을 밟을
때 가려서 개미 뚝도 돌아서 가라. 문밖에 나가 사람을 대할 때 귀중한 손님을 대
하듯 하고, 일을 행할 때는 큰 제사를 받들듯 경건히 하며, 조심하고 삼가 혹시라
도 함부로 하지 마라. 입을 지키기를 병마개처럼 하고, 뜻을 지키기를 성문과 같이
하며, 삼가고 조심하여 혹시라도 가벼이 하지 마라. 동으로 가다가 서로 가지 말며,
남으로 가다가 북으로 가지 마라. 일을 당해서는 마음을 보존해 다른 곳으로 가지
마라. 둘로 만들지도 말고, 셋으로 만들지도 말며 오직 한마음으로 온갖 변화를 제
대로 살펴라. 이렇게 함을 '삼감을 보존한다'라고 하니 움직일 때도 고요할 때도
어기지 말고, 겉과 속을 서로 바르게 하라. 잠시라도 틈이 있으면 사사로운 욕심이
만 갈래로 일어나 불이 없어도 뜨거워지고, 얼음이 없어도 차가워진다. 털끝만치
라도 어김이 있으면 하늘이 뒤바뀌어 삼강이 묻히고 구법도 무너질 것이다. 아! 그
대들이여! 생각하고 삼가라! 묵으로 경계를 써서 감히 마음에 고하노라!"

36. 求放心齋銘曰 天地變化其心孔仁 成之在我則主于身 其主伊何神明不測 發揮萬變
立此人極 晷刻放之千里其奔 非誠曷有非敬曷存 孰放孰求孰亡孰有 屈伸在臂反覆
惟手 防微謹獨玆守之常 切問近思 曰惟心相 《주자》

구방심재명왈 천지변화기심공인 성지재아즉주우신 기주이하신명불측 발휘만변입차인극 구각방지천리기분 비성갈유비경갈존 숙방숙구숙망숙유 굴신재비반복유수 방미근독자수 지상 절문근사 왈유이상

주자가 구방심재명에서 말했다. "천지는 변화하고 그 마음은 지극히 인자하다. 그 같은 인자함을 이루는 것은 나 자신에게 있으니, 마음은 몸의 주인이 된다. 주인이 되는 것은 무엇인가? 신명해 도무지 측정할 수 없으며 만 가지 변화를 일으켜 사람의 근본을 세운다. 잠시라도 놓아버리면 천 리 밖으로 달아나니 참되지 않으면 어찌 가지며 삼가지 않으면 어찌 보존하겠는가? 누가 놓아버렸고 누가 찾았는가? 누가 잃어버렸고, 누가 가졌는가? 굽히고 펴는 것은 팔이고, 뒤집고 엎는 것은 손바닥이다. 은미할 때 막고 홀로 있을 때 조심하는 것이 마음을 지키는 법도다. 절실하게 묻고 가까이 생각함으로써 그 마음을 서로 도와 지키라."

37. 尊德性齋銘曰 維皇上帝降此下民 何以予之曰義與仁 維義與仁維帝之則 欽斯承斯猶懼弗克 孰昏且狂苟賤汙卑 泆視傾聽惰其四肢 褻天之明慢人之紀 甘此下流衆惡之委 我其監此祇栗厥心 有幽其室有赫其臨 執玉奉盈須臾顚沛 任重道遠其敢或怠 《주자》

존덕성재명왈 유황상제강차하민 하이여지왈의여인 유의여인유제지칙 흠사승사유구불극 숙혼차광구천오비 음시경청타기사지 설천지명만인지기 감차하류중악지위 아기감차지율궐심 유유기실유혁기림 집옥봉영수유전패 임중도원기감혹태

주자가 존덕성재명에서 말했다.
"상제께서 이 세상에 이 백성들을 내려주면서 무엇을 주셨는가? 오직 의와 인이다. 오직 의와 인이 상제가 이 세상을 다스리는 법칙이니 공경하고 받들어 제대로 하지 못할까 염려스럽다. 어찌 어리석고 미쳐서 구차하고 더러운 행실을 하는가? 흘겨보고 흘려듣고 사지를 게을리 하여 하늘의 밝은 덕을 더럽히고, 사람의 기강을 함부로 하는가. 하류에 처하는 것을 달게 여기니 오만 악이 모여드는 곳이다. 내가 이것을 거울삼아 마음을 삼가고 두려워하여 방에 홀로 있을 때 훤한 곳에 있는 듯하다. 옥을 잡고, 가득한 물을 받들듯이 하여 어느 한 순간도, 아무리 다급한 때에도 변함이 없을 것이다. 짐은 무겁고 갈 길이 머니 어찌 게을리 하겠는가?"

마음을 지켜낸다는 것
다산의 마지막 공부

1판 59쇄 발행 2023년 1월 11일
2판 1쇄 발행 2023년 11월 29일

지은이 조윤제
펴낸이 고병욱

기획편집실장 윤현주 **기획편집** 김경수 한희진
마케팅 이일권 함석영 복다은 임지현
디자인 공희 백은주 **제작** 김기창
관리 주동은 **총무** 노재경 송민진

펴낸곳 청림출판(주)
등록 제1989-000026호

본사 04799 서울시 성동구 아차산로17길 49 1009, 1010호 (생각공장데시앙플렉스)
제2사옥 10881 경기도 파주시 회동길 173 청림아트스페이스
전화 02-546-4341 **팩스** 02-546-8053

홈페이지 www.chungrim.com
이메일 cr2@chungrim.com

ⓒ 조윤제, 2023

ISBN 978-89-352-1442-6 03100